與經濟學有關的知識已成為我們日常生活中必備的常識，景氣好或蕭條等與景氣變動有關的話題，一直是大家經常談論的議題。另外，像貨幣供給、基本財政收支、誘因或金融科技等新經濟用語，也如雨後春筍般出現。

如今日本經濟終於脫離長達20年之久的「通縮」隧道，逐漸看到一縷微薄的光線，只是我們也為此付出極大的代價，甚至一度導入過去從未經歷過的貨幣寬鬆政策或負利率政策。

若從經濟學的角度來看，日本當前的政策究竟擁有什麼樣的意義呢？我們正生活在一個無法輕易找到答案的世界裡。

為了理解如此複雜的世界，有沒有什麼好的教科書呢？這本圖解就是我們絞盡腦汁的結果。雖然本書的編排可以從最前面的「Chapter1」開始閱讀，但其實從中間任何一個Chapter開始都無妨。

・內容不僅涵蓋平時經常接觸到的總體經濟學，更收錄許多一般認為難以理解的個體經濟學項目。
・如今正陸續發生各種前所未見的經濟現象，而本書也盡可能增加篇幅探討那些時事問題。
・在經濟學史的部分，本書也透過用語解說的方式網羅主要項目，使讀者得以概觀經濟學悠久的歷史。

但願這本《超圖解 經濟學關鍵字》得以在各位追求新知的路上，助各位一臂之力。

謹代表參與本書製作的全員
鈴木 一之

Chapter 1

日本經濟　常見經濟用語①

Chapter 2

國際經濟　常見經濟用語②

Chapter 3

經濟學的基本用語

Chapter 4

家計、企業　個體經濟學的用語①

Chapter 5

價格、市場 個體經濟學的用語②

Chapter 6

GDP、景氣　總體經濟學的用語①

Chapter 8

經濟學史的用語

〈卷末附錄〉

本書內容是依據 2018 年 1 月的資訊編纂而成。

Chapter 1

日本經濟

常見經濟用語①

景氣

對我們來說，最常見的經濟用語就是「景氣」了吧？即使是在日常對話中，也理所當然地使用著這個詞。

所謂的「景氣」是用來表現整體情況好壞的用語，舉例而言，想像一下以下這樣的對話，應該就很容易理解了吧。

同理，當在經濟領域說到「景氣」時，就不是指單一的公司，而是指整體經濟情況的好壞。

也就是說，景氣指的並不是單一個體的好壞，而是整體的經濟情況。在英文當中稱作「business」，同樣指的是整體的情況。

景氣擴大 景氣復甦、景氣擴張

景氣會**循環**（☞P.206），有時變好，有時變壞。從最差的**景氣谷底**（☞P.207）變好，稱為「**景氣擴大**」，亦稱作「**景氣復甦**」或「**景氣擴張**」。在景氣擴大的局面下，物價、利率或股價等都會上漲。

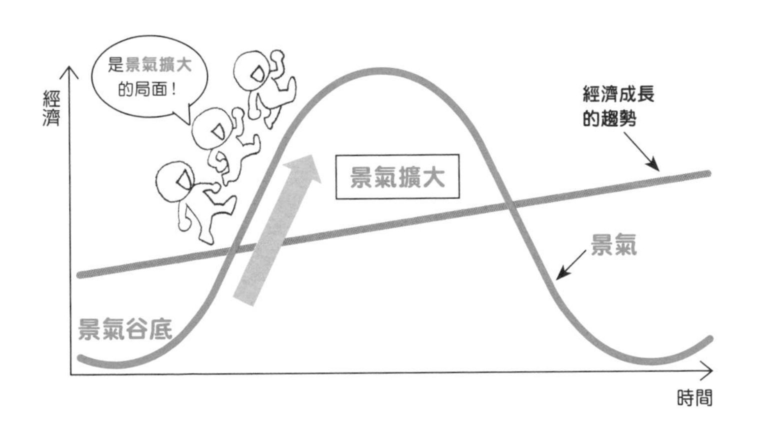

景氣衰退 景氣收縮、景氣縮小

當景氣持續擴大，迎來**景氣高峰**（☞P.207）後，就會進入「**景氣衰退**」的局面。景氣會逐漸變差，然後再度邁向景氣谷底。在景氣衰退的局面下，可以看到物價、利率或股價等下降的情形，這樣就完成了一次**景氣循環**。

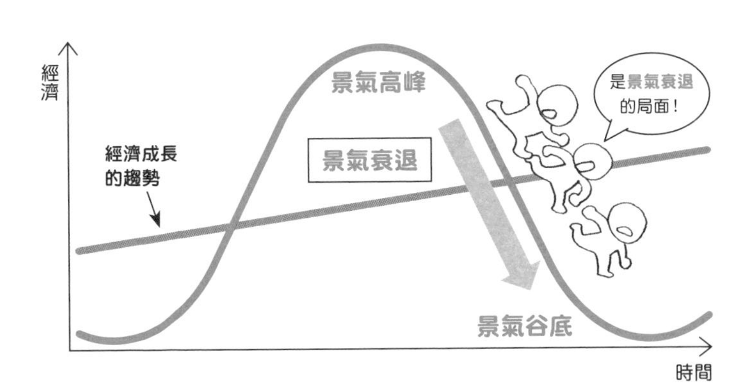

繁榮

景氣好

景氣擴大後，景氣處在良好的狀態，就稱作「繁榮」（景氣好），此時經濟活動熱絡，企業生產或個人消費增加。與此同時，物價、利率或股價等上漲，也是很正常的事。相反地，景氣處於不好的狀態則稱作「蕭條」（☞P.23）。

判斷景氣繁榮或蕭條的方法有2種。

第1種是如果超過經濟成長的平均趨勢，就是「繁榮」，低於平均趨勢就是「蕭條」。用這種方法判斷時，景氣只有繁榮與蕭條2種，沒有這2種情形以外的中間值。

判斷景氣繁榮或蕭條的方法①

蕭條

不景氣

另一種判斷景氣繁榮或蕭條的方法，就是唯有接近景氣高峰的良好狀態屬於「**繁榮**」，唯有接近景氣谷底的惡劣狀態稱作「**蕭條**」（不景氣）。在這種判斷方法下，繁榮與蕭條之間還有景氣復甦期與景氣衰退期，並構成「景氣復甦→繁榮→景氣衰退→蕭條」的景氣循環。

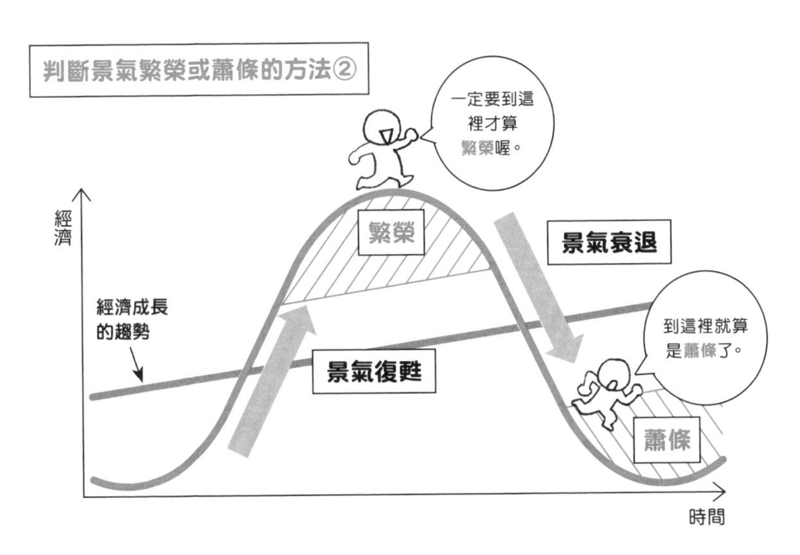

景氣蕭條時，不僅經濟停滯，企業生產或個人消費也會減少。除了物價、利率或股價下跌，工資也會停留在較低水準，不會上漲。同時，全世界的工作會減少，因此失業率會變高。

景氣指標

景氣的好壞要看什麼決定呢？有一種判斷標準叫「**景氣指標**」。狹義而言，指的是日本內閣府每月公布的**景氣動向指數**，不過廣義而言，包含日銀每3個月公布1次的企業問卷調查結果（**短觀**）或**GDP 速報**等統計資料都屬之。

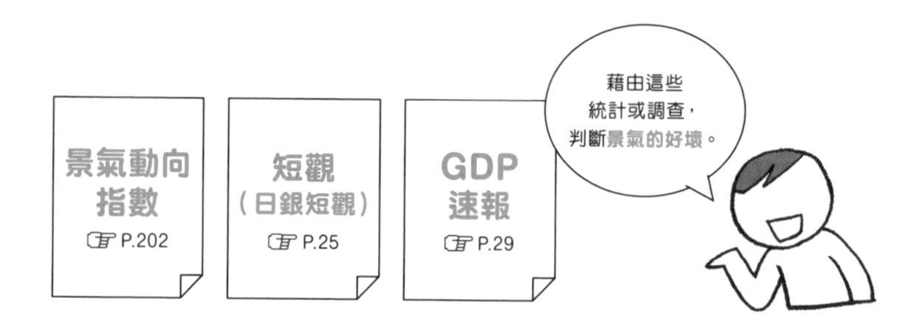

除此之外，也有按領域分類的景氣指標，其中又可分成與景氣動向幾乎同步者（**同時指標**）、領先於景氣波動者（**領先指標**），與落後於景氣波動者（**落後指標**），因此各種領域的景氣指標，通常都分成以下3種。

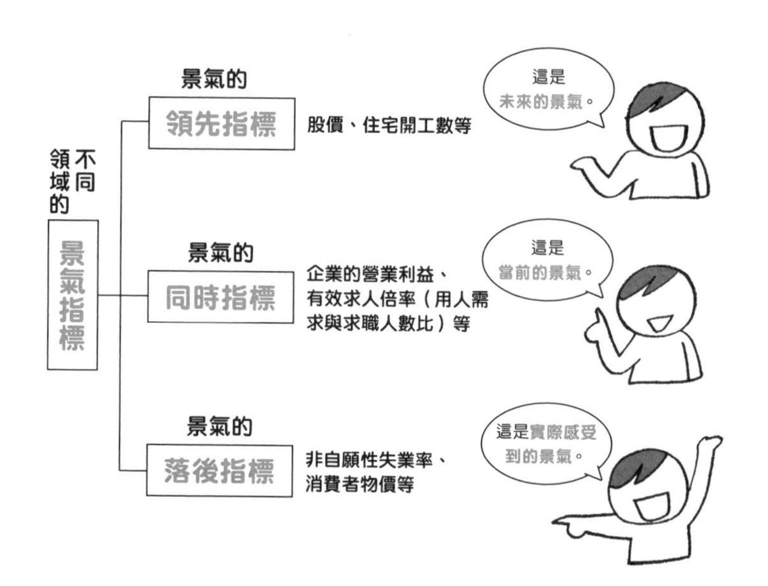

領先指標可以預期未來的景氣。
同時指標可以衡量當前的景氣。
落後指標是實際感受到的景氣衰退或復甦。

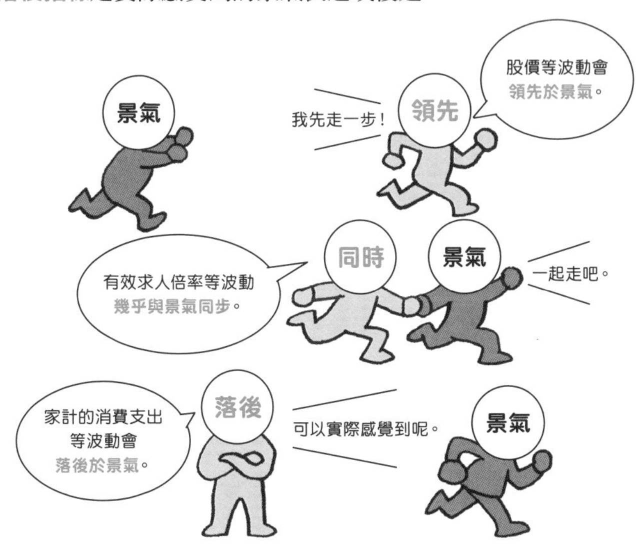

短觀 日銀短觀、全國企業短期經濟觀測調查

景氣指標之一的「**短觀**」(**日銀短觀**、**全國企業短期經濟觀測調查**)，其實是日銀（**日本銀行**，☞P.236）每季實施的問卷調查結果，該調查以全日本約1萬家企業（經營者）為實施對象，詢問受訪者對景氣現狀（**景況感** ☞P.271）和未來景氣的看法（景氣預測）。

GDP

Gross Domestic Product、國內生產毛額

為什麼「**GDP（Gross Domestic Product、國內生產毛額）**」速報會成為景氣指標呢？因為GDP是**反映國家經濟規模**的數字，若經濟規模愈來愈大，代表「經濟活動熱絡→景氣好」；反之，若經濟規模愈來愈小，就會形成「經濟活動停滯→景氣差」的關係。

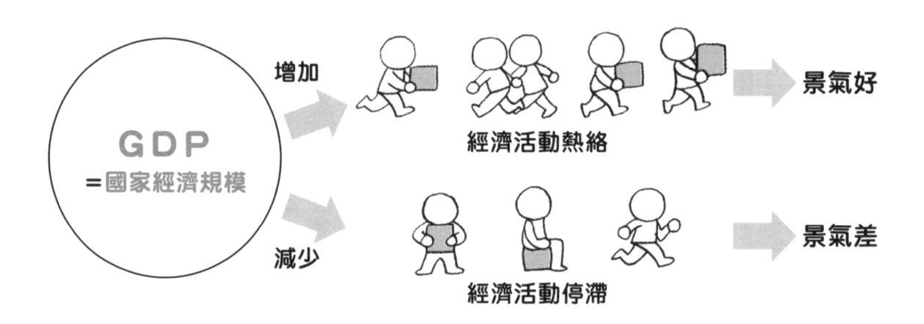

GDP是一段期間內「**國內生產的附加價值總額**」，而「**國內**」是此處的重點。

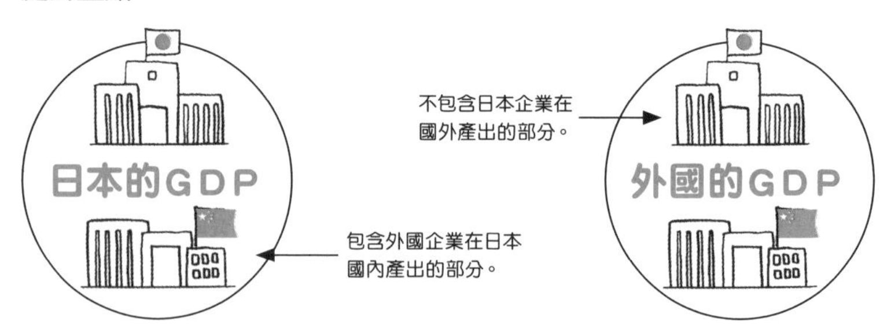

計算國家別的GDP，可以比較各國的經濟規模；計算**人均GDP**（☞P.180），則可以衡量一國的生產力。

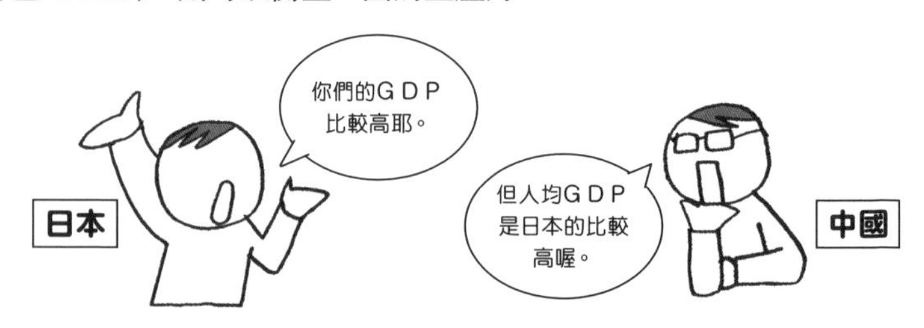

那麼「**附加價值**」(☞P.172)又是什麼呢?簡而言之,就是人或企業在商品或服務上附加的價值,但……

何謂附加價值

舉例而言,從製造商那裡購入90圓的產品,再以100圓的商品銷售出去,差額的10圓就是附加價值。

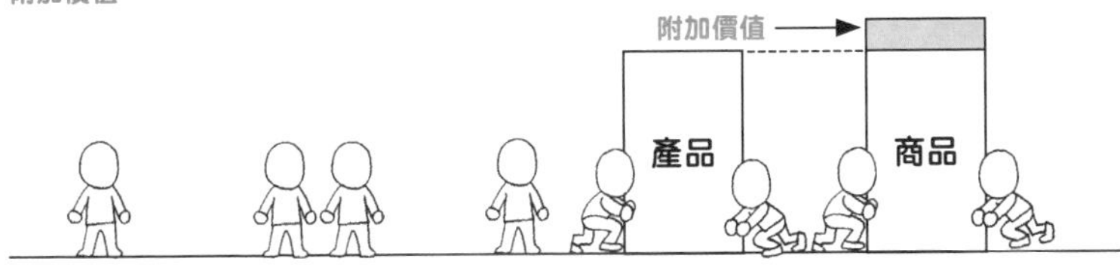

若該製造商當初購入70圓的零件,組裝成90圓的產品銷售出去,差額的20圓就是附加價值。

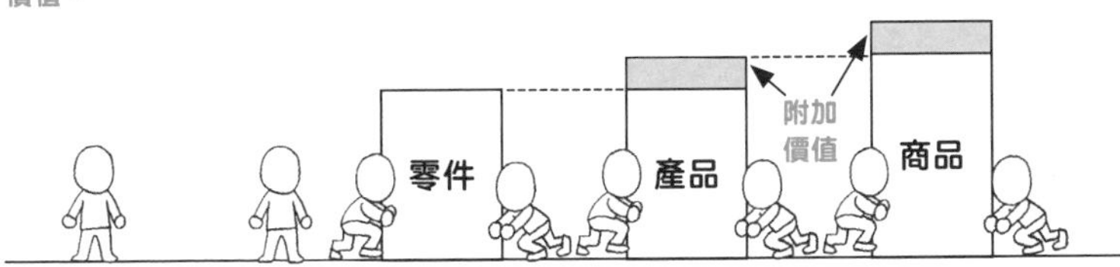

若零件廠商當初購入40圓的原材料,製造出70圓的零件銷售出去,差額的30圓就是附加價值。

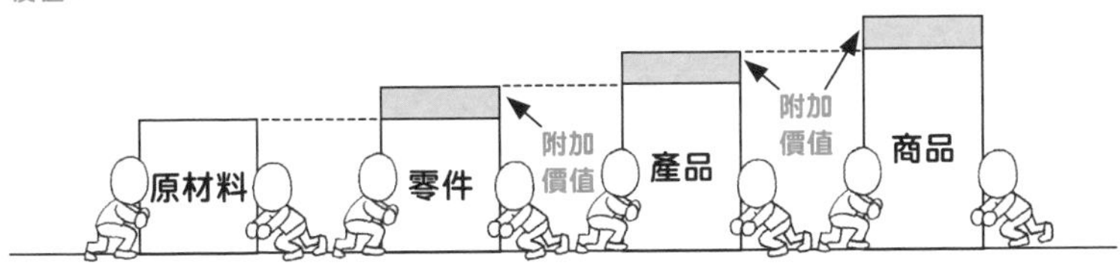

若原材料廠商製造出原材料,並以40圓的價格銷售出去,那個40圓就是附加價值。

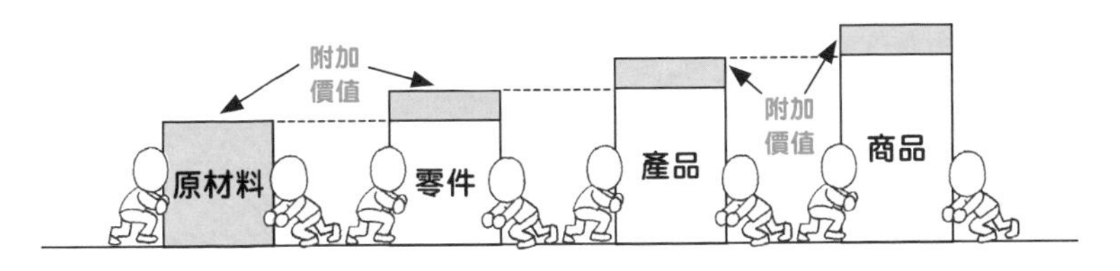

綜上所述,凡是由人或企業在國內產出的附加價值,合計起來就是**GDP**。有一點要注意的是,在這種情況下,請不要把零件、產品或商品本身的價值算進附加價值裡。

外需

ＧＤＰ雖然不含日本企業在國外產出的附加價值，但包含在日本生產後出口到國外的部分，這就是國外的需求，簡稱「外需」，不過由於進口的部分會抵銷，因此實際上計入ＧＤＰ的是出口額減去進口額後的「淨出口」。

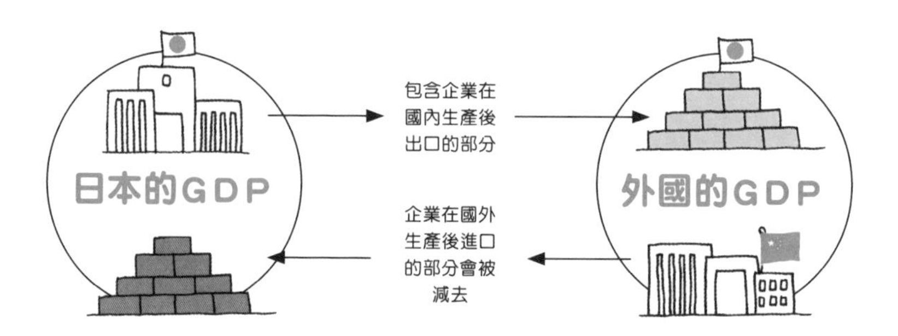

內需

另一方面，國內的需求則稱「內需」，ＧＤＰ即外需與內需的合計。內需不僅包含民間企業，還包括政府的公共投資等在內。ＧＤＰ就是「私部門」、「政府部門」（公部門 ☞P.212）以及「國外部門」（淨出口）的合計。

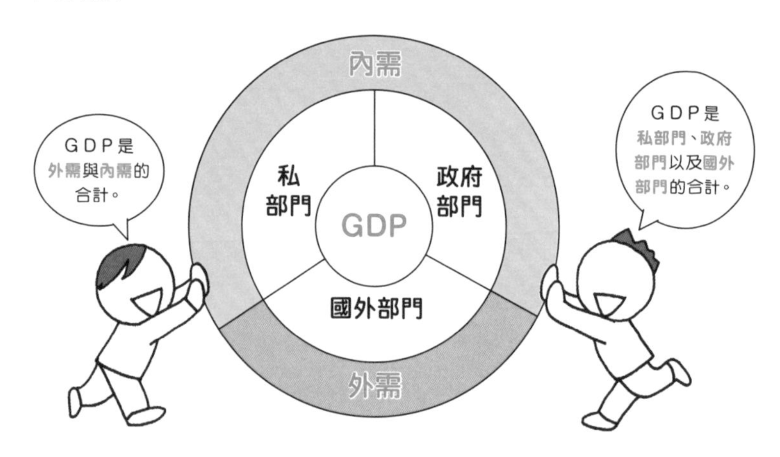

每季GDP速報 QE、Quarterly Estimates

作為景氣指標之一，日本內閣府會在**每季**進行估計後，於季末的1個半月後公布「**GDP速報值**」，亦稱「**QE**」。GDP在經過這個1次速報後，還會公布2次速報、確報與確確報，修正數值的動作也很頻繁。

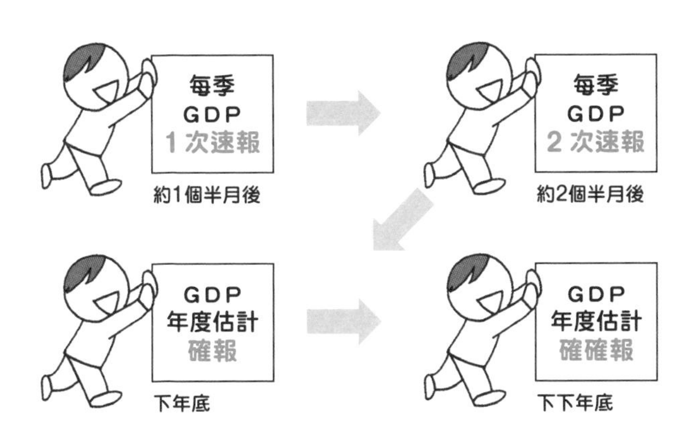

GNP Gross National Product、國民生產毛額

相對於GDP，「**GNP**」則是「**國民生產毛額**」。因為是「國民」，所以日本企業在國外產出的附加價值也包含在內。GNP過去也曾被用來當作衡量景氣的指標，但在導入**國民經濟會計制度**（☞P.174）後，現在重視的是更能夠正確反映景氣的GDP。

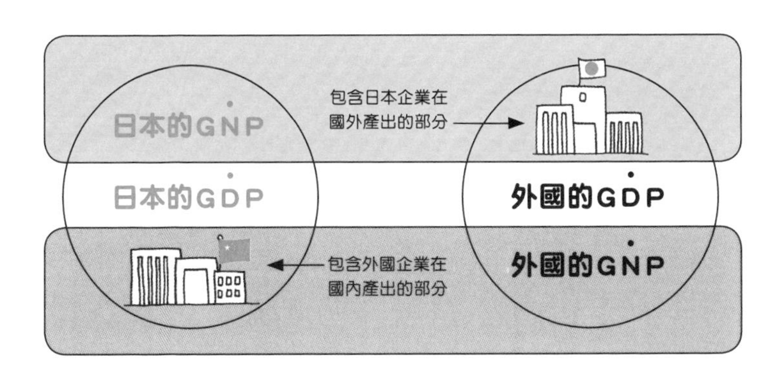

財政

ＧＤＰ是私部門、政府部門與國外部門的合計（☞P.28），其中政府部門的經濟活動稱作「**財政**」。簡單來說，就是政府透過稅金或國債取得資金，再投入社會保障等公共服務，或是建造道路等公共設施。

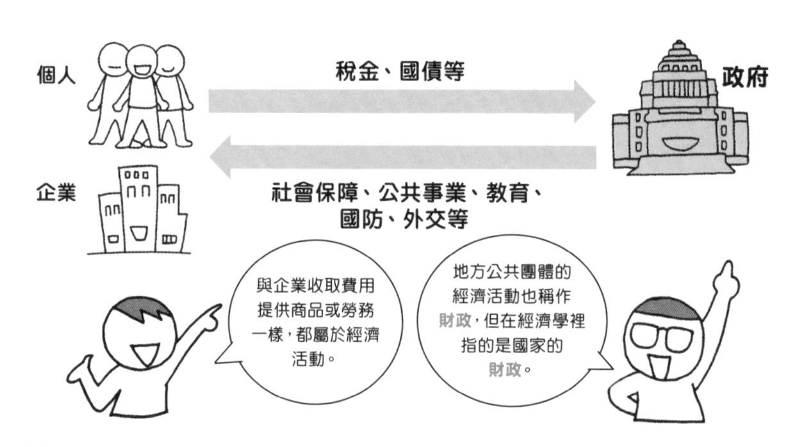

基本財政收支　PB、基礎財政收支

財政的基礎性收支稱作「**基本財政收支**」（**ＰＢ**），是從國家收入的「**歲入**」減去國債（借款的部分），從支出的「**歲出**」減去國債支出等項目，來檢視基礎的收支。日本近年來的ＰＢ一直處於負數（赤字）的狀態。

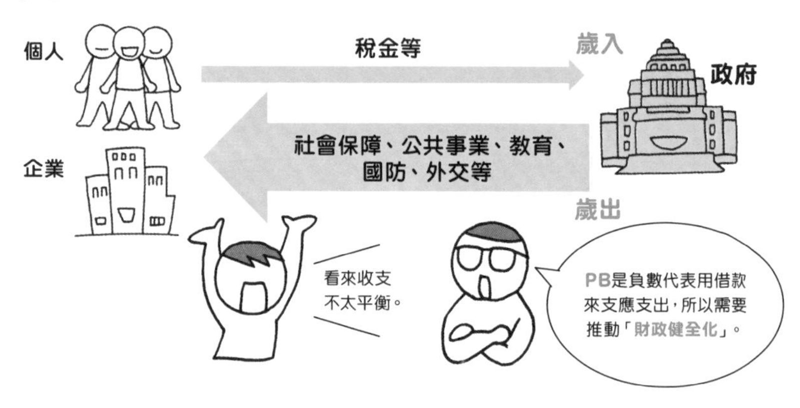

財政政策

政府透過財政推行的經濟政策就是「**財政政策**」，主要有3種功能。

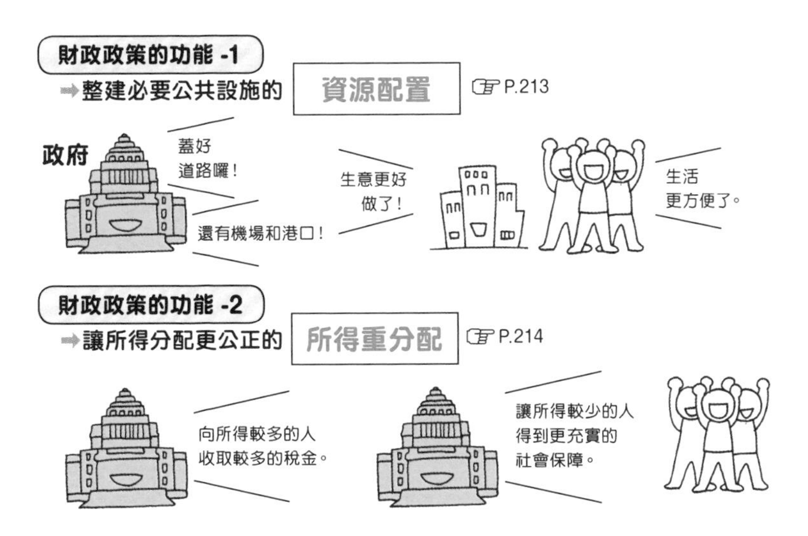

第3種則是穩定經濟的功能，例如在景氣差的時候設法改善等等。由於國家財政規模龐大，因此可以透過**財政政策**去影響景氣。

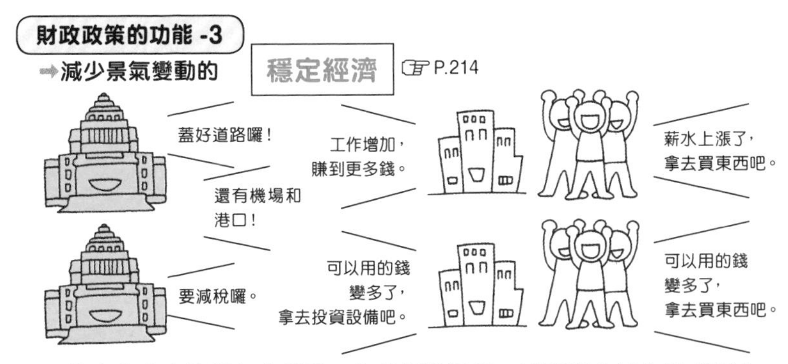

公共事業會直接增加企業的工作並刺激景氣，減稅則會使企業或個人可支配的金錢增加，有助於擴大**設備投資**（☞P.280）或消費。政府就是透過這些方式達成景氣的控制。

金融政策

相對於政府的財政政策，日本的**中央銀行**，即**日本銀行**（☞P.236）**所實施的經濟政策**，則是「**金融政策**」。日銀的金融政策會將市場利率導向特定水準，或調節流通在外的資金量，以藉此影響景氣。

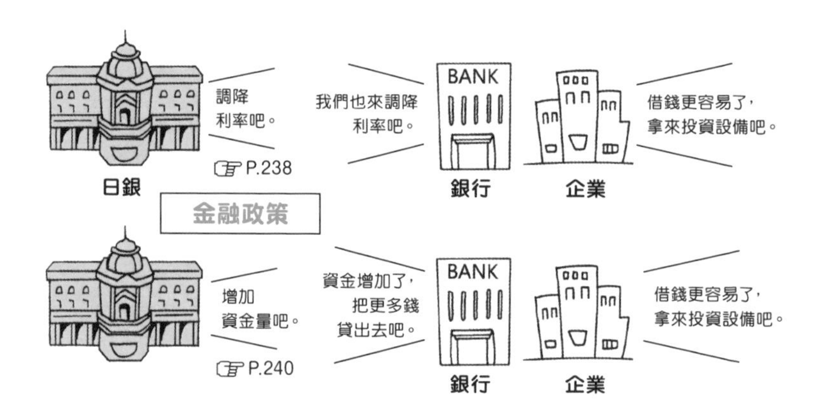

雖然過去也曾以「**公定步合操作**」（☞P.238）或「**存款準備率操作**」（☞P.242）作為金融政策的手段，但現在主要採取的是「**公開市場操作**」（☞P.240），也就是以金融機構為對象，實施資金的貸與或國債的買賣等等。

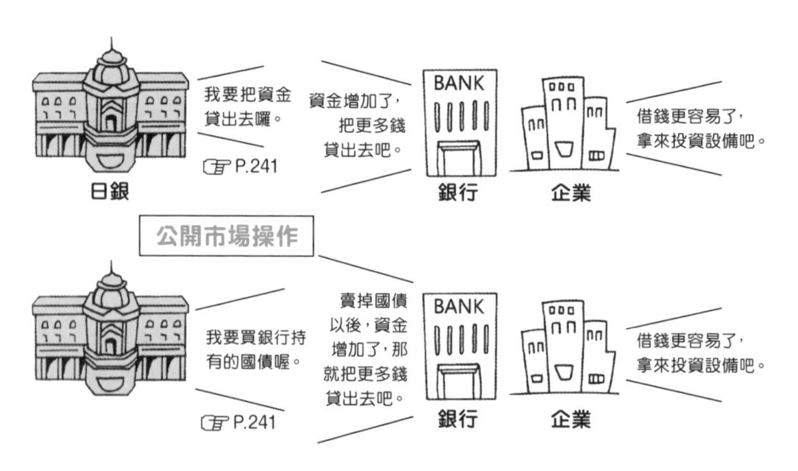

物價

日銀所標榜的金融政策最重要的目標，就是「**穩定物價**」，日銀甚至號稱是「物價守門人」。

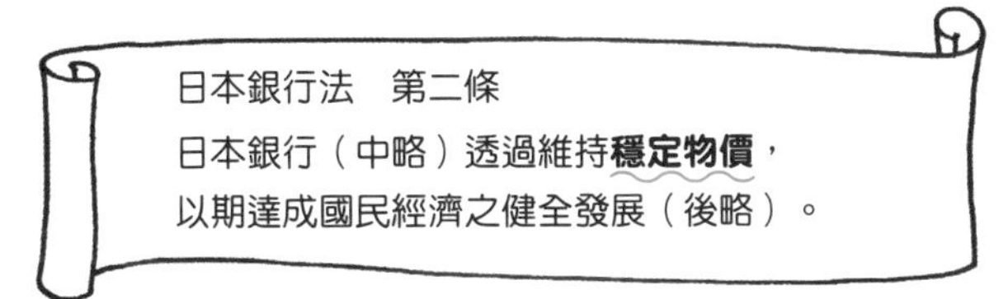

為什麼「穩定物價」是金融政策的重要目標呢？我們會說物價上漲或物價下跌，但「物品本身的價值」並沒有改變，1個麵包不管是100圓還是110圓，它還是1個麵包，唯一改變的只有「金錢的價值」而已。

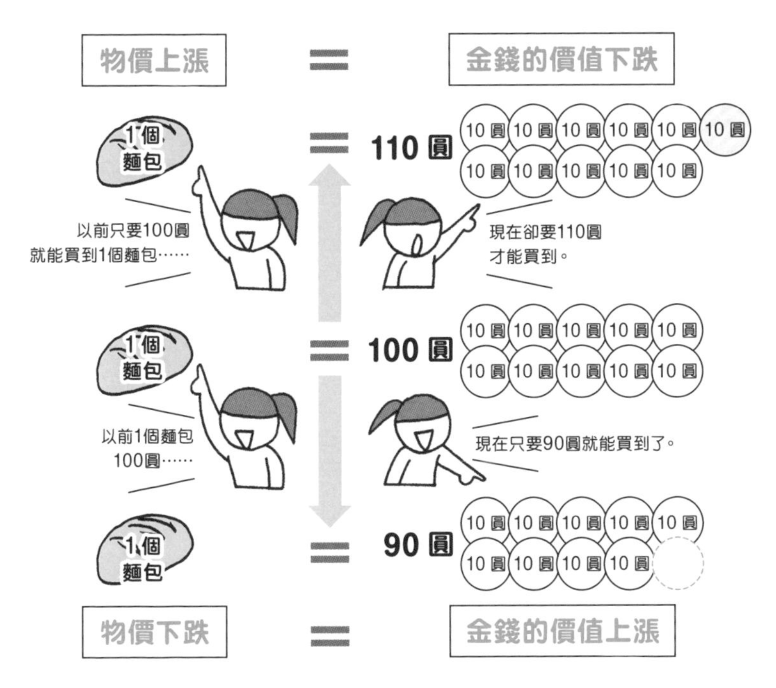

假如金錢的價值時高時低，人們就無法放心消費或儲蓄，因此**穩定物價**是所有經濟活動的基礎。

物價穩定的目標

物價與**景氣**也密切相關。景氣擴大時，物價通常會上漲；景氣衰退時，物價通常會下跌。

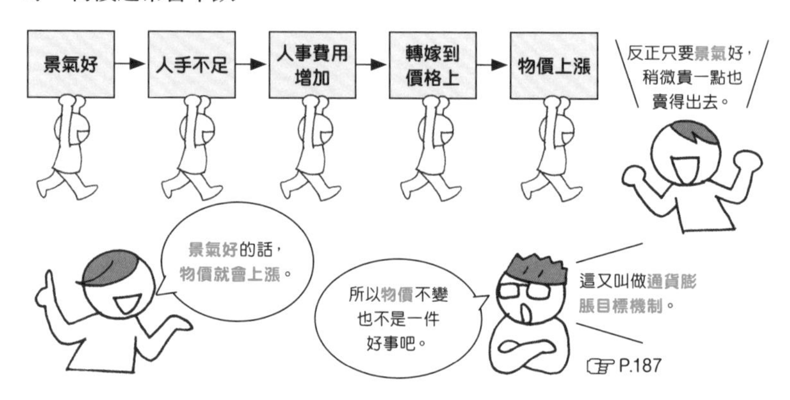

因此日銀所追求的穩定物價並不是物價上漲率為0%，例如以2018年1月來說，「**物價穩定的目標**」就設定為2%。

物價上漲率 通貨膨脹率

「**物價上漲率**」是以上個月或前一年為基準的物價上漲比率，根據各種**物價指數**（P.184）的變動去計算。

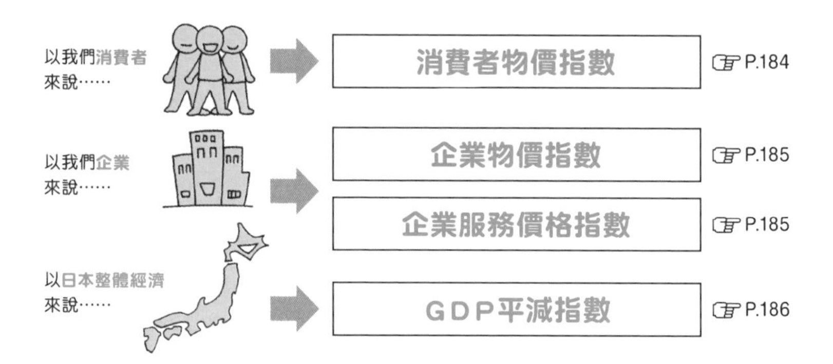

其中日銀所設定的「物價穩定的目標」，是指消費者物價比前一年上漲2%。

通貨膨脹 通膨

物價持續上漲的狀態稱作「通貨膨脹」，就與景氣的關係來說，通膨比較容易發生在經濟繁榮的時候。

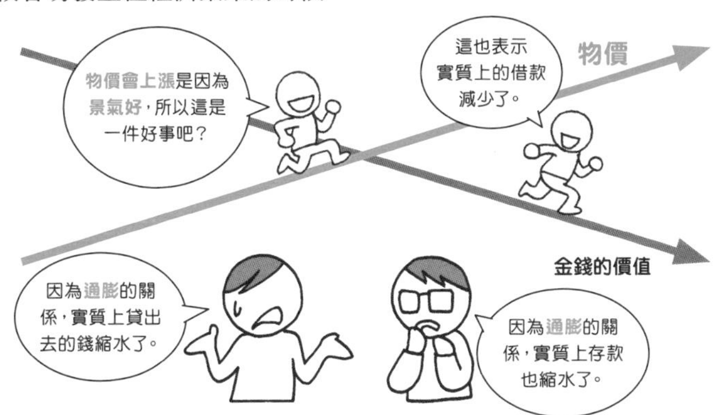

通膨雖然會使實質上的借款減少，但貸出去的錢或存款的價值也會下跌，所以過度的通膨也不好。

通貨緊縮 通縮

「通貨緊縮」與通膨相反，指的是物價持續下跌的狀態，通常愈是景氣蕭條時，愈容易發生通縮。

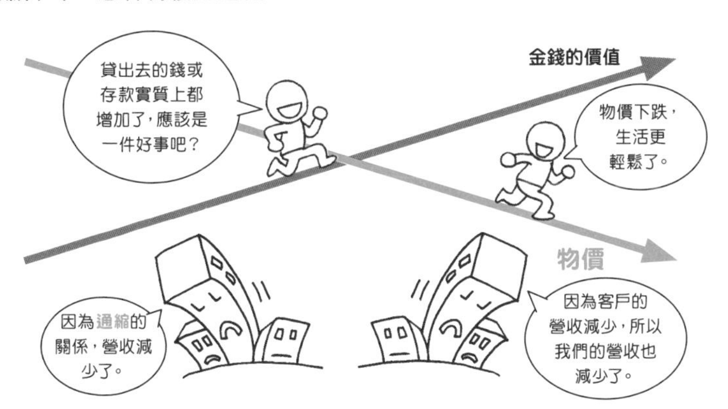

當這種狀態持續下去，就會形成「通貨緊縮螺旋」(☞P.188)，陷入永無止境的通縮與蕭條的惡性循環中。

利率

「利率」也與景氣息息相關，利率就是放款或存款可以得到的錢，也就是把錢貸出去可以得到的「利」益率，得到的金額稱作「利息」或「子金」。

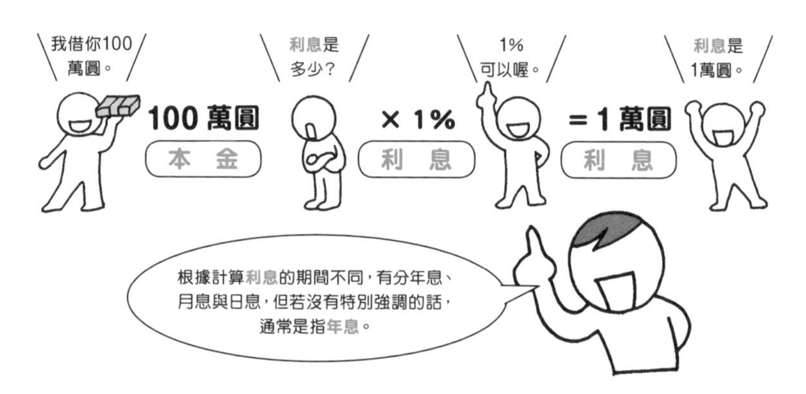

雖然利率會依存款種類不同而有所差異，但在談論經濟時提到利率，指的是整體的利率水準。決定整體利率水準的，是欲借錢者的需求與欲貸款者的供給關係。因此，通常景氣好時，利率會上升；景氣差時，利率會下降。

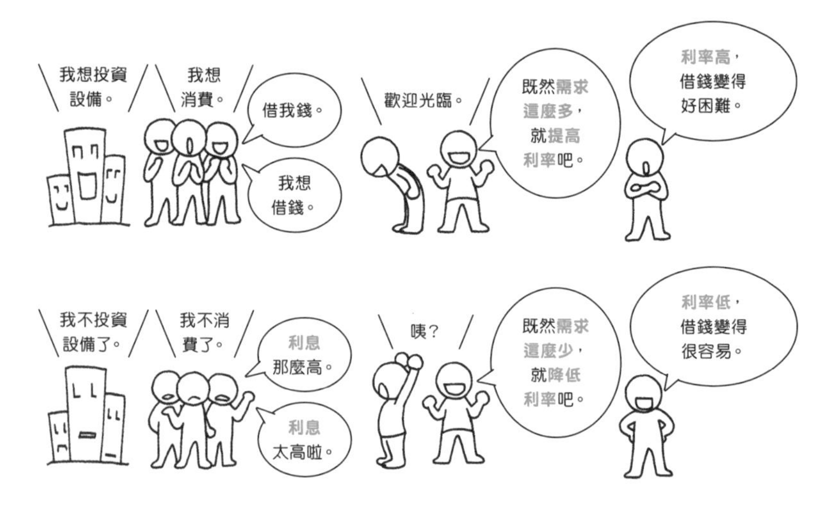

如上所述，利率也會影響景氣。利率水準通常會**朝著抑制景氣變動的方向波動**，景氣好時就變差，景氣差時就變好。這是利率與景氣的基本關係，但也有例外的情況……（☞P.39）。

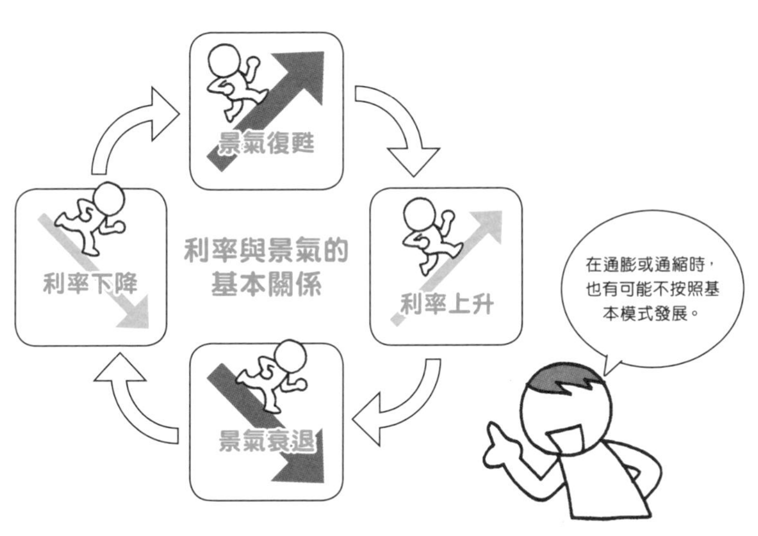

長期利率　經濟的溫度計

利率分成「**長期利率**」與「**短期利率**」，借貸期間超過1年以上的資金，利率就屬「**長期利率**」，長期利率的水準決定於市場的未來預測，也可以說是景氣的未來預測，因此又稱「**經濟的溫度計**」。

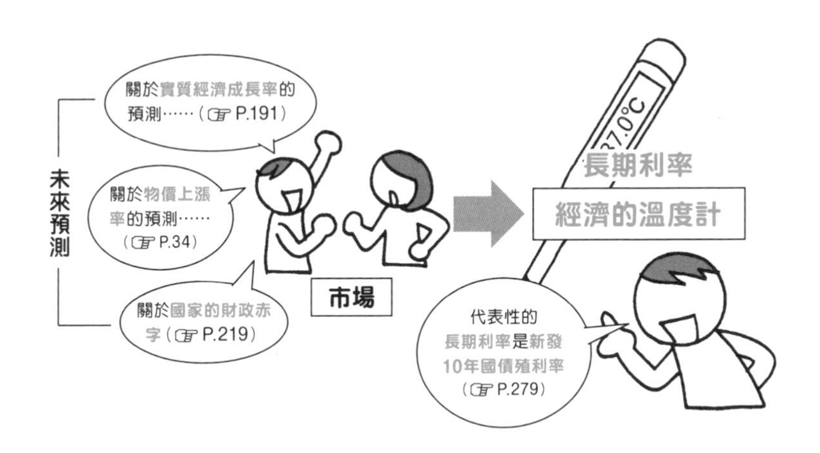

短期利率

另一方面，期間未滿1年的利率則是「**短期利率**」，短期利率的水準主要取決於金融政策而非市場，因為日銀將部分短期利率設為金融政策的操作目標，反向利用利率與景氣的關係，透過利率的上升與下降來影響景氣。

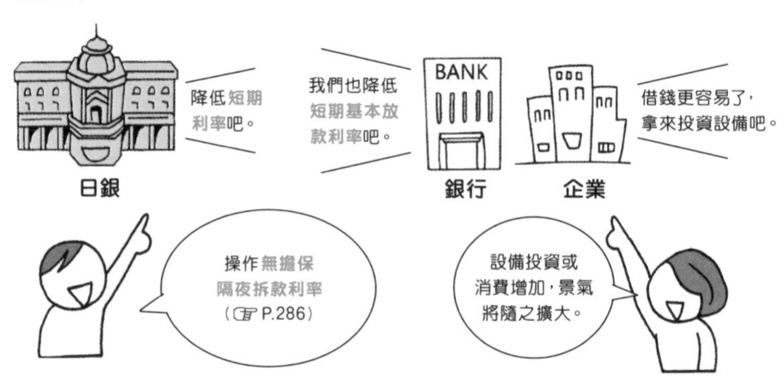

基本放款利率 最優惠利率

銀行將錢貸與信用良好企業時的利率，就是「**基本放款利率**」，其中包括**短期**與**長期**，分別稱作「**短期基本放款利率**」與「**長期基本放款利率**」。短期基本放款利率會受到短期利率水準的影響，長期基本放款利率則是以短期基本放款利率加上一定比率來決定，因此短期利率的水準會影響到其他的利率。

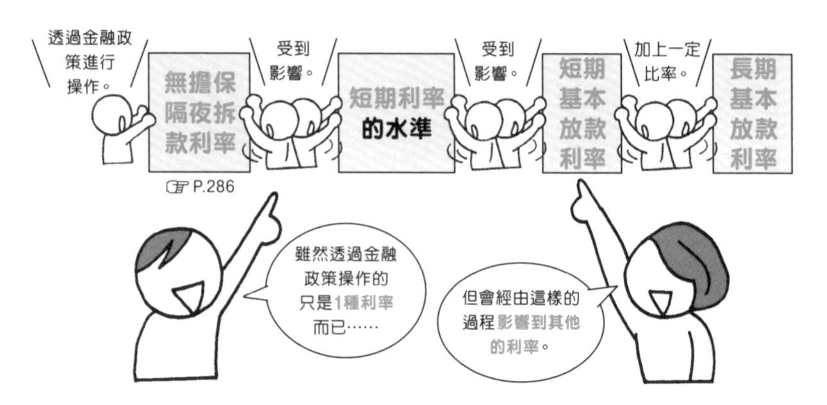

停滯性通貨膨脹

雖然利率與景氣的基本關係如前文所述（☞P.37），但有時也會出現不同的變動，例如景氣明明正在衰退，卻發生**通貨膨脹**，於是本該下跌的利率不但沒有下跌，反而還上漲，讓景氣更加惡化，這種經濟成長停滯（蕭條）與通貨膨脹同時發生的情形，就稱「**停滯性通貨膨脹**」。

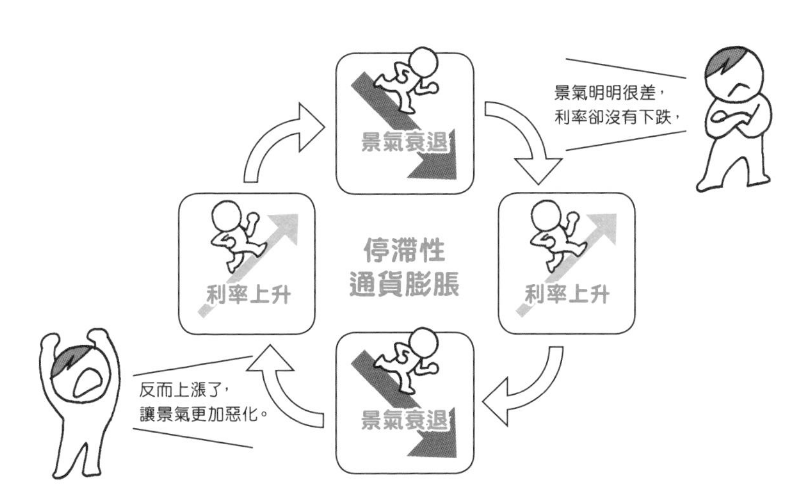

反之，在**通縮**時，明明利率本該下跌，景氣理應擴大，但有時無論利率如何下跌，景氣卻始終沒有復甦的跡象，日本近年所經歷的長期通縮，就是最典型的例子。

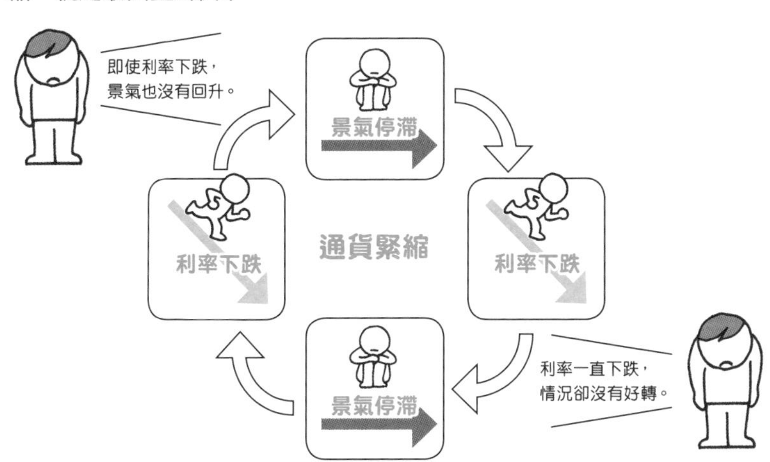

股價

經濟的鏡子

「股價」與景氣的關係有多密切，相信不用說也知道。開門見山地說，股價就是景氣的領先指標（☞P.24），因此也有人稱之為「經濟的鏡子」，不過不僅如此而已，當股價領先於景氣擴大前上漲，景氣還會進一步再擴大。

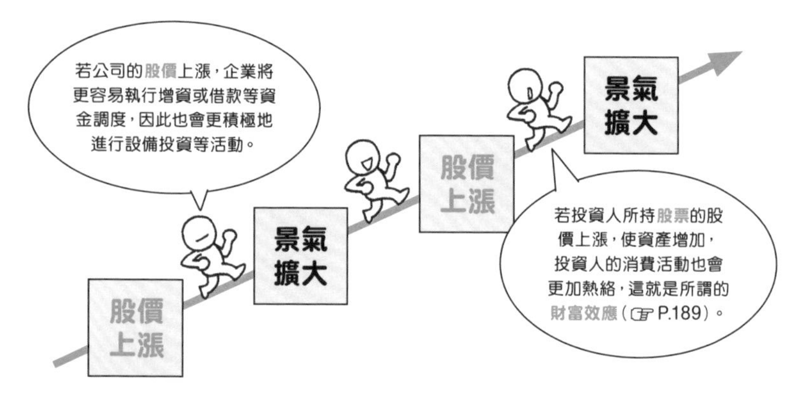

因為股價是景氣的領先指標，所以在迎來景氣高峰（☞P.207）前，股價就會開始下跌，在這種情況下，股價的下跌將進一步助長景氣的衰退，由此可知，股價與景氣之間存在著助長彼此上漲或下跌幅度的關係。

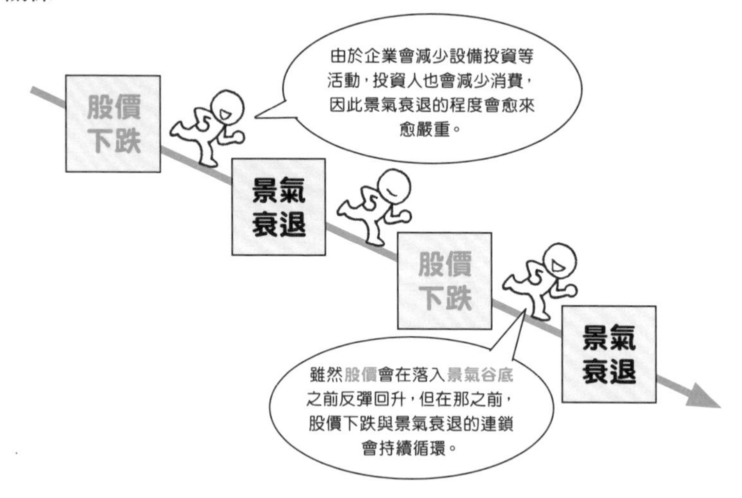

日經平均指數 日經平均、日經225

無論景氣好壞，每家企業的股價都會時漲時跌，因此需要利用所謂的「**股價指數**」來判斷股價的整體水準，其中最能反映東京證券交易所（東證）股價的代表性股價指數，就是「**日經平均指數**」。

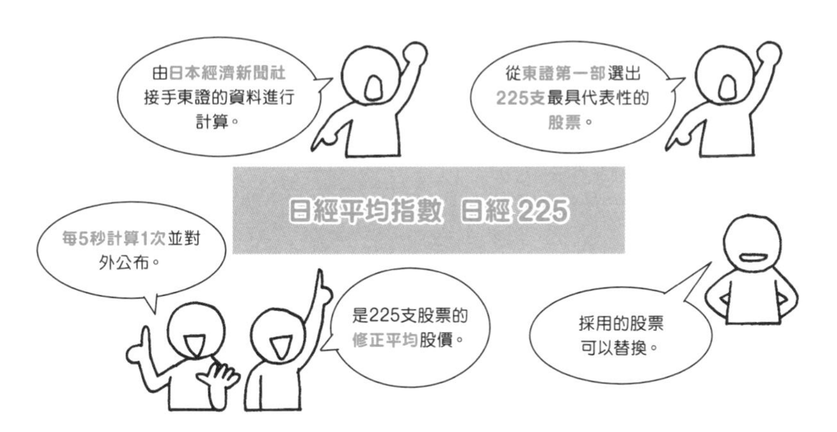

東證股價指數 TOPIX、Tokyo Stock Price Index

另一種代表性的股價指數是「**東證股價指數**」，由東京證券交易所每1秒計算1次並對外公布。所謂的股價指數，就是以某個特定時間點的數值為100或1000，再以其後數值與之作比較的指數。東證股價指數是以1968年1月4日的收盤價為100。

匯率

外幣匯率、外匯

「**匯率**」與景氣也是會互相影響的關係。「匯率」的日文「為替」，原意是在不動用現金的情況下，交付金錢的方法的統稱，不過現在說到為替，大多都是指**外幣匯率**。正確來說，與景氣密切相關的，其實是**外匯匯率**（☞P.65）的波動，只是兩者之間的關係並不單純。

景氣對匯率造成的影響

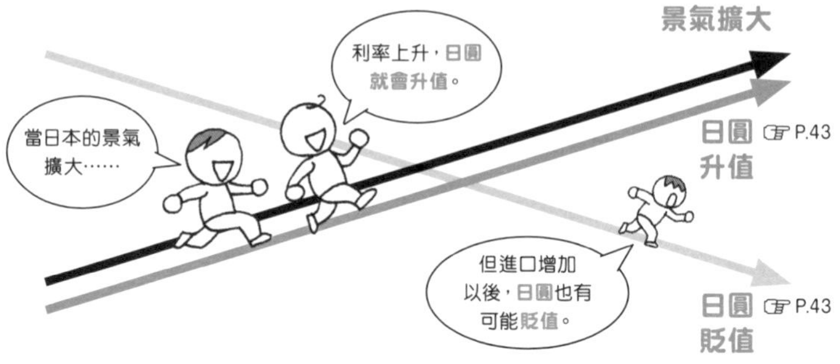

景氣擴大
利率上升，日圓就會升值。
當日本的景氣擴大……
日圓 ☞P.43 升值
但進口增加以後，日圓也有可能貶值。
日圓 ☞P.43 貶值

匯率對景氣造成的影響

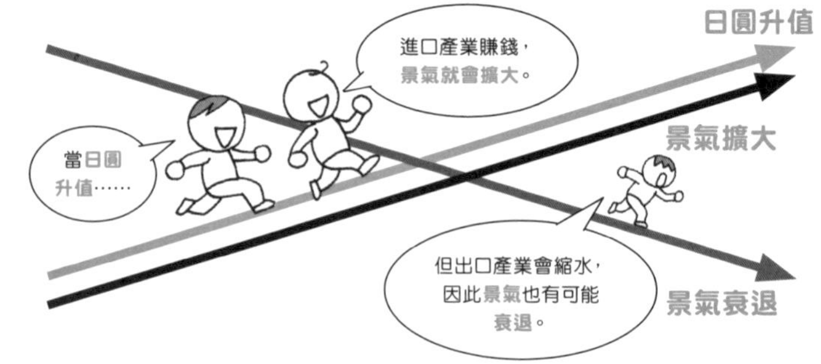

日圓升值
進口產業賺錢，景氣就會擴大。
當日圓升值……
景氣擴大
但出口產業會縮水，因此景氣也有可能衰退。
景氣衰退

簡而言之，景氣與匯率之間存在著正向作用與負向作用的關係，至於哪一個作用會發揮影響力，則端視當時的經濟狀況或國際情勢而定。

日圓升值

日圓升值美元貶值、日圓升值歐元貶值……

當「日圓升值」，外匯匯率的「日圓」金額就會減少，因為外匯匯率代表的是「多少日圓可以買到1塊美元」的金額。

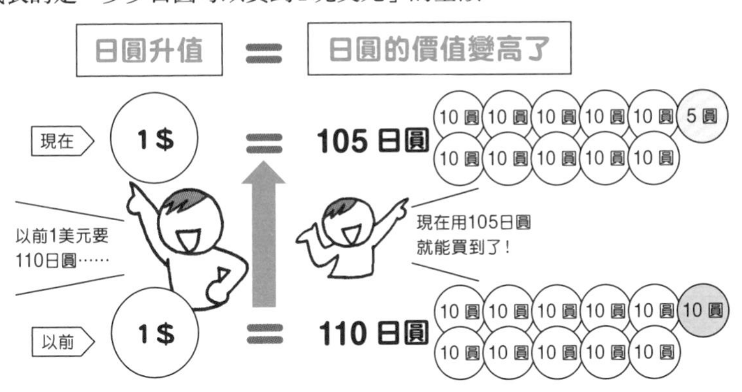

在一般印象當中，日圓升值好像會使景氣變差，這是因為日本長期貿易順差（☞P.58），出口較多的緣故。

日圓貶值

日圓貶值美元升值、日圓貶值歐元升值……

在出口較多的情況下，「日圓貶值」對出口產業造成的正面影響，會大於對進口產業造成的負面影響，因此景氣會變好。

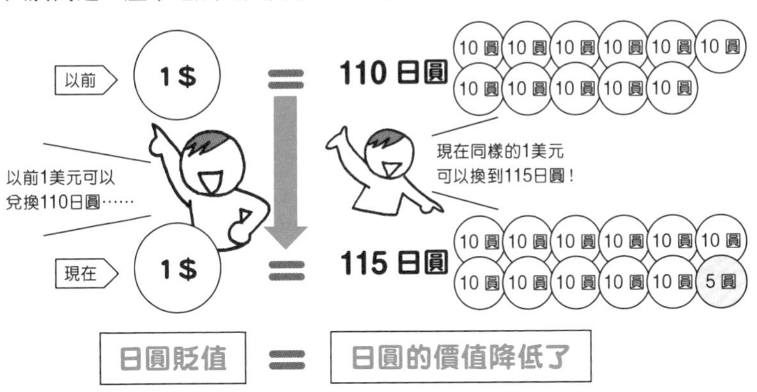

不過近年來，日本也有一些貿易逆差（☞P.58），也就是進口大於出口的年度，因此不見得日圓貶值，景氣就一定會變好。

泡沫經濟

泡沫、泡沫景氣

當景氣持續擴大，像泡沫膨脹一樣擴大到超過實體經濟的狀態，就稱「**泡沫經濟**」，但「**泡沫**」究竟為何會發生呢？

在1980年代晚期起的日本經濟泡沫時期，地價與股價持續上漲，民眾對增值利益的期待更進一步帶動市價的上漲。

泡沫崩壞

不過「**泡沫崩壞**」一定會發生，日本的泡沫在進入1990年代以後，地價與股價大跌，導致景氣急速下滑。

在泡沫時期以土地為擔保品進行融資的銀行，後來都面臨長期的不良債權處理問題，甚至演變為社會問題。

失落的 20 年

泡沫崩壞後，日本經濟進入漫長的停滯期間（**失落的 20 年**），不良債權處理的延遲也造成金融機構相繼破產。

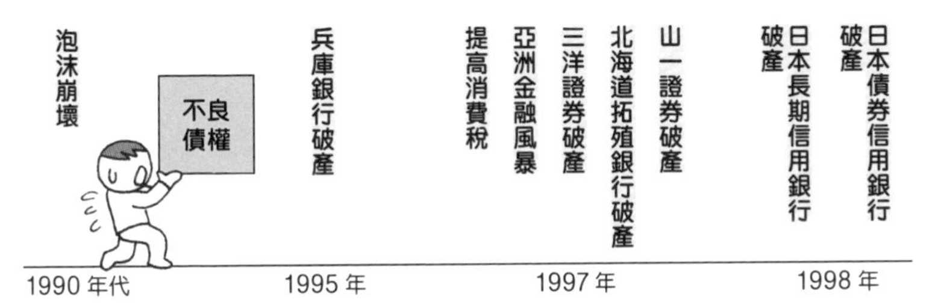

雖然從2002年起，日本也曾進入所謂**伊邪那美景氣**（☞P.267）的景氣復甦期間，但景氣復甦的程度太過平緩，實在令人無感。

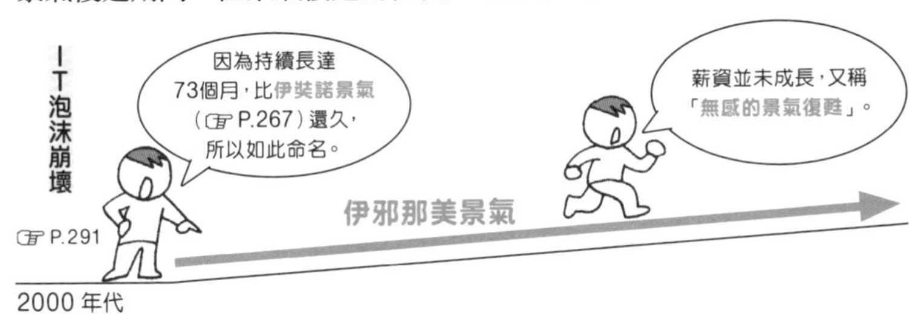

然後到了2008年時，**雷曼事件**（☞P.77）造成全球經濟蕭條，日本再度陷入負成長。

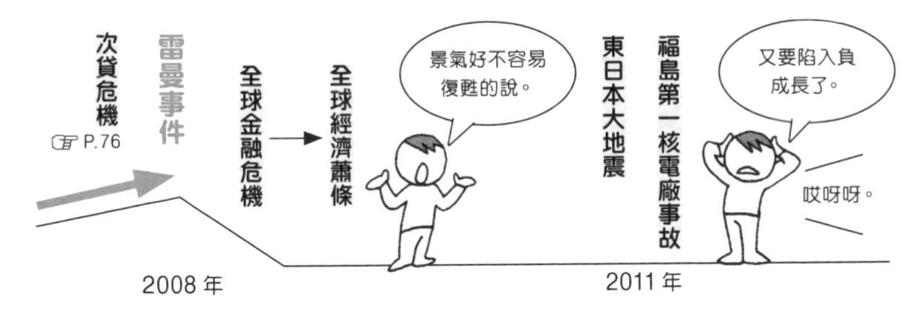

根據統計顯示，2012年起逐漸轉向景氣擴大，但回溫緩慢，薪資上升速度也緩慢，甚至有人說這樣下去恐怕會變成「失落的30年」。

日本金融大改革　金融體系改革

在面對「失落的20年」期間，日本政府決定投入金融體系的改革。政府為追求經濟安定而對金融交易實施的限制，稱作**金融管制**（☞P.270），而當時的日本政府因為大規模放鬆管制，所以如今許多理所當然的事，都是當年改革的結果。

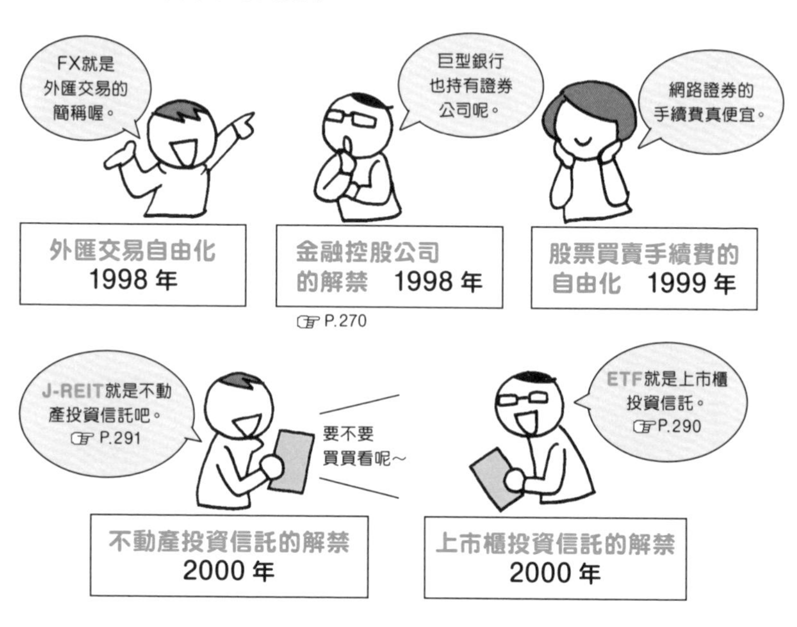

日本效法英國進行「金融大改革」，也就是1980年代實施的金融制度改革，這一系列人稱「**日本金融大改革**」的金融管制解除或廢止，幾乎都實施於1998年至2001年之間，其後也陸續實施了銀行、保險、證券等的放鬆管制。

零利率政策

另一方面，日銀在泡沫崩壞後，決定採取將經濟導向繁榮的金融政策，也就是所謂的**貨幣寬鬆政策**（☞P.270），其中最具代表性的就是**調降利率**。泡沫崩壞後，在日本經濟狀況陷入谷底的1999年，日銀將短期利率誘導至0.15%的水準（**零利率政策**）。

量化貨幣寬鬆政策

零利率政策一度被解除，直到2000年代初期，**IT泡沫**（☞P.291）崩壞後，才再度被導入。當時還同時採取「**量化貨幣寬鬆政策**」，希望透過增加供應給市場的資金量，達到景氣復甦的目的。日銀會購買金融機構的債券等商品，增加支票存款的餘額。

量化與質化貨幣寬鬆政策　異次元寬鬆政策

雖然量化貨幣寬鬆政策也一度被解除，但2013年時，操作目標被變更為**貨幣基數**（☞P.233），除了持續購買商業本票、公司債、ETF、J-REIT等等，也開始購買長期國債（**量化與質化貨幣寬鬆政策**），藉由購買國債的方式，直接影響**長期利率**（☞P.37）。

負利率政策

2016年導入了「**附帶負利率的量化與質化貨幣寬鬆政策**」，也就是在支票存款制度中設置「**政策利率餘額**」，並適用－0.1%的「**負利率**」。除此之外，同年9月起則導入「**附帶長短期利率操作的量化與質化貨幣寬鬆政策**」。

安倍經濟學

日銀的金融政策也是「**安倍經濟學**」的第1支箭。安倍經濟學指的是安倍晉三內閣的經濟政策，尤其是指始於2012年第2次安倍政權下的經濟政策，其主要政策又稱為3支箭與新3支箭。

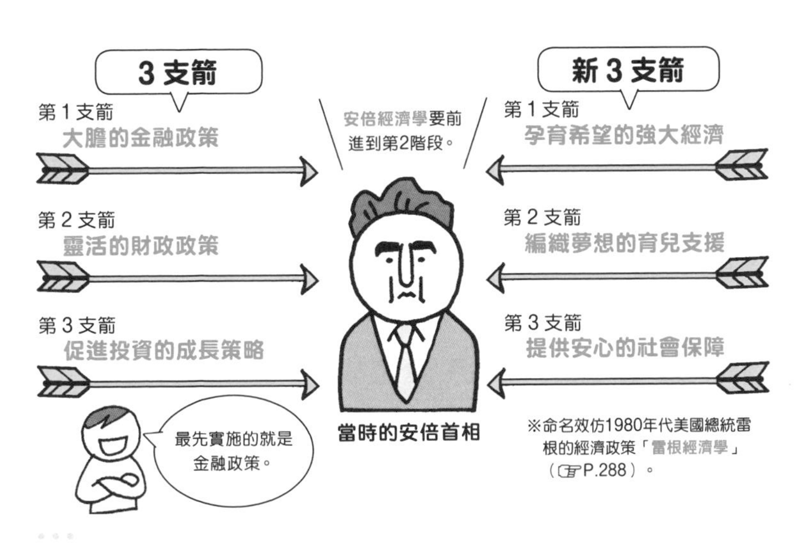

格差社會

「**格差社會**」指的是差距擴大、尤其是所得或資產等經濟差距擴大的社會。如今就連已開發國家都呈現中產階級減少、富裕階級與貧困階級愈來愈兩極化的趨勢，儼然成為全球性的問題。有人說安倍經濟學擴大了日本社會的差距，也有人持完全相反的意見。

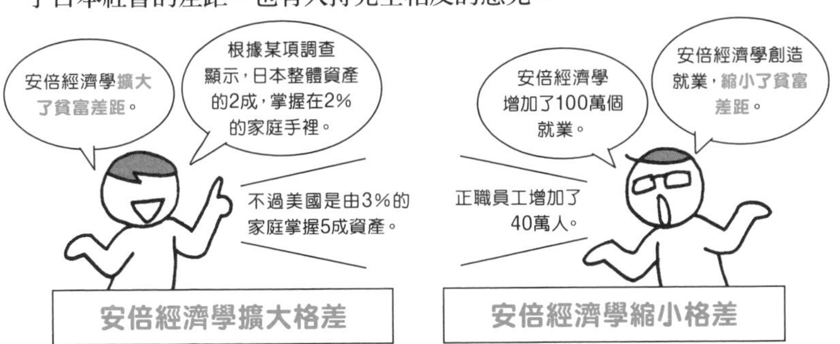

1 分鐘確認！

本章重點

- ☐ **景氣**有景氣復甦（擴大）→繁榮→景氣衰退→蕭條的循環。
- ☐ 景氣好壞可以根據**日銀短觀**或**GDP 速報**進行判斷。
- ☐ **GDP** 指的是一定期間內，國內生產的附加價值總額。
- ☐ 國家財政的基礎性收支稱作**基本財政收支**。
- ☐ 政府執行的**財政政策**有①資源配置、②所得重分配和③穩定經濟的3大功能。
- ☐ 日本的**中央銀行**，亦即**日本銀行**（日銀）會透過**公開市場操作**等手段執行金融政策。
- ☐ 日銀金融政策最重要的目標就是維持**穩定物價**。
- ☐ **股價**是景氣的**領先指標**，代表性的股價指數有**日經平均指數**（日經225）與**東證股價指數**（TOPIX）。
- ☐ **匯率**也會與景氣互相影響，例如**日圓升值**時，進口產業賺錢，景氣就會擴大，但由於對出口產業有負面影響，因此景氣也很有可能會衰退。
- ☐ 日銀分別在2013年和2016年實施**量化與質化貨幣寬鬆政策**（**異次元寬鬆政策**）和**附帶負利率的量化與質化貨幣寬鬆政策**等穩定物價的**金融政策**。

卡爾・門格爾（Carl Menger，1840～1921 年）

奧地利學派的經濟學家。與威廉・史丹利・傑文斯（William Stanley Jevons）和里昂・瓦爾拉斯（Leon Walras）同為現代經濟學的創始者，三人均提倡「**邊際效用理論**」（☞ P.109、259）。主要著作為《國民經濟學原理》。

Chapter 2

國際經濟

常見經濟用語②

經濟全球化

當今世界有頻繁的貿易和跨國投資，金錢和勞力也可以自由移動，因此各國的**國際分工**（☞P.274）漸趨精細，分別在各自擅長的領域發展重點式的經濟活動，並且得以共同達到經濟成長。

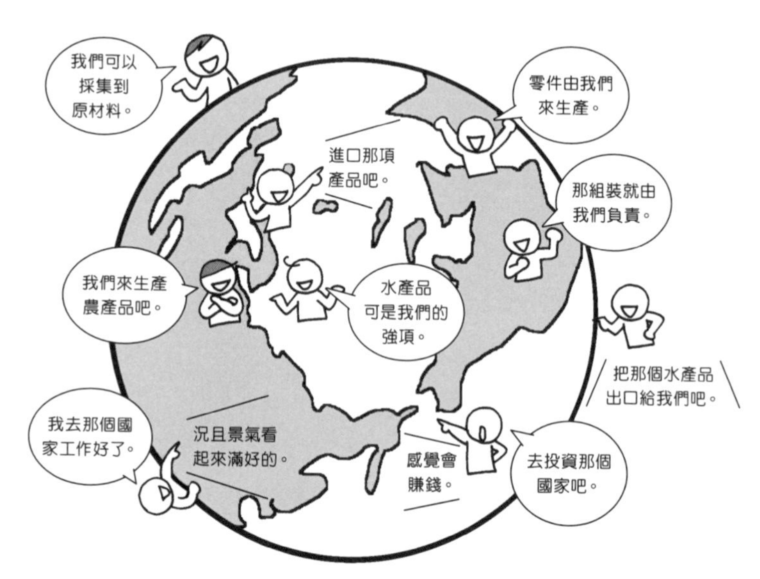

這種「**經濟全球化**」之所以能夠發展，主要是因為1990年代初期，東西冷戰結束，除了部分國家之外，世界各國均改採**市場經濟**（☞P.87），再加上電腦、網路等資訊通信技術的進步與普及所致。

G7 Group of 7、7大工業國組織財金首長和中央銀行總裁會議

另一方面，經濟全球化也在全世界引起各種問題。為此，「**G7**」定期召開「**7大工業國組織財金首長和中央銀行總裁會議**」，討論世界經濟的種種問題，而且並不是只有**G7峰會（首腦會議）**才是G7。

G20 Group of 20、20國集團財金首長和中央銀行總裁會議

在經濟全球化的促成下，世界上出現許多經濟成長顯著的新興國家，而由G7加上這些新興國家，再加上俄羅斯與歐盟等所組成的會議，就是「**G20**」。據說G20的GDP合計占全世界GDP的9成，貿易總額則達到全世界的8成。

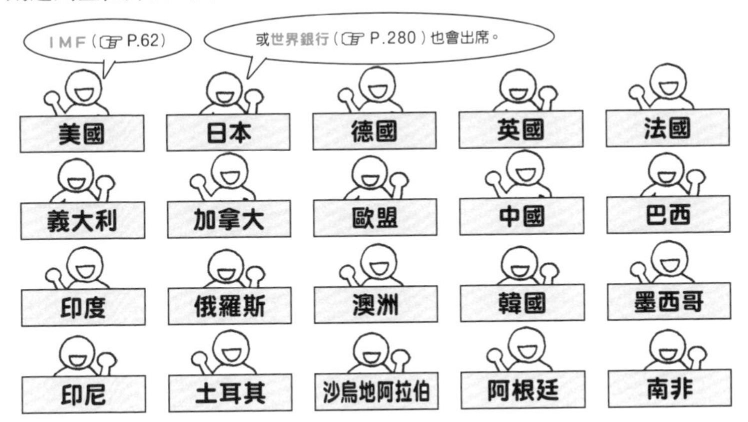

貿易

進出口

世界的經濟由「貿易」串連起來，國與國之間買賣商品或勞務的交易，是經濟全球化的基礎，對於各國的GDP（☞P.26）動向也有重大的影響，因此G7等國也發出「反對保護貿易」的聲明。

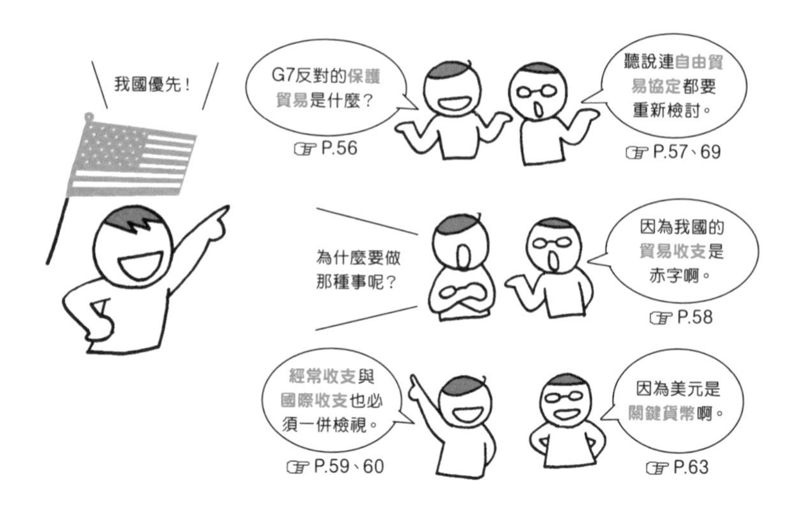

貿易會受到外匯匯率（☞P.65）強烈影響。為了避免這件事，才會有貨幣整合的歐元區（☞P.72）。除了像歐元區那樣的經濟整合，世界上還有多種以經濟夥伴協定（☞P.70）為目的的動向。

比較優勢原理

比較優勢、比較優勢原則

關於貿易，經濟學有一套「**比較優勢**」的概念，也就是不看價格等**絕對優勢**（☞P.280），而是出口本國最擅長、具備比較優勢的產品，其餘則仰賴進口，以創造出較大的利益。

舉例而言，假設 A 國與 B 國各生產 1 顆柳橙與 1 顆蘋果，換算成日圓需要支出以下的成本。

光從數字上看來，A國不需要從B國進口柳橙或蘋果，B國也不需要在國內生產柳橙或蘋果，而是從A國進口比較有利，但……

A國如果出口1顆柳橙給B國，B國就能用柳橙2分之1的成本去生產蘋果。此時，A國再用出口柳橙的價款請B國生產蘋果，進口到國內的話……。

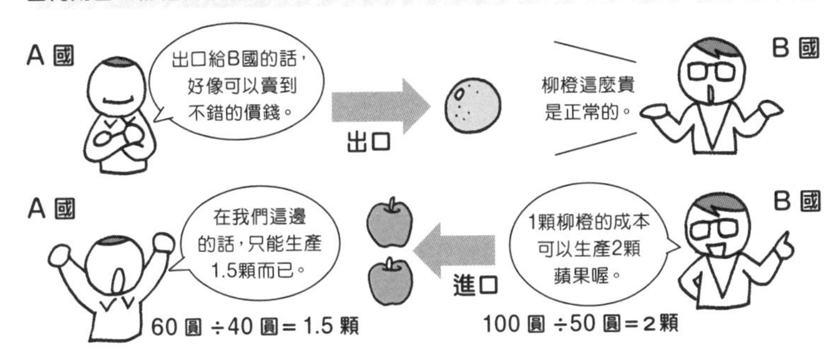

B 國用出口 2 顆蘋果的價款，請 A 國生產柳橙，再進口到國內。

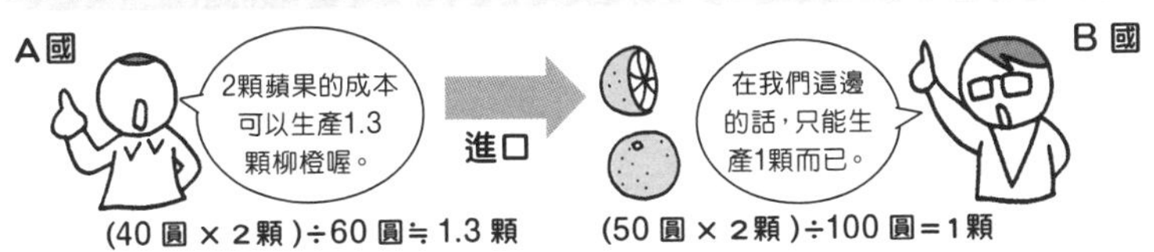

如上所述，互相出口具有比較優勢的產品，雙方都可以獲益，而提出此原理的人，就是**李嘉圖**（☞P.222）。

保護貿易　保護主義

雖然根據比較優勢原理進行貿易，能讓國家整體相互得益，但也有人會因為海外商品的進口而蒙受損失，例如B國的柳橙農家。因此為了保護自己國家的產業，由國家設立貿易限制就是「**保護貿易**」，或簡稱「**保護主義**」。

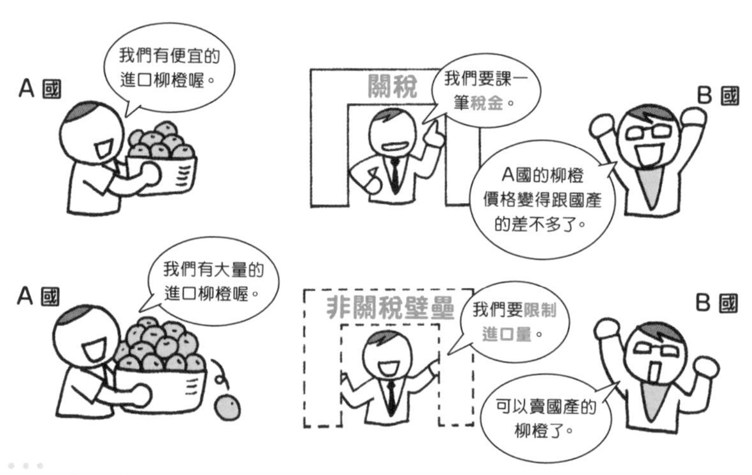

自由貿易

反之，相對於保護貿易，消除關稅等限制，讓人可以自由進行貿易，就稱「**自由貿易**」。歷史上，對於19世紀**重商主義**（☞P.254）下的保護貿易，亞當・史密斯（Adam Smith，☞P.88）等人曾經提倡自由貿易，不過當然也遭到那些受影響的產業提出抗議。

NAFTA 北美自由貿易協定

自由貿易也有可能限定國家或地區，例如由美國、加拿大和墨西哥所簽訂的「NAFTA」就是其中一例。

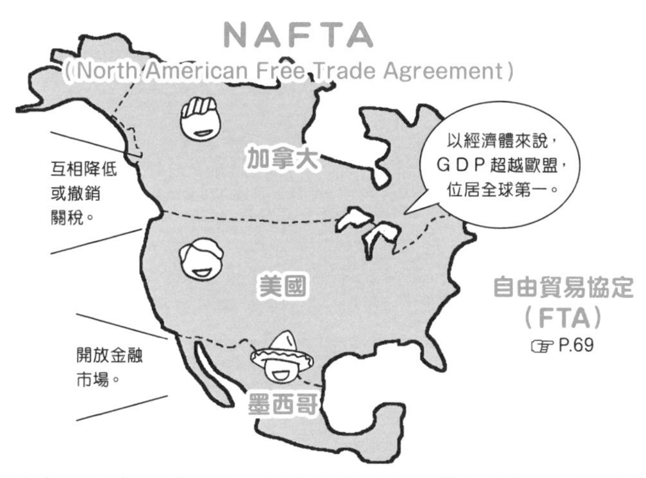

雖然協定在1994年正式生效，但由於美國的保護主義抬頭，因此自2017年起重新展開談判。

WTO World Trade Organization、世界貿易組織

「WTO」成立於1995年，主要目的是推動自由貿易，目前（2017年）共有164個國家或地區加入會員。

WTO協定規定了自由貿易協定等各種貿易相關規則，並提供貿易談判場所或處理貿易糾紛。

貿易收支

在美國主張保護主義的一方，其理論根據之一就是「**貿易收支**」，也就是進口額與出口額之差，有時是檢視整體的進出口，有時則是檢視各交易國的貿易收支。在日本的話，可以透過財務省每月公布的貿易統計得知這些資訊。

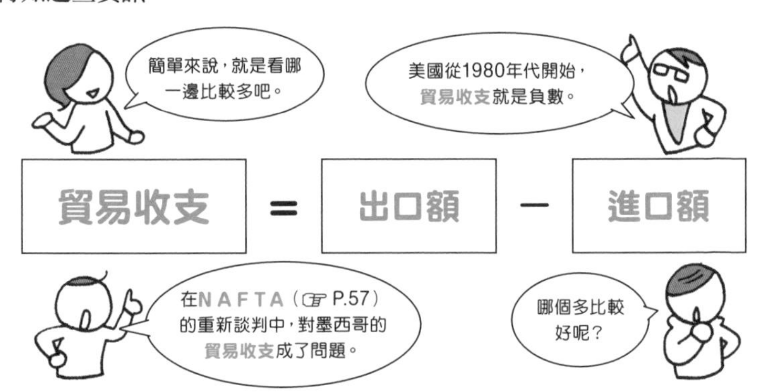

貿易逆差與貿易順差

貿易收支是負數，稱作「**貿易逆差**」，正數是「**貿易順差**」。若一國的貿易逆差增加，會造成貨幣呈貶值（美國的話就是美元貶值）趨勢或ＧＤＰ減少等各種影響。反之，如果是貿易順差的話，就會出現貨幣升值、ＧＤＰ增加等趨勢。

經常收支

國與國之間互通有無，本來就不是只有商品的貿易而已，若將勞務交易等項目也計算在內，就是所謂的「**經常收支**」，主要由下圖的4種項目所構成。在日本的話，可以透過財務省每月公布的國際收支統計得知這些資料。

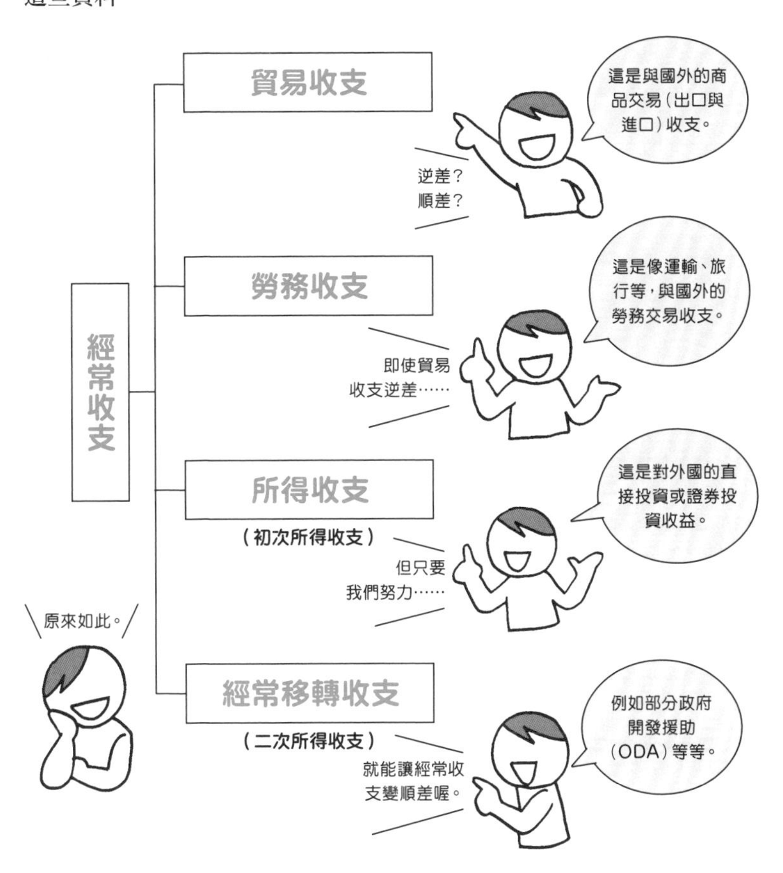

美國長期以來，經常收支都是逆差。日本近年來的貿易收支逆差雖然擴大，經常收支也持續呈現減少的趨勢，但還是得以勉強維持順差。2016年，隨著貿易收支的逆轉順，日本達到約20.1兆圓（約新台幣5.5兆元）的經常收支順差。

國際收支

國與國之間也會進行資本交易，但這並不含在經常收支內，包含資本交易在內的稱作「**國際收支**」。國際收支是由前項的「**經常收支**」與反映資本交易收支的「**資本收支**」所構成。

資本收支

「**資本收支**」是國際收支中，資本經由投資或借款等方式流出或流入的收支。資本從日本流出時是減，資本從海外流入時是加，若合計為負，資本收支是逆差，合計為正時，則為順差。

金融收支

國際收支順差或逆差時，那些資金究竟跑到哪裡去了呢？答案就在「**金融收支**」裡，金融收支是對外金融資產或負債的增減，由對外投資的增減或外匯存底的增減所構成。

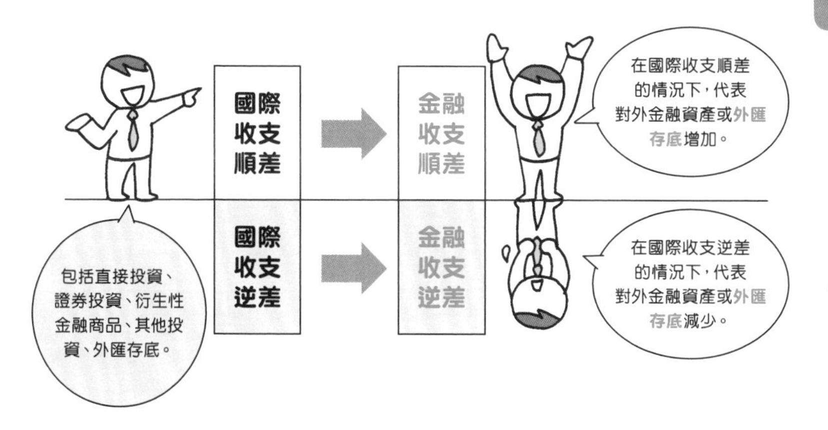

外匯存底　外匯存底餘額

中央銀行或政府為了執行**外匯干預**（☞P.67）等操作而準備的資產就稱「**外匯存底**」。因**貨幣危機**（☞P.281）等狀況而無法償還對外債務時，也會使用外匯存底。日本的外匯存底幾乎都是外國的證券，尤其是美國財政部的證券（美國公債）。

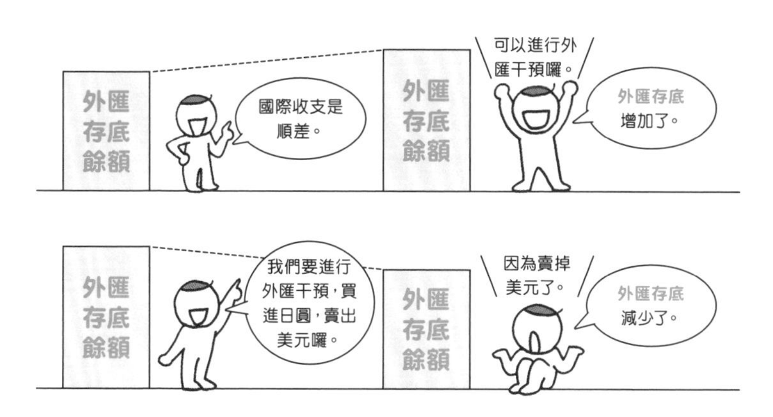

違約　債務不履行

無法用外匯存底償還對外債務時，就會變成「違約」。違約一詞的意思是沒有按照約定支付債券的利息或償還債務，不過也可以使用在未償還國家債務時。雖然不是常有的事，但也不是特別少見的事。

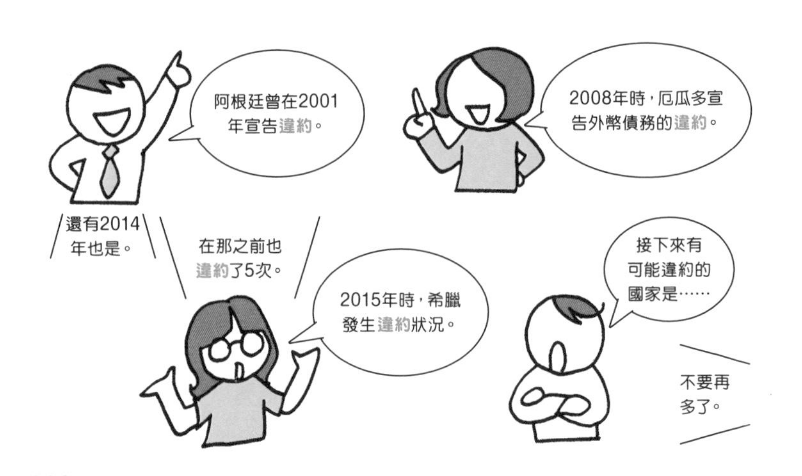

IMF　International Money Fund、國際貨幣基金組織

「IMF」是對支付對外債務有困難的國家提供融資的國際組織，目前（2016年）共有189個國家或地區加入。

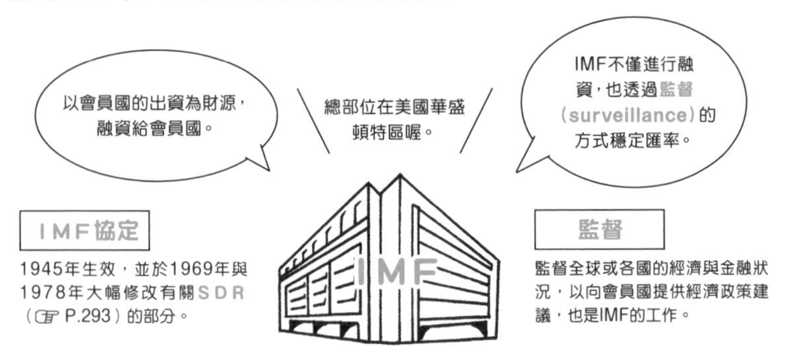

順帶一提，2015年的希臘債務違約事件，就是過了還債期限後，仍未償還向IMF申請的15億歐元融資。

國際貨幣　結算貨幣、國際結算貨幣、強勢貨幣、硬貨幣

「**國際貨幣**」並不是國際貨幣基金的貨幣，而是指國際上通用的貨幣，條件是必須具備充分的信用，任何地方都願意交換那個國家的貨幣，而且可以用來結算，不過由於沒有明確的定義，因此要以何為國際貨幣應該因人而異。

關鍵貨幣　基準貨幣、準備貨幣、關鍵通貨

在國際貨幣中占有主流地位的貨幣就稱「**關鍵貨幣**」，由於會被用來當作匯率等的基準，因此又稱「**基準貨幣**」；此外，各國也會以此作為**外匯存底**（☞P.61），因此也稱作「**準備貨幣**」。美元毫無疑問是關鍵貨幣，但歐元的話就見仁見智了。

外匯市場

換一種角度來看，貨幣的交換也可以說是用一種貨幣購買另一種貨幣的交易，而進行這種交易的市場就是「外匯市場」。外匯市場遍布全球，隨著地球的自轉陸續開市又收市，因此外匯24小時都可以交易。

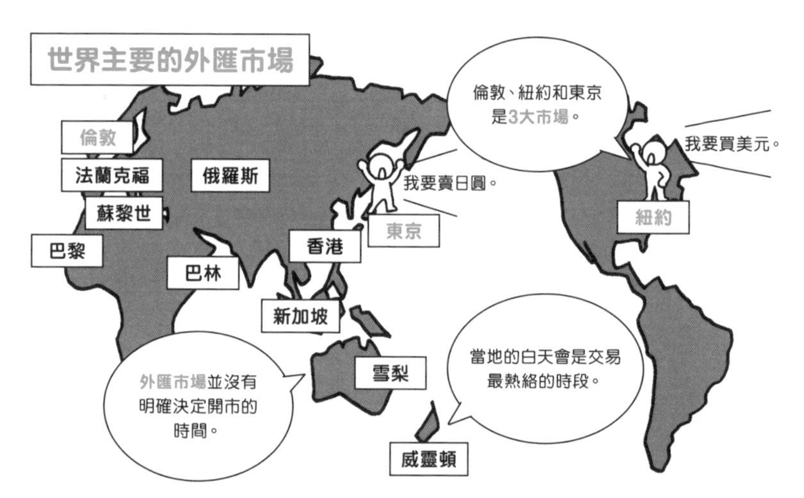

雖說是市場，但外匯並沒有交易所。外匯市場是由電話或電腦網路構成的抽象市場。電視新聞上經常出現一群人圍著圓桌而坐的畫面，那是所謂的「外匯經紀商」的員工，負責仲介外匯交易。

外匯匯率

匯率

外匯市場因為是市場，所以需求與供給的關係會造成價格變動，這就是「**外匯匯率**」。由於外匯是1對1的交易，因此買賣價格若未談妥，交易就不會成立，當交易不成立時，可以檢視成立的交易價格或趨勢調整內容，重新下單。匯率就是在這樣的過程中不斷進行調整。

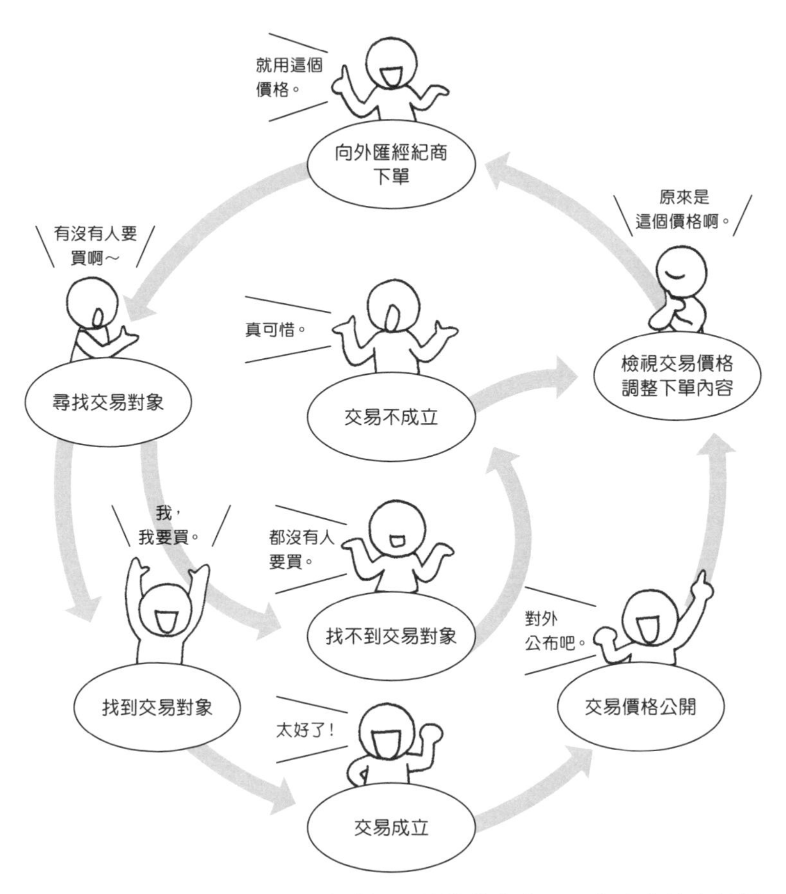

交易一旦成立，外匯經紀商或新聞機構就會立即公布成立的交易價格。在這樣反覆循環的過程中，外匯匯率隨時都在變動。

浮動匯率制　浮動匯率、浮動匯率制度

「**浮動匯率制**」就如同當今的日本一樣，是外匯匯率隨著外匯市場的需求與供給變動的制度，不過即使是採用浮動匯率制的國家，對於外匯的巨幅變動也會採取**外匯干預**（☞P.67）等手段，因此不能說是完全隨著市場變動的浮動匯率。

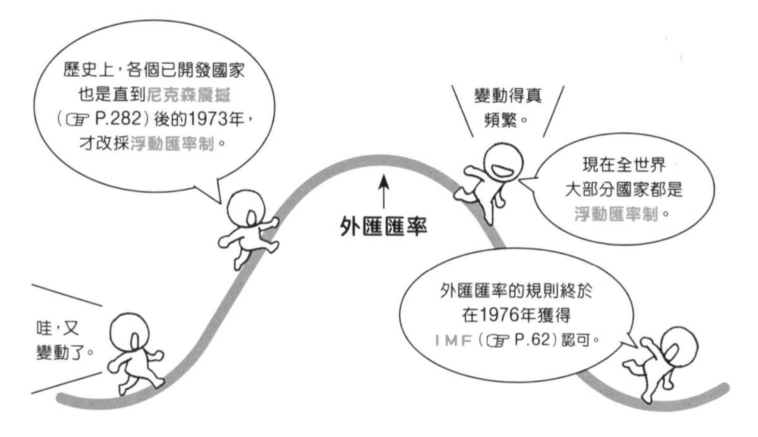

固定匯率制　固定匯率、固定匯率制度

反之，基於政策考量而將外匯匯率固定在一定水準，就是「**固定匯率制**」。固定外匯匯率的方法包括透過外匯干預等手段，使變動限縮在一定範圍之內，或是採取限制資金移動的外匯管理政策。

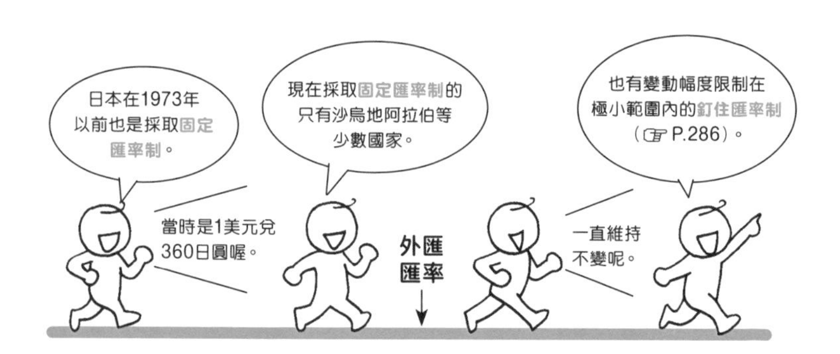

外匯干預　外匯市場干預、外匯平衡操作

外匯匯率急遽變動時，為了抑制變動幅度以穩定匯率，有時國家的貨幣當局會參與買賣，也就是所謂的「**外匯干預**」，例如日圓升值就賣出日圓，日圓貶值就買進日圓，以抑制變動的幅度。通常都是政府出面干預民間在交易的外匯。

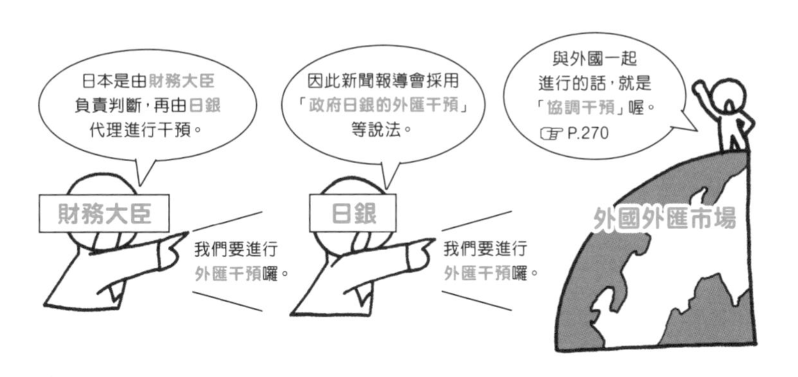

基本面　經濟的基礎條件

說來說去，決定外匯匯率的主因究竟是什麼呢？雖然短期會因外匯干預等手段而變動，但中長期的決定性主因還是**經濟成長率**或**國際收支**等水準，這些經濟指標統稱為「**基本面**」。

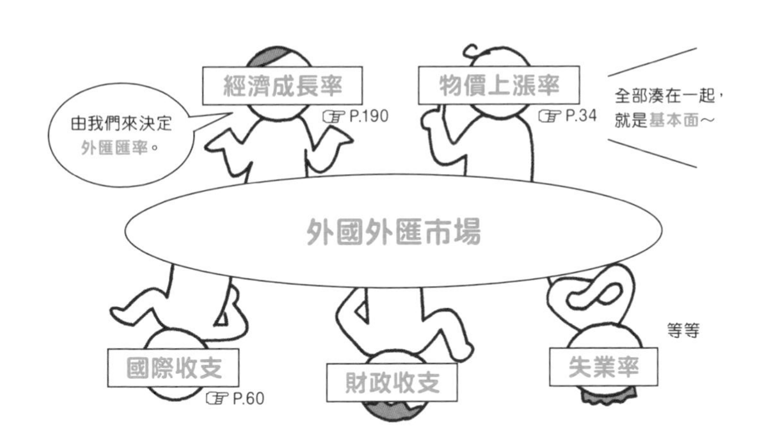

經濟整合

經濟一體化

世界各個地區都有整合經濟的諸多動向，例如透過**自由貿易協定**（**FTA**，☞P.69）達到市場的整合，或像歐元那種貨幣整合等等。下圖是日本經濟產業省彙整在官方網站上的東亞地區「**經濟整合**」動向，由圖可知，目前對經濟整合的摸索嘗試，發生在各式各樣的層級，最低層級的經濟整合是自由貿易協定，由**ASEAN**（東南亞國家協會）所簽訂的自由貿易協定是**AFTA**，TPP等則會達成所謂的**EPA**（☞P.70），也就是範圍稍微再擴大一些的經濟整合。

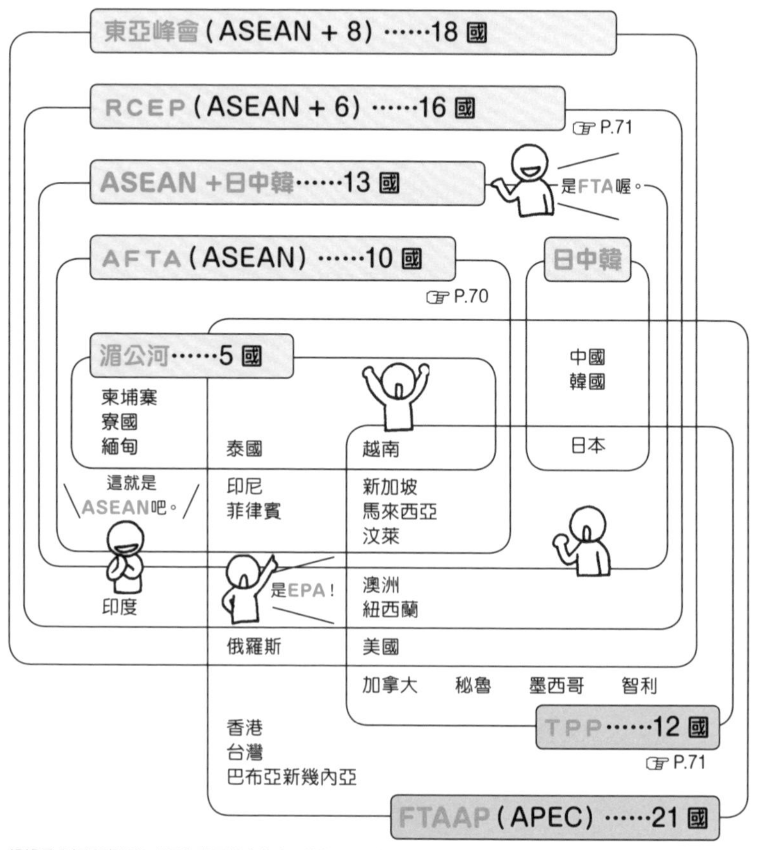

根據日本經濟產業省「邁向東亞經濟整合」繪製而成（www.meti.go.jp）。

FTA

Free Trade Agreement（Area）、自由貿易協定

「**FTA**」是一種透過撤銷或削減關稅等方式，達到國與國之間經濟關係強化目的的協定，例如對象範圍最廣的ＦＴＡ，是由APEC的21個會員國或地區所提出的「**FTAAP**」(亞太自由貿易區，Free Trade Area of the Asia-Pacific）等協定。

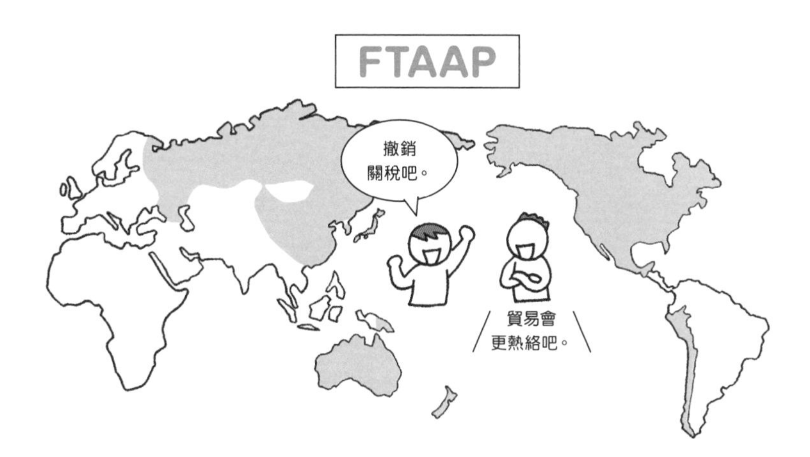

ＦＴＡ之所以被視為低階層的經濟整合，是因為這種協定只限定於商品或勞務的貿易，對於協定外的國家而言，ＦＴＡ反而很有可能造成貿易障礙，而就推動全球自由貿易的**WTO**（☞P.57）而言，ＦＴＡ則屬於例外承認的措施。

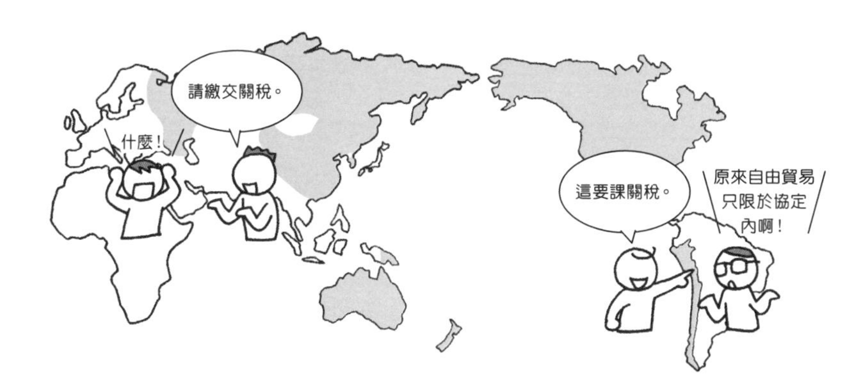

AFTA ASEAN Free Trade Area、ASEAN自由貿易區

ASEAN地區已經率先啟動的自由貿易協定是「**AFTA**」，截至1999年為止共有ASEAN10國加入會員，而且在2015年以前，地區內的關稅幾乎已調降至零，ASEAN區域內的人口比歐盟或NAFTA還多，是超過6億人的巨大經濟體。

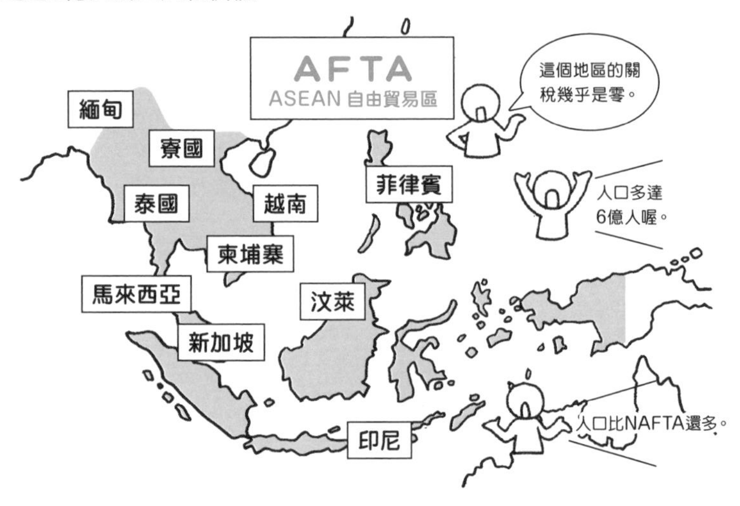

EPA Economic Partnership Agreement、經濟夥伴協定

另一方面，在削減或撤銷關稅或非關稅壁壘之外，再加上投資、人口移動、保障智慧財產權、建立公平競爭的規定、其他各種領域的合作等，以更廣泛的經濟關係強化為目的，這樣的協定則稱作「**EPA**」，而非FTA。

TPP　跨太平洋夥伴協定、跨太平洋戰略經濟夥伴協定

日本參與的代表性ＥＰＡ之一是「**ＴＰＰ**」，由68頁圖中的12國在2015年10月達成大致共識，翌年2月正式簽署。日本在2017年1月完成國內程序締結協定，但美國卻在同月宣布退出。

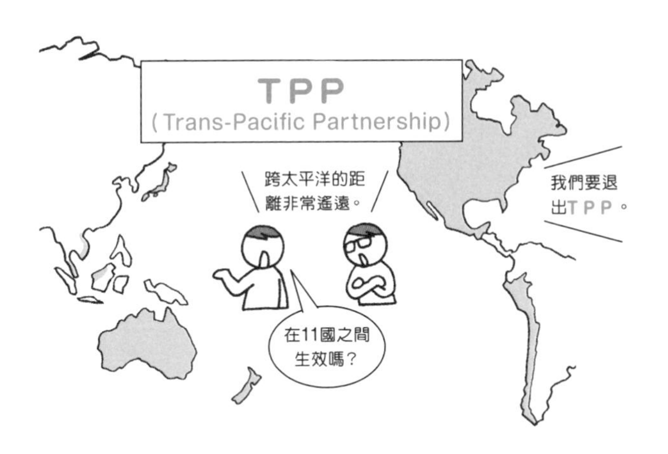

RCEP　東亞區域全面經濟夥伴協定

另一項日本參與的ＥＰＡ是「**ＲＣＥＰ**」，構想是集合ASEAN與日中韓、印度、澳洲、紐西蘭等6國之間的ＦＴＡ，以達成更廣泛的區域性經濟合作目的。如果實現的話，將成為人口超過世界一半以上的廣大經濟體。

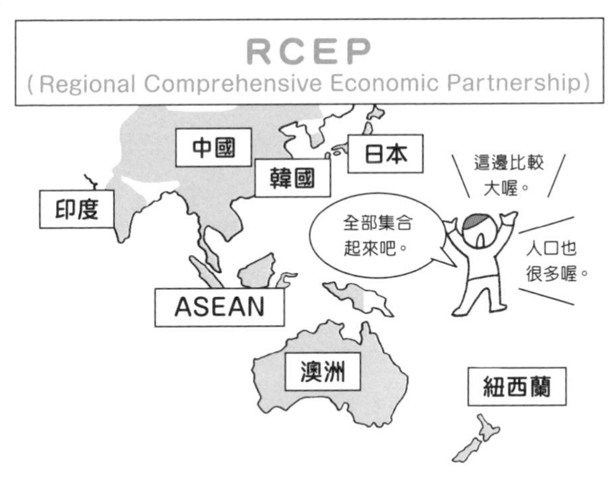

歐元區

超越ＦＴＡ或ＥＰＡ等經濟整合，連貨幣也進行整合的，就是ＥＵ（歐盟）。不過，目前還有一些歐盟會員國尚未導入貨幣歐元，因此已導入歐元國家所構成的經濟體，另稱「歐元區」以示區別。

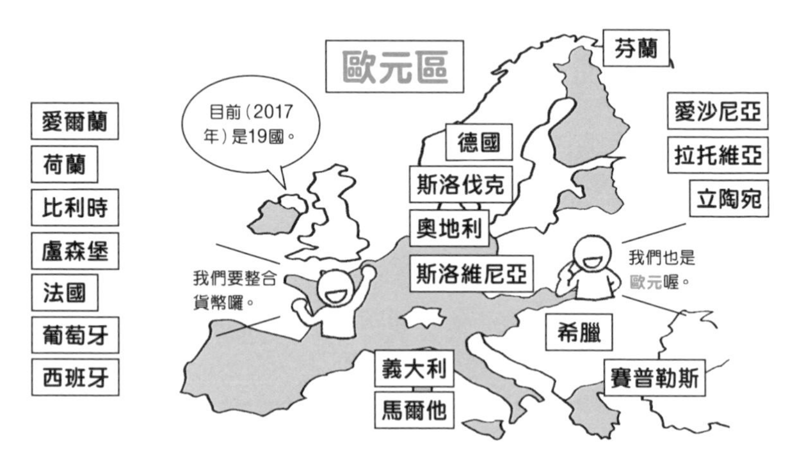

藉由貨幣整合，歐元區內的經濟活動比導入之前更加活絡，不過實際上，區內的外匯匯率會變成固定匯率。

外匯匯率一旦固定……

另外也有像ＡＥＣ（☞P.289）這樣的經濟共同體，試圖在不整合貨幣的前提下打造經濟體，以迴避這樣的缺點。

AIIB 亞洲基礎設施投資銀行

另外，也有支援各國經濟合作與經濟發展的國際金融機構，例如亞洲地區在2013年，由中國主導成立「AIIB」，創始會員國包括歐洲的已開發國家在內，共有57個國家，2017年更超越ADB，擴大至70個國家或地區。

ADB Asian Development Bank、亞洲開發銀行

「ADB」是在日本的主導下，成立於1966年的國際金融機構，如今愈來愈常被拿來與AIIB比較。至今為止的業務內容包括對開發中會員國的資金貸與、投資、對開發計畫的技術支援或建議等等。

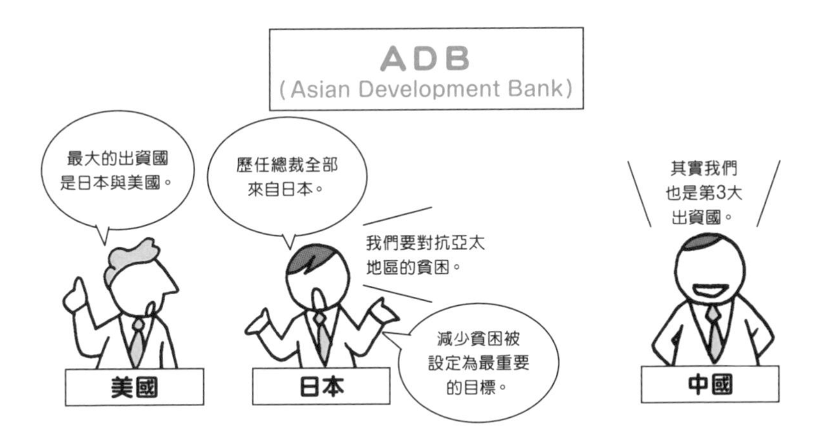

亞洲金融風暴

東亞地區在1997年到1998年間經歷了大規模的貨幣危機（☞P.281），也就是所謂的「亞洲金融風暴」，當時以泰銖大幅貶值為導火線，陸續波及菲律賓、馬來西亞、印尼、韓國等國家。

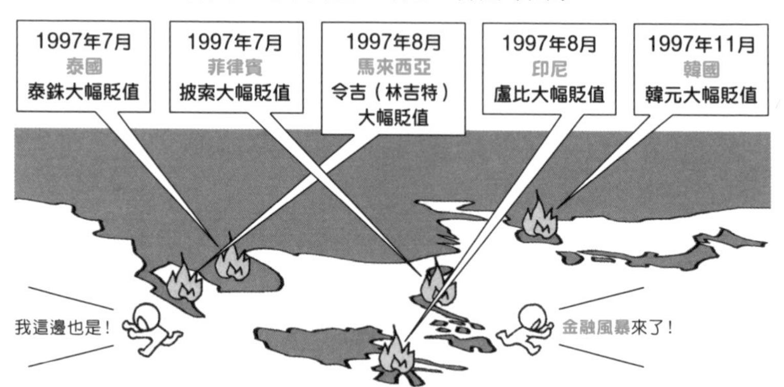

這場風暴雖然在IMF、世界銀行、ADB（☞P.73）的協調融資下逐漸平息，但泰國、印尼、韓國卻面臨必須受IMF控管的事態，據說影響甚至波及俄羅斯和中南美，更成為日本在1997年到1998年發生金融風暴的原因之一。從另一方面來說，這場風暴也讓各國意識到建立區域金融合作體制的必要性。

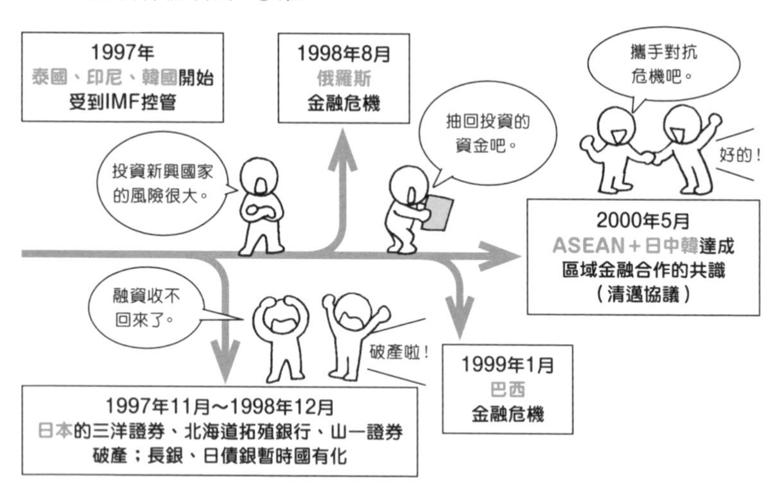

避險基金

Hedge fund

掀起亞洲金融風暴的是一種叫「**避險基金**」的投資團體，這是一種投資信託，但差別在於一般的投資信託是公募基金，相對地避險基金則是私募投信，主要由富裕階級或機構投資人直接集結巨額資金加以運用。

避險基金之所以引起亞洲金融風暴，是因為當初認為採用固定匯率制的亞洲各國貨幣價格高於實質價值而賣空貨幣所致。貨幣當局無法藉由買入貨幣來穩定市場，只好改採浮動匯率制，變成貨幣實質貶值，跌幅甚巨。

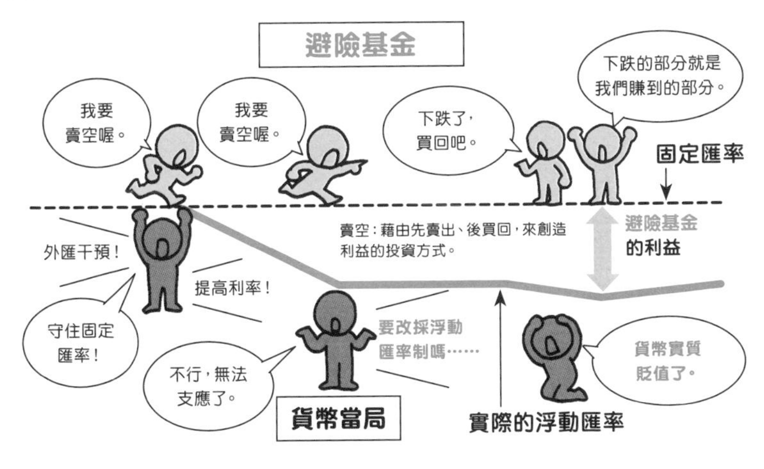

次貸危機

Subprime mortgage crisis、次貸風暴、次級房貸問題

在所有經濟危機之中，應該有很多人還記得以2008年**雷曼事件**（☞P.77）為開端的世界性金融危機吧？由於在引發危機的過程中，經歷了美國房貸急速擴大與住宅泡沫崩壞，因此又稱「**次貸危機**」。

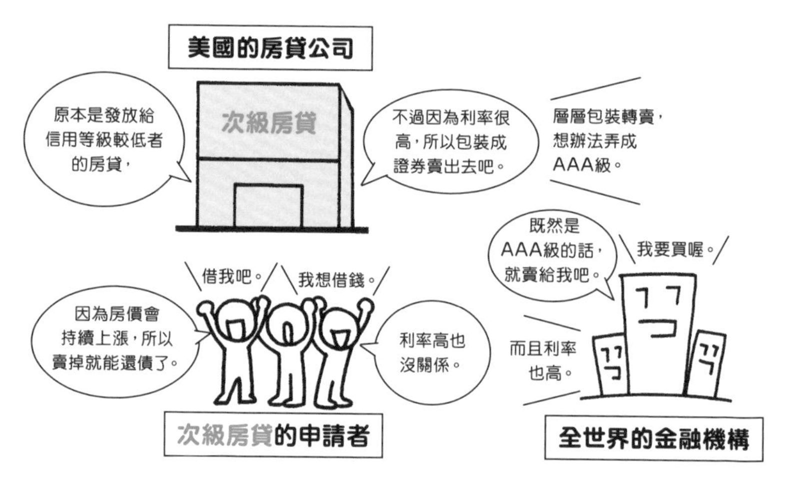

然後就發生了住宅泡沫崩壞，但變成不良債券的次級房貸早已擴散全球，不曉得在誰手中。

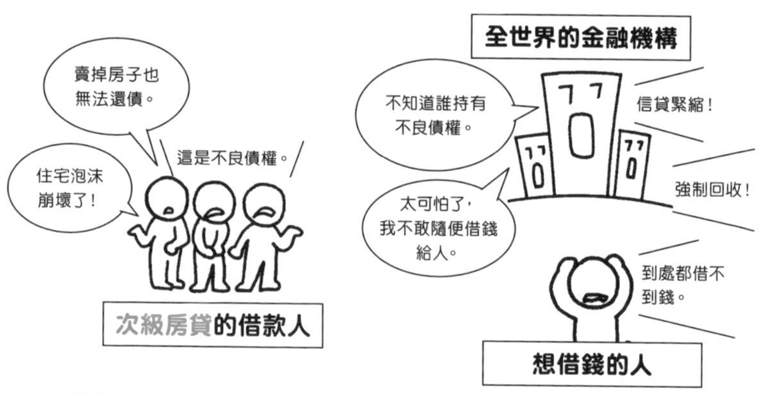

這種借不到資金的狀況稱作信貸緊縮，這場世界級的**信貸緊縮**後來就造成雷曼事件的爆發。

雷曼事件

The financial crisis of 2007-2008

早在**雷曼兄弟**破產之前，美國就陸續有次貸相關大型金融機構面臨實質破產。

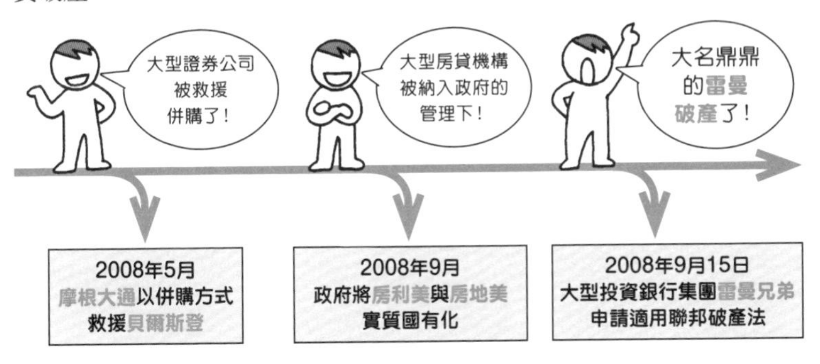

雷曼兄弟破產後，大型金融機構的破產仍持續上演。2008年9月29日，受到議院否決紓困案的影響，**道瓊工業平均指數**（☞ P.280）暴跌777點，創下史上最大單日跌幅。

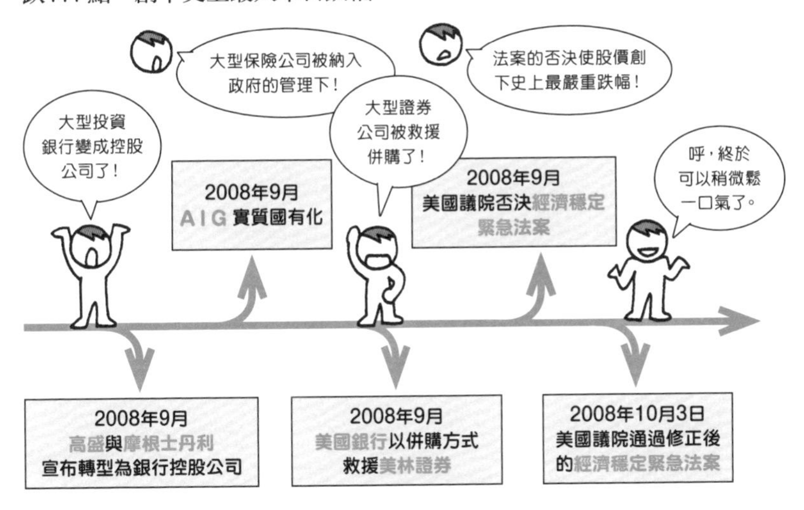

世界主要國家的大型金融機構也相繼破產，亦稱**全球金融危機**。各國經濟也呈現負成長，世界陷入長期的**全球經濟蕭條**中。

歐債危機

歐洲債務危機、歐洲主權債務危機

談到貨幣危機、金融危機，接下來不得不提的就是**財政危機**。2009年10月，希臘粉飾財政赤字一事曝光，到翌年10月為止的期間，希臘國債（主權債務）暴跌，歐元本身的信用低落，世界的股價也下跌，這就是「**歐債危機**」的開始。危機爆發後，波及到同樣陷入財政赤字的愛爾蘭、葡萄牙、西班牙等國家，最後演變成包括希臘在內的5個國家必須接受歐盟與ＩＭＦ的紓困。

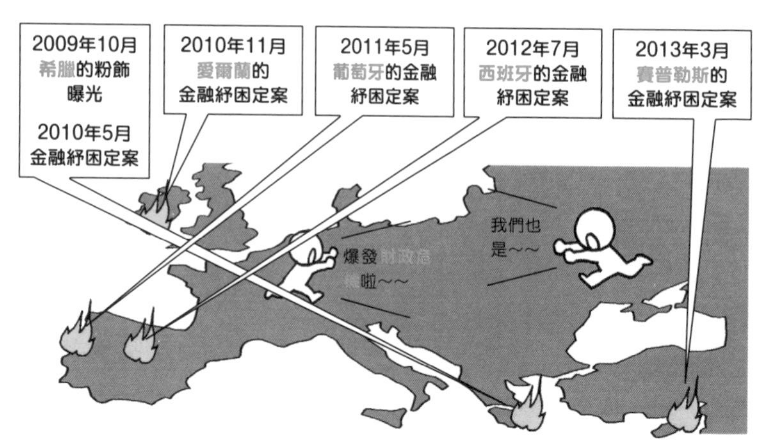

雖然在接受金融紓困的國家當中，有4國已在2016年以前結束紓困，但危機並未終止，希臘甚至必須接受追加紓困。

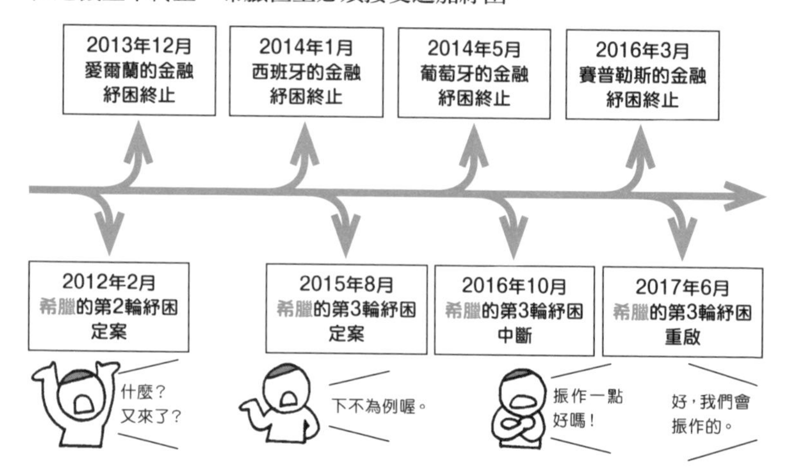

金融科技

FinTech

據說由雷曼事件所創造出來的金融界新動向，就是「金融科技」(FinTech)。雷曼事件爆發後，主動求去或被迫離開金融業界的人，尤其是技術人員，大量投入資訊科技業界，建立新的金融服務或商業模式。

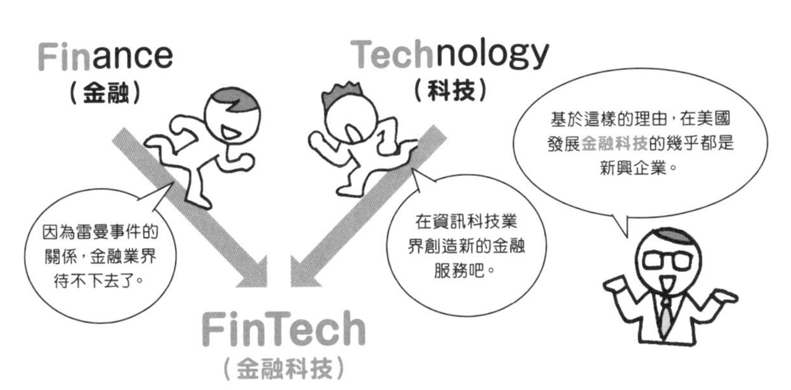

據說金融科技在美國之所以被大眾接受，主要背景是雷曼事件造成人們對現有的金融機構感到不信任或不滿，並樂於見到新金融服務的緣故。事實上，金融科技的服務幾乎都是現有金融機構不曾提供的服務。

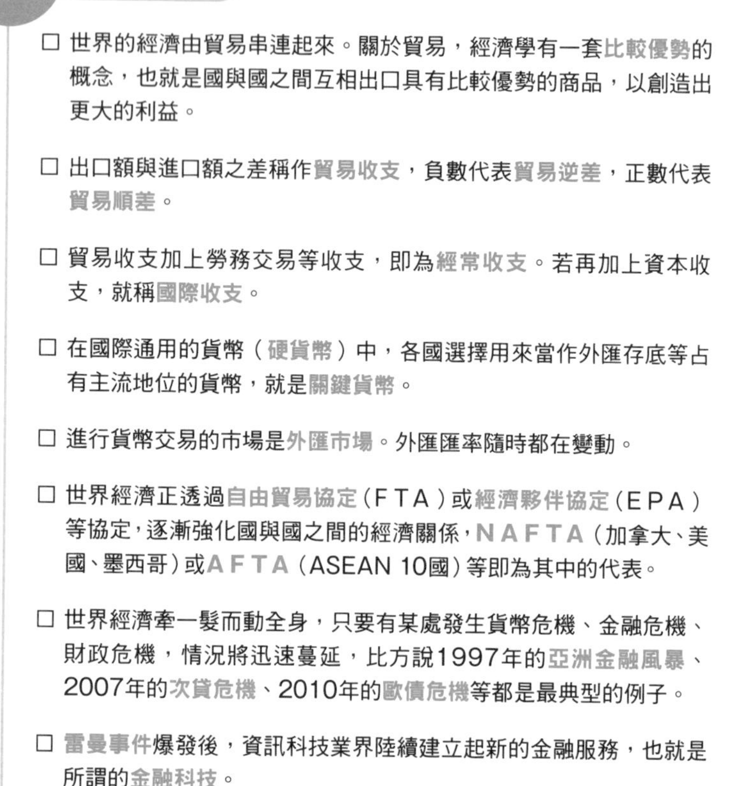

1分鐘確認！

本章重點

- □ 世界的經濟由貿易串連起來。關於貿易，經濟學有一套**比較優勢**的概念，也就是國與國之間互相出口具有比較優勢的商品，以創造出更大的利益。
- □ 出口額與進口額之差稱作**貿易收支**，負數代表**貿易逆差**，正數代表**貿易順差**。
- □ 貿易收支加上勞務交易等收支，即為**經常收支**。若再加上資本收支，就稱**國際收支**。
- □ 在國際通用的貨幣（**硬貨幣**）中，各國選擇用來當作外匯存底等占有主流地位的貨幣，就是**關鍵貨幣**。
- □ 進行貨幣交易的市場是**外匯市場**。外匯匯率隨時都在變動。
- □ 世界經濟正透過**自由貿易協定**（FTA）或**經濟夥伴協定**（EPA）等協定，逐漸強化國與國之間的經濟關係，**NAFTA**（加拿大、美國、墨西哥）或**AFTA**（ASEAN 10國）等即為其中的代表。
- □ 世界經濟牽一髮而動全身，只要有某處發生貨幣危機、金融危機、財政危機，情況將迅速蔓延，比方說1997年的**亞洲金融風暴**、2007年的**次貸危機**、2010年的**歐債危機**等都是最典型的例子。
- □ **雷曼事件**爆發後，資訊科技業界陸續建立起新的金融服務，也就是所謂的**金融科技**。

維弗雷多・柏拉圖（Vilfredo Pareto，1848～1923年）

義大利經濟學家。以**瓦爾拉斯**（☞P.266）的均衡理論為基礎，提倡「柏拉圖最適」的概念。

Chapter 3

經濟學的基本用語

經濟

「**經濟**」一詞誕生於日本幕末時期，相當於英語的「economy」，研究經濟的學問「economics」被譯為「**經濟學**」，而談到「**經濟的**」（economical、economy），則同樣有實惠、便宜的意思。

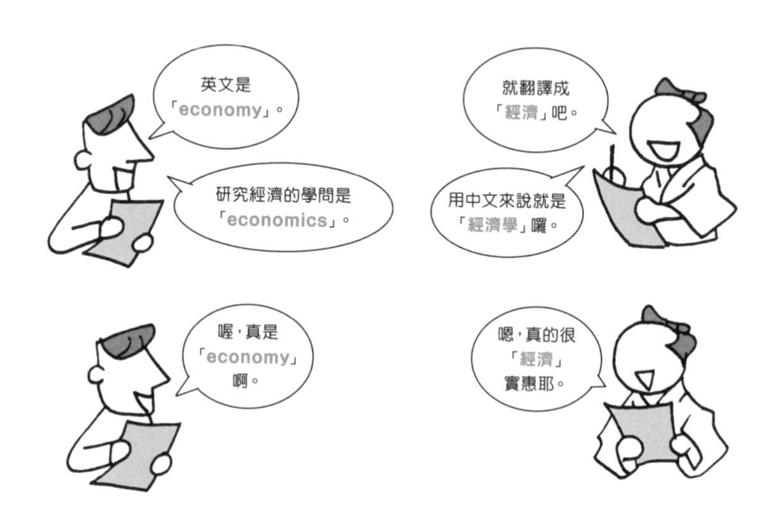

相信也有人知道，「經濟」一詞是出自中國古籍中「經世濟民」的省略語吧？原意是「治理世事，富裕民生」，但如今已經失去這樣的涵義了。順帶一提，聽說在現代中國依然與現在的「經濟」意思相通。

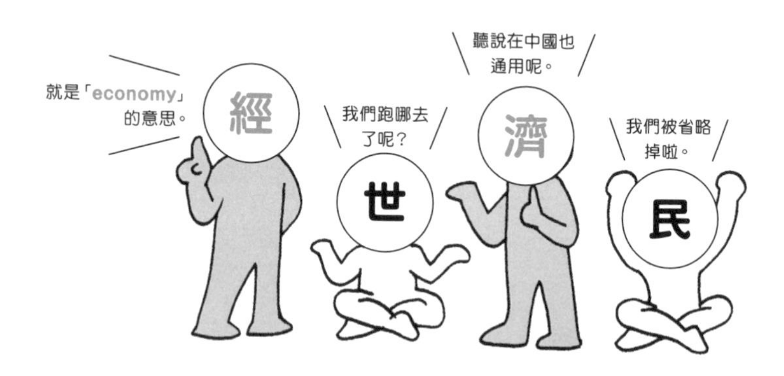

財貨與勞務

經濟構成了我們的生活，而我們的生活又需要什麼呢？在需要的東西當中，有形的就稱「**財貨**」，無形的就稱「**勞務**」。在經濟當中，我們會交易彼此需要的「**財貨與勞務**」。

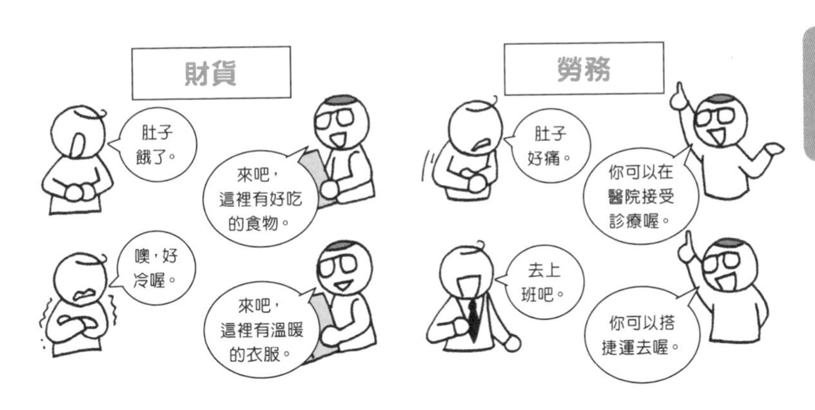

經濟活動

財貨與勞務是如何進行交易的呢？在現代經濟中，大部分情況都是用金錢作交換，這就是「**經濟活動**」，而且不只個人而已，連企業或政府等組織也會從事經濟活動。

經濟主體

從事經濟活動的單位，在經濟學中稱為「**經濟主體**」，經濟主體包含什麼呢？雖然關於分類的方式有很多不同的見解，但最具代表性的就是以「**家計**」(☞ P.108)、「**企業**」(☞ P.116) 與「**政府**」(☞ P.213) 作為3大經濟主體。

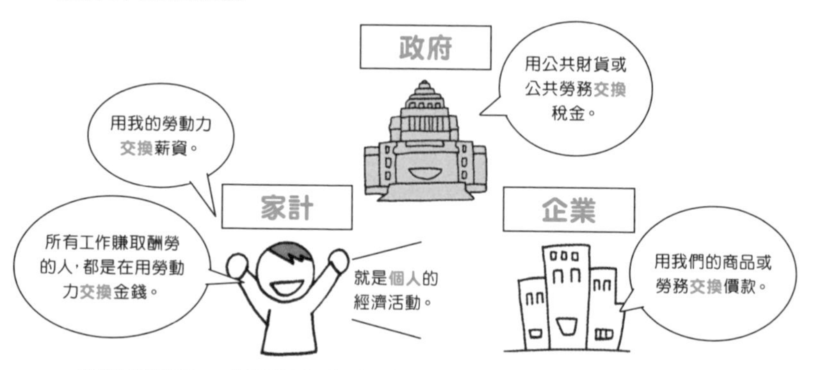

若檢視家計、企業與政府這3大經濟主體的關係，就會得到下圖的結果，例如家計會提供勞動力給企業與政府，用交換的方式獲得薪資，並支付稅金給政府或支付價款給企業，這可以說是**整體經濟**的概況吧。

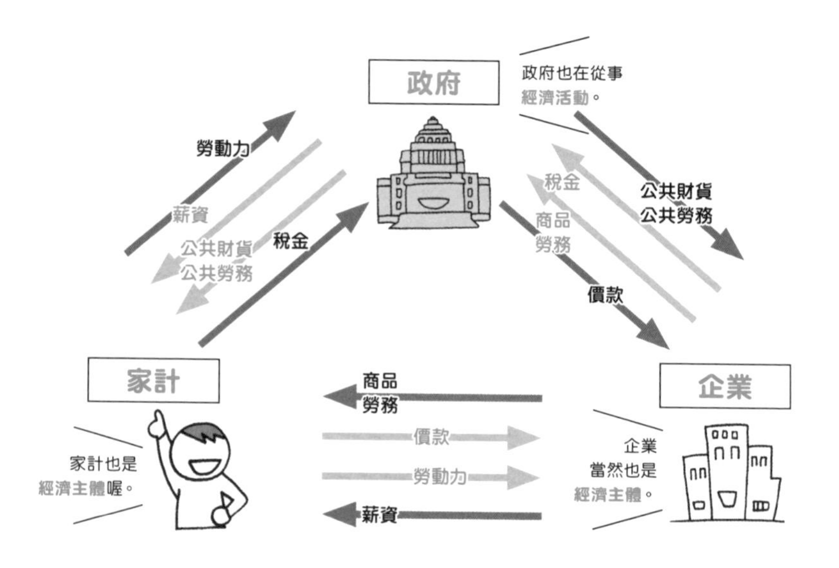

生產

這些經濟主體各自在從事些什麼樣的經濟活動呢？為了用財貨或勞務交換金錢，首先必須創造出財貨或勞務才行，也就是「**生產**」。經濟學認為生產會創造出**附加價值**（☞ P.172）。

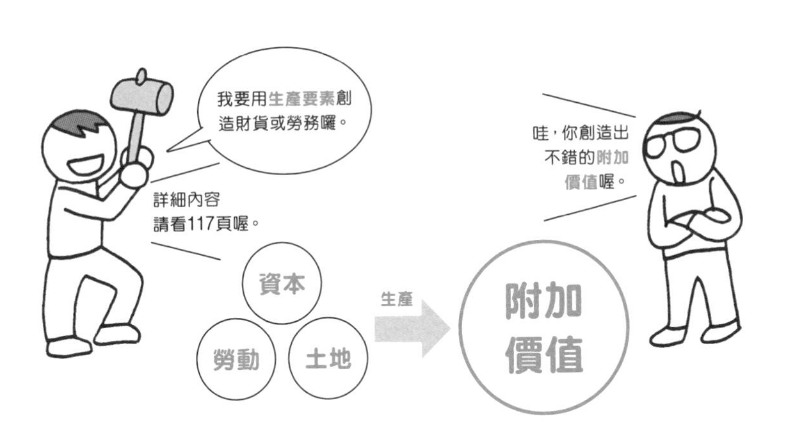

分配

第2種經濟活動是把創造出來的附加價值分出去（**分配**），分別「**分配**」給3種生產要素的所有者，也就是將股利發給股東、將薪資發給員工，或是將地租付給地主，以具體的「所得」形式分配附加價值。

支出

把分配到的「所得」用來消費、儲蓄或投資，就是第3種的經濟活動「**支出**」，這些支出會再帶動下一波的生產，而按照以上3種經濟活動分別計算出**國內生產毛額**、**國內總分配**與**國內支出毛額**，原則上**3個金額應該會相等**（☞ P.181）。

交換

在這些經濟活動中，有項很重要的行為就是「**交換**」，我們可以用分配到的所得，取得需要的財貨或勞務，或是用生產出來的財貨或勞務，取得分配用的所得，都是因為可以進行交換的緣故。進行交換的地方，就是「**市場**」。（續次頁……）

市場經濟

資本主義市場經濟

在經濟學中，用財貨或勞務交換金錢的地方稱作「**市場**」（☞ P.130）。簡單來說，市場就是買賣財貨或勞務的地方，而當中有一套「**市場機制**」（☞ P.135），當價格變化時，需求與供給就會自動調節。

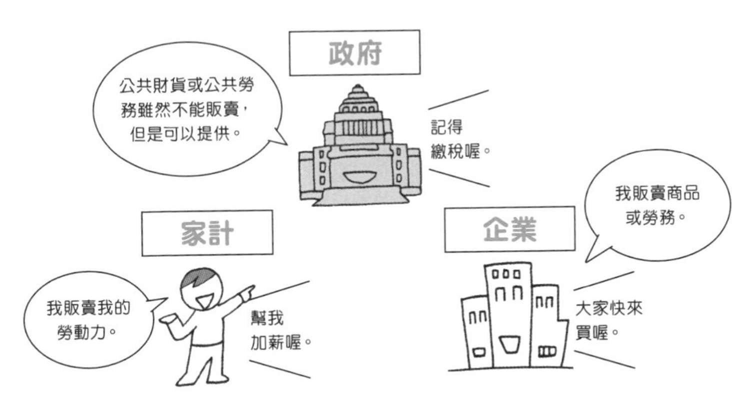

因此，將需求與供給的調節交給市場機制，任由各經濟主體自由買賣財貨與勞務，這種概念與制度就是「**市場經濟**」；反之，只要與由國家控制供給或價格的「**計劃經濟**」（☞ P.270）比較，應該就很容易理解了吧。

經濟學

承上所述，研究經濟主體互相交換財貨與勞務等經濟活動的學問，就是「**經濟學**」，所以小至消費者個人的消費活動，大至世界的景氣變動，都是經濟學探討的對象。

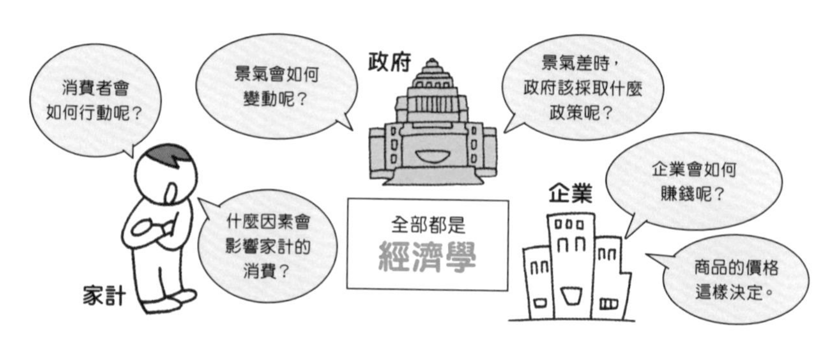

在經濟學的歷史上，有各種學說隨著社會的進步誕生、發展，尤其有人將現代的經濟學稱作「**現代經濟學**」，而被譽為「現代經濟學之父」的人，就是大名鼎鼎的**亞當．史密斯**。現代經濟學主要分成**個體經濟學與總體經濟學**。

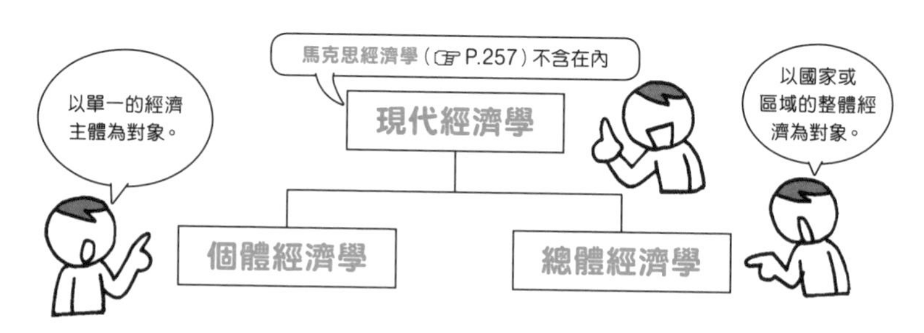

who's who

亞當．史密斯（Adam Smith，1723～1790 年）

出生於蘇格蘭的英國哲學家、經濟學家。在著作《國富論》中，以「看不見的手」（☞P.138）為理論依據，建立起現代市場機制的基礎。

個體經濟學

「**個體經濟學**」的個體（micro）原本是「小」的意思，至於小到什麼程度呢？就是從分析各個家計、各個企業的行動開始，然後根據長期累積下來的資料，去分析消費者購買什麼、購買多少，能夠獲得最大的滿足？企業生產什麼、生產多少，能夠賺取最大的利潤？

總體經濟學

反之，「**總體經濟學**」的總體（macro）則是「大」的意思，也就是針對國家、區域或產業整體的大範圍進行經濟分析，例如參考國家整體的ＧＤＰ、物價或經濟成長等資料，預測將來的經濟狀況，或是為此規劃一套有效經濟政策的執行方法。

最適化行動

經濟學有幾項前提，其中之一就是「**最適化行動**」，亦即「**經濟主體會採取符合經濟活動目的之最適行動**」。簡而言之，就是以人和企業都會正確計算損益，並採取對自己最有利的行動為前提。

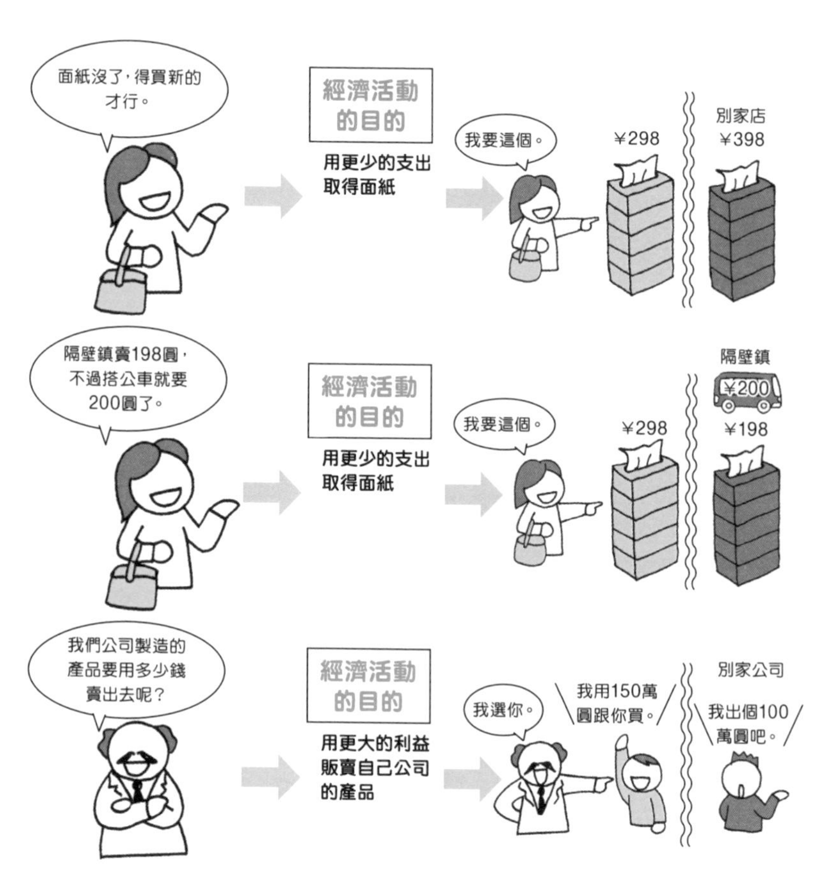

如果這個前提不成立，就無法合理解釋家計的消費活動和企業的生產活動了。當然，也有些人或企業會基於別的理由，採取非經濟上最適的行動，但從整體經濟來看，大部分的經濟活動還是成立在這個前提下。

誘因

經濟學的另一個前提是「**經濟主體一律自行決定經濟活動，而不受人強迫消費或勞動**」，如果這個前提不成立的話，就會變成明明是在調查消費者的消費行為，得到的結果卻是其他決定者的意思。

那麼，又是什麼在決定經濟主體的經濟活動呢？這裡的重點就是「**誘因**」，也就是讓決策改變的因素，其中最容易理解的誘因就是**價格**(☞ P.95)，不過當然還有其他各式各樣的誘因。

稀少性

稀少性原理

經濟學的重要概念之一，就是「**稀少性**」。稀少指的是資源、財貨或勞務缺乏或不足，達不到人類所渴望的狀態，舉例而言，像空氣至少還足以供應全世界的人類呼吸，因此我們可以說空氣並不具稀少性……

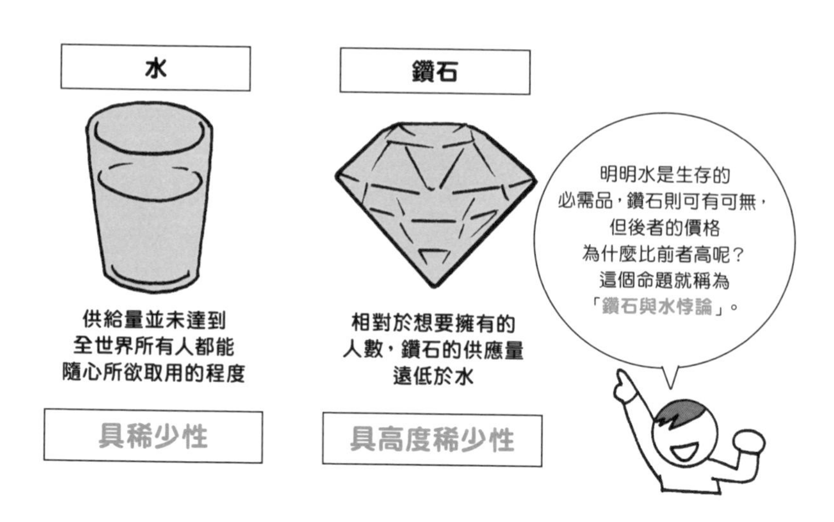

稀少性之所以重要，是因為它與經濟學的各種問題以及問題的解決深刻相關。例如比起人類生存所需的水，與生存無關的鑽石反而價格更高，就是因為**稀少性高**的緣故，而之所以會發生**抵換關係**（☞ P.96）的問題，也與稀少性有關。

價值

「鑽石與水悖論」又稱「**價值悖論**」。所謂的「**價值**」，就是財貨或勞務的「交換價值」，簡單來說就是在市場上可以交換到多少的金錢、財貨或勞務，交換比率愈高，價值就愈高。

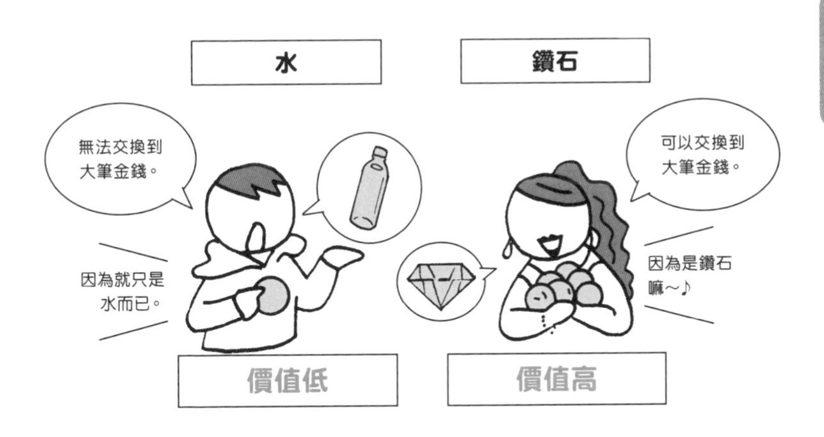

稀少性愈高價值愈高，是**古典經濟學**（☞P.255）的概念。為了解決價值悖論，價值又被分成「**使用價值**」與「**交換價值**」2種，水比鑽石便宜，是因為水的使用價值雖高，但交換價值卻很低。

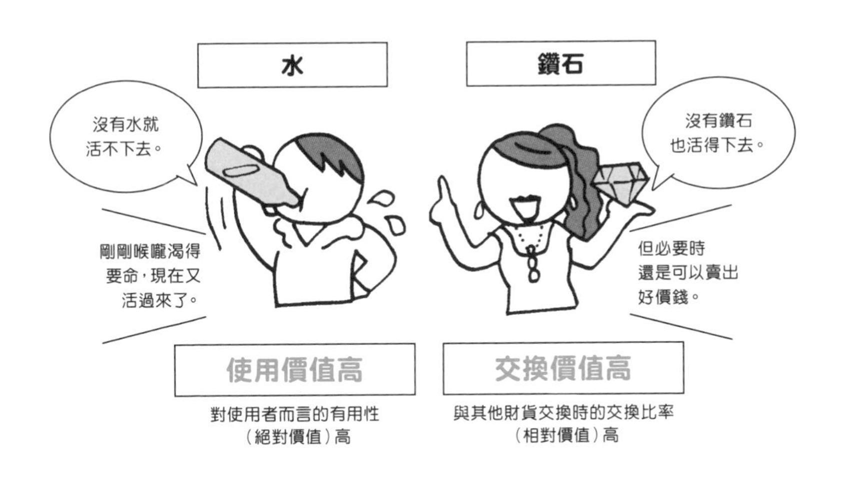

效用

不過現代經濟學卻不認為財貨或勞務本身具有價值，因此採用「**效用**」一詞來代替價值。簡言之，就是人**所感覺到的滿足度**，其中的概念是正因為有效用，人才會付錢取得財貨或勞務。

因為牽扯到人的感受，所以效用是很主觀的，在某些情況下，效用的有無也會改變。附帶一提，對於水為什麼比鑽石便宜這個悖論，可以用「**邊際效用**」（☞ P.109）的概念加以說明。

利潤

作為經濟主體之一，**家計**（☞ P.108）投入經濟活動的目的，是獲得最高的滿足度，亦即「**效用最大化**」，但企業的目的則是「**利潤**」，換句話說，企業投入經濟活動的目的是取得「收穫、利益」，追求「**利潤最大化**」（☞ P.125）。

價格

「**價格**」是表現財貨或勞務的貨幣價值的金額，但價格其實也是一種用來衡量**稀少性**（☞ P.92）的指標。即使效用相同，生產量愈少或需求量愈大，稀少性就愈高，因此價格也會愈高。

抵換關係

稀少性還會引起「**抵換關係**（trade-off）」的問題，亦即「二律背反」之意，這對經濟學來說也是相當重要的概念之一。

抵換關係就是……

為了做出某種選擇而必須放棄另一種選擇的關係，以個人為例……

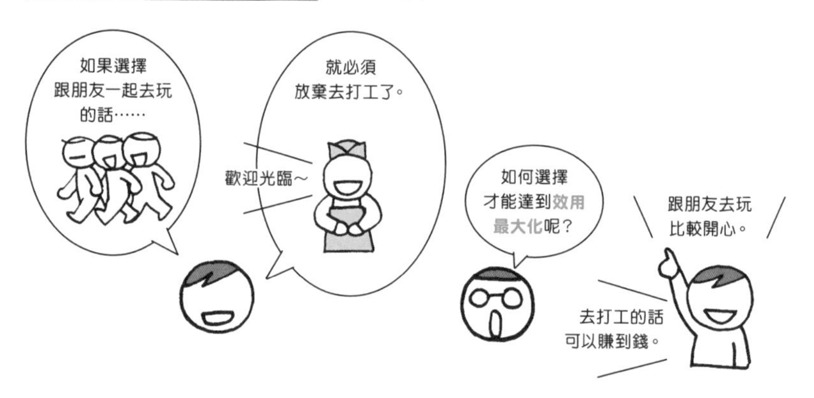

照理來說，企業會希望按照消費者的需求提供所有商品，但由於**生產要素**（☞P.117）也具有稀少性，因此一旦提供某種商品，就必須放棄提供另一種商品。

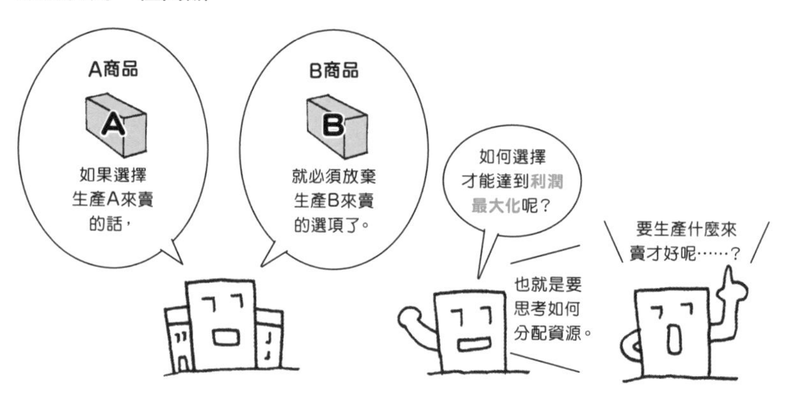

如上所述，抵換關係會衍生出**資源最適分配**的問題，也就是經濟學的重要目的之一。

成本

雖然透過經濟活動可以取得效用或利潤，但同時也會產生「**成本**」，不光是企業的生產而已，連家計的消費也會產生成本，企業的成本是支付給**生產要素**（☞ P.117）的薪資或股利等損失，家計的成本則是伴隨消費而來的損失。

機會成本

然而在經濟學當中，因為抵換關係而放棄的效用或利潤，也被視為一種「成本」，畢竟如果選擇就能夠有收穫才對，但因為做出另一項選擇，所以才蒙受損失，這也等於是一種成本，也就是「**機會成本**」。

機會成本就是…… 由於做出某種選擇而必須放棄另一種選擇時，做出另一種選擇可能得到的效用或利潤。

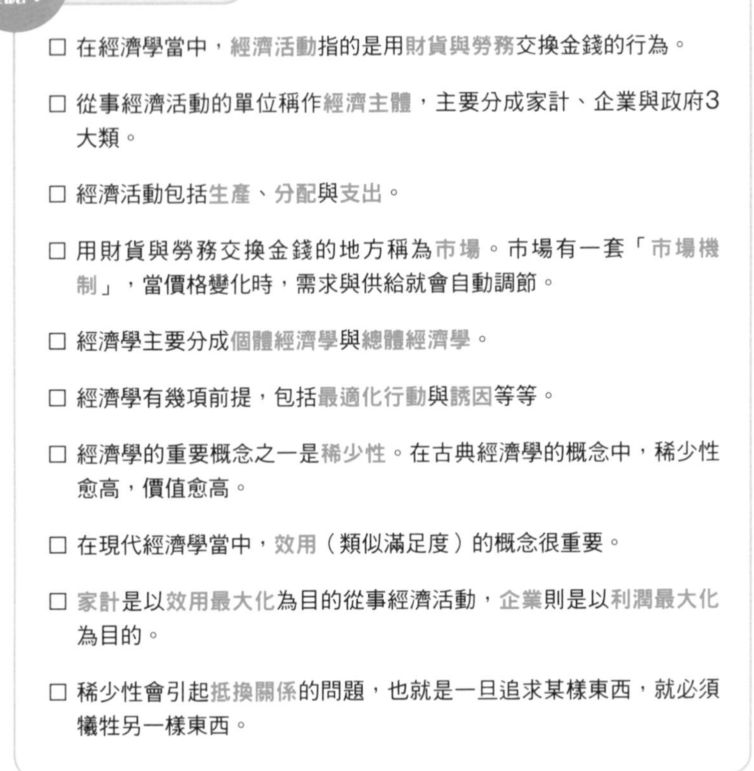

1分鐘確認！

本章重點

- □ 在經濟學當中，經濟活動指的是用財貨與勞務交換金錢的行為。
- □ 從事經濟活動的單位稱作經濟主體，主要分成家計、企業與政府3大類。
- □ 經濟活動包括生產、分配與支出。
- □ 用財貨與勞務交換金錢的地方稱為市場。市場有一套「市場機制」，當價格變化時，需求與供給就會自動調節。
- □ 經濟學主要分成個體經濟學與總體經濟學。
- □ 經濟學有幾項前提，包括最適化行動與誘因等等。
- □ 經濟學的重要概念之一是稀少性。在古典經濟學的概念中，稀少性愈高，價值愈高。
- □ 在現代經濟學當中，效用（類似滿足度）的概念很重要。
- □ 家計是以效用最大化為目的從事經濟活動，企業則是以利潤最大化為目的。
- □ 稀少性會引起抵換關係的問題，也就是一旦追求某樣東西，就必須犧牲另一樣東西。

who's who

威廉・史丹利・傑文斯

（William Stanley Jevons，1835～1882年）

英國經濟學家。透過主要著作《經濟學理論》，與瓦爾拉斯、門格爾等人在同一時期提出「邊際效用理論」。此外，也以提出與景氣循環有關的「太陽黑子理論」為世人所知。

Chapter 4

家計、企業

個體經濟學的用語①

邊際

margin、邊際概念

在談論**個體經濟學**之前，有個必須先認識的用語，就是「**邊際**」。簡單來說，經濟學所說的「邊際」並不是指界線，而是**增加量**或**增加率**的意思，例如效用的增加量就稱作「**邊際效用**」(☞ P.109)。

或許有人會覺得這沒什麼特別的，但這在經濟學史上卻是劃時代的發展，邊際概念與**效用**（☞ P.94）概念出現的1870年代，被稱為「**邊際革命**」(☞ P.259)，而一般認為現代經濟學就是從這裡開始的。

需求

另一項需要事先了解的就是「需求」、「供給」與價格（☞P.95）的關係。一般來說，「需求」增加，價格就會上漲，反之則會下降。不過需求也會受到價格的影響，價格上漲的話，需求可能會減少，反之可能會增加。

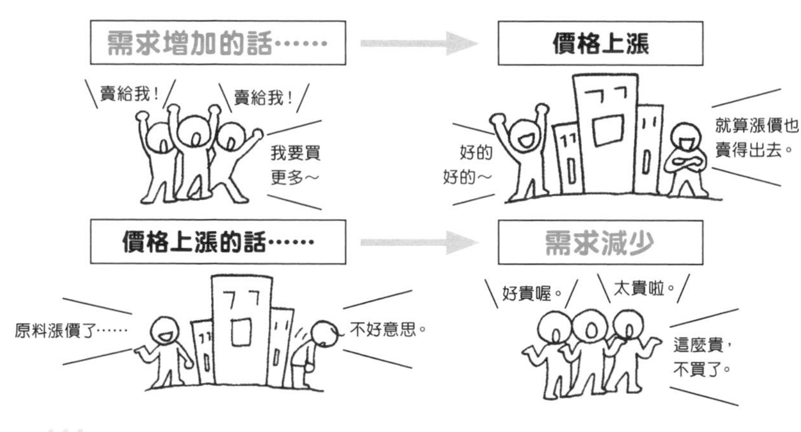

供給

另一方面，「供給」與價格的關係則是供給減少，價格上漲，供給增加，價格下跌，不過供給也會受到價格的影響，因此一般來說，價格下跌的話，供給就會減少，反之則會增加。承上所述，需求、供給與價格是互相影響的關係。

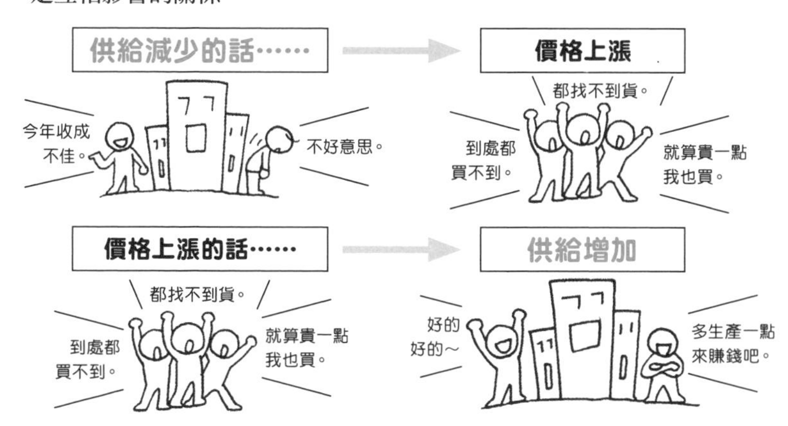

需求曲線

將這些需求、供給與價格的關係用圖形來呈現，就是「需求曲線」與「供給曲線」。需求曲線反映的是需求隨價格的上漲而減少，隨價格的下滑而增加，而且通常是曲線而非直線，因為邊際效用（☞P.109）並不會呈直線變化。

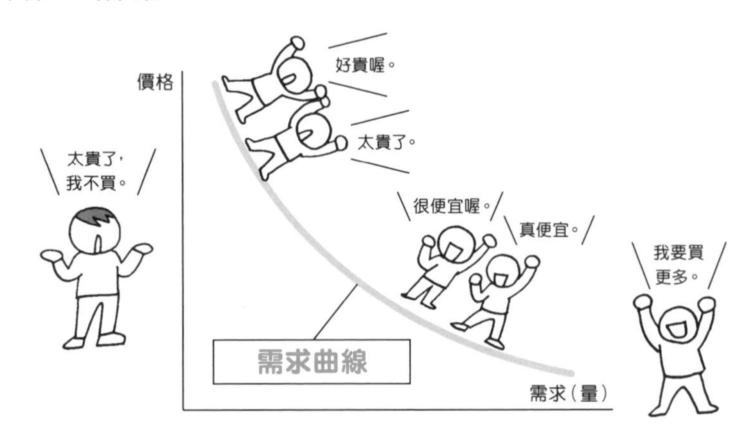

需求曲線也會因為價格以外的條件而改變，例如當手中可自由支配的金錢增加，即使價格相同，購買的數量應該也會比以前多吧？這時，需求曲線就會往右上方移動，這種情況就稱作「需求曲線的移動」（shift）。

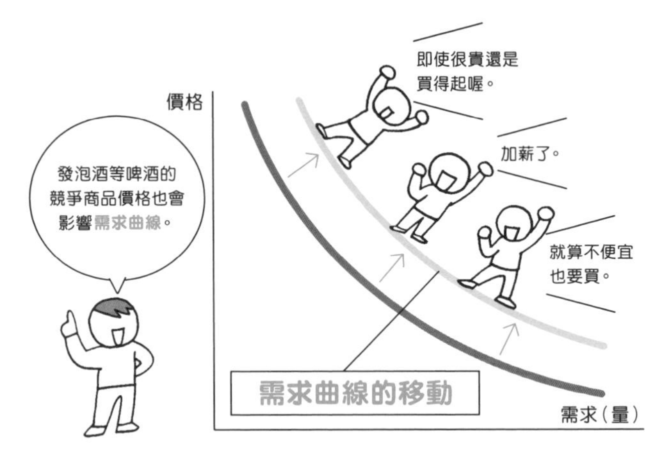

供給曲線

相對於需求曲線，反映供給與價格關係的曲線就是「**供給曲線**」，也就是供給隨**價格的下滑而減少，隨價格的上漲而增加**。一般來說，**由於邊際成本**（☞P.121）也不會呈直線變化，因此供給曲線也是曲線而非直線。

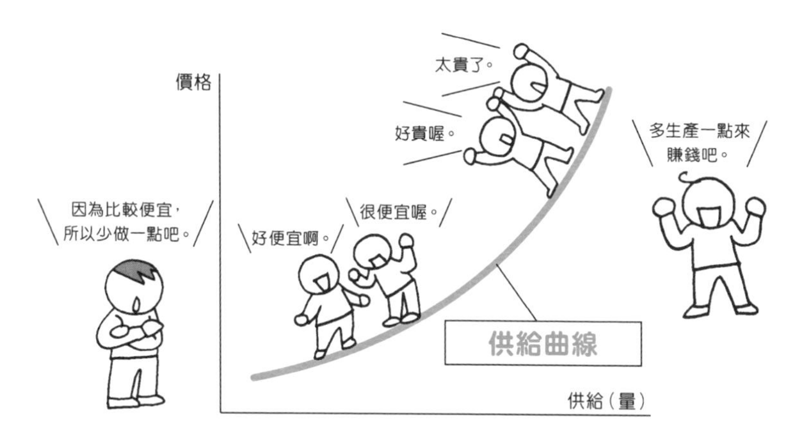

在價格以外的條件中，會影響供給曲線的還有**生產成本**，當人事費用等生產成本增加，若價格維持不變，生產者的利益會比以前減少，這時就會發生價格上漲、供給減少的「**供給曲線的移動**」。

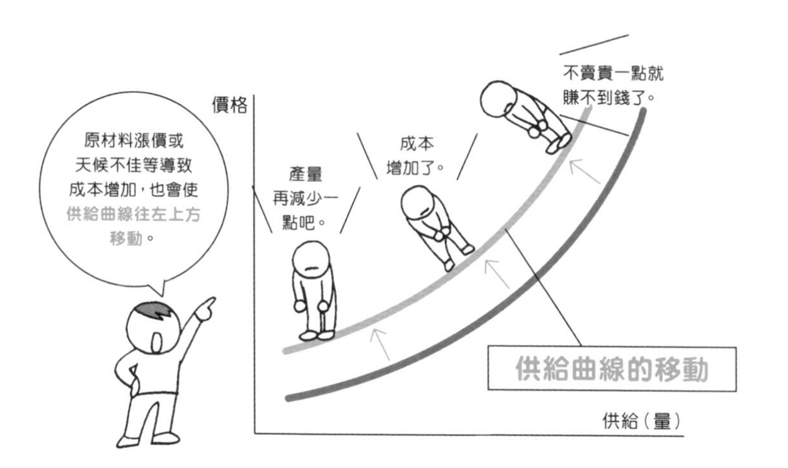

供需均衡

均衡點、競爭均衡

從需求曲線與供給曲線可知，市場上有穩定價格與交易量的機制，也就是固定在需求曲線與供給曲線交會的地方，這個交點稱作「**均衡點**」，交會時的價格是「**均衡價格**」，需求與供給的量則稱為「**均衡交易量**」。

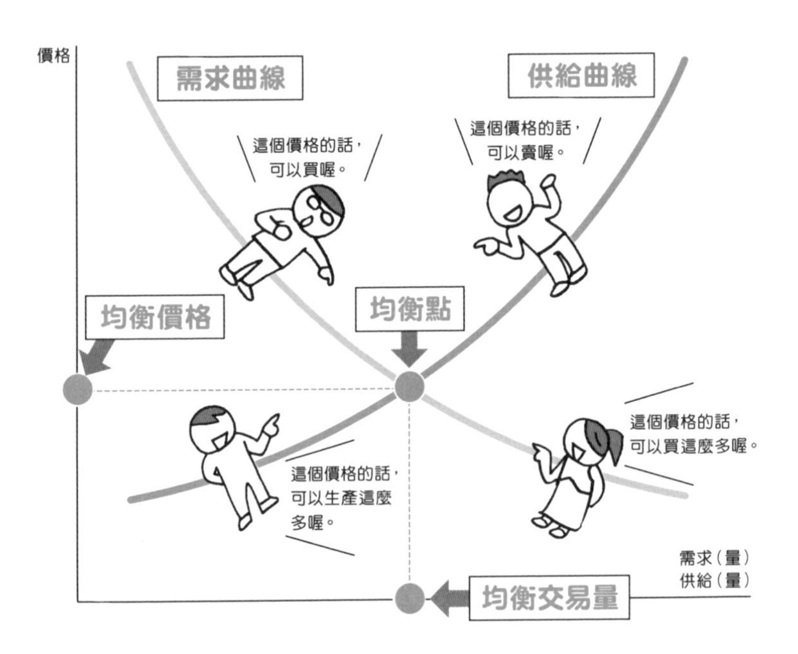

確立這些需求曲線、供給曲線圖形的人，是**阿爾弗雷德・馬歇爾**。這種以價格為縱軸的圖形，自馬歇爾以來一直是經濟學的傳統，且至今依然維持這樣的習慣。

阿爾弗雷德・馬歇爾（Alfred Marshall，1842～1924 年）

英國的經濟學家。在主要著作《經濟學原理》中，初次探討需求與供給的價格決定，同時也以身為培育**凱因斯**（☞ P.194）和**庇古**（☞ P.128、164）等人的老師而為人所知。

超額需求

萬一市場上的價格低於均衡點的話，會發生什麼事呢？由下圖可知，需求將會增加，但供給勢必會減少，如此一來，需求大於供給，供需不再均衡，此時兩者的差就是「**超額需求**」，反之則為「**超額供給**」。

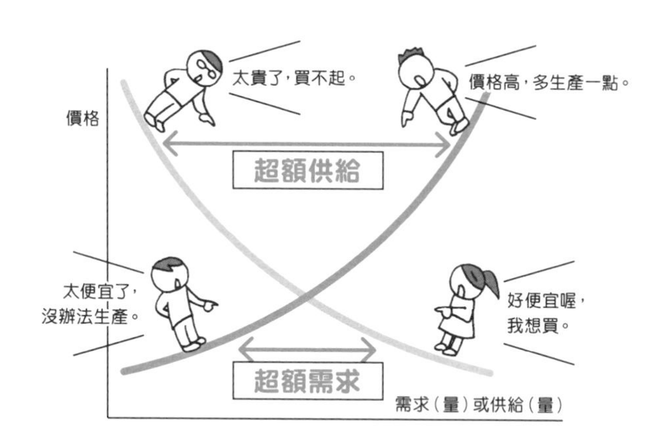

超額供給

當價格高於均衡點時，就會形成「**超額供給**」。超額供給時，價格將下跌至需求與供給達到均衡為止；反之，超額需求時，價格將上漲至需求達到均衡為止。而在上述過程中調整供需均衡的，就是**價格**（☞P.95）。

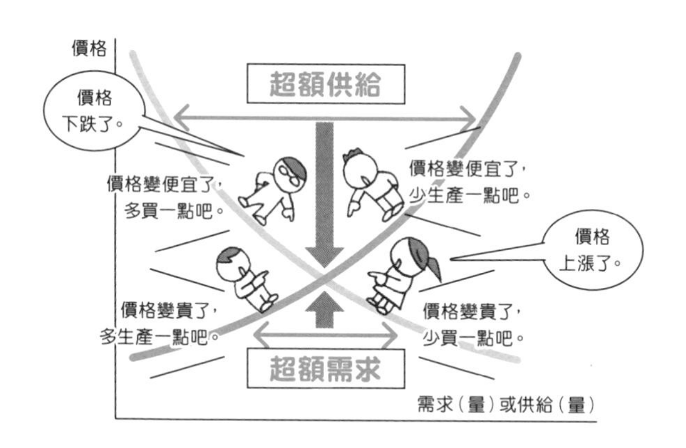

需求彈性

需求的價格彈性

需求與供給具有所謂的「**彈性**」，也就是對於價格的上漲或下滑，供需的反應有多敏感之意。當價格上漲1%時，需求會減少多少百分比，這個數字就稱作「**需求彈性**」。

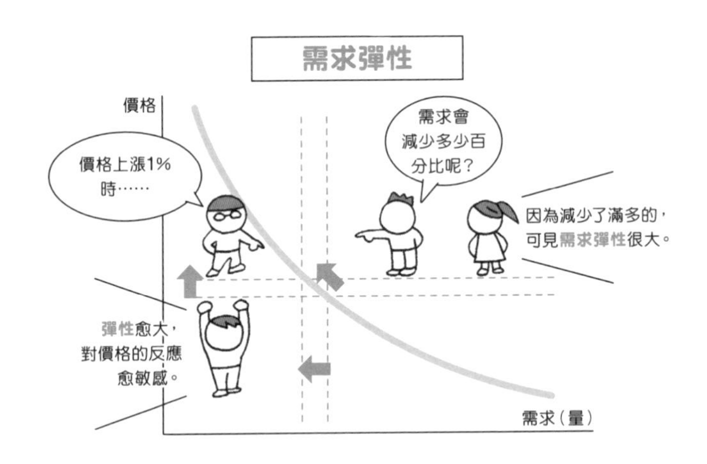

彈性會反映在曲線的傾斜度上，彈性愈小的曲線，傾斜度愈大，這種曲線又稱為「**缺乏彈性的需求曲線**」。在具有彈性的（彈性大的）商品中，最典型的就是奢侈品，而缺乏彈性的（彈性小的）商品則以生活必需品為代表。

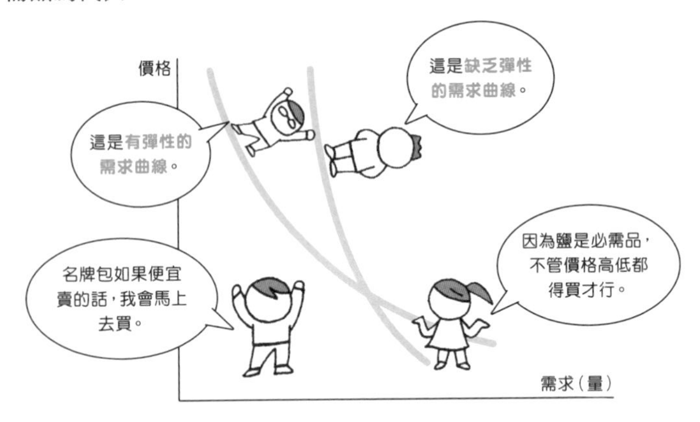

供給彈性

供給的價格彈性

「**供給彈性**」的概念也和需求彈性一樣，就是看價格上漲1%時，供給會增加多少百分比。同樣地，供給曲線也有具有彈性的供給曲線和缺乏彈性的供給曲線，供給曲線愈有彈性，對於價格的上漲愈敏感，供給增加愈多。

不過從短期來看，雖然是缺乏彈性的供給，但若從長期來看，有可能變成具有彈性的供給，因為企業可以透過強化產能等方式趕上需求，而缺乏彈性的需求從長期來看，也有可能變成具有彈性的需求。

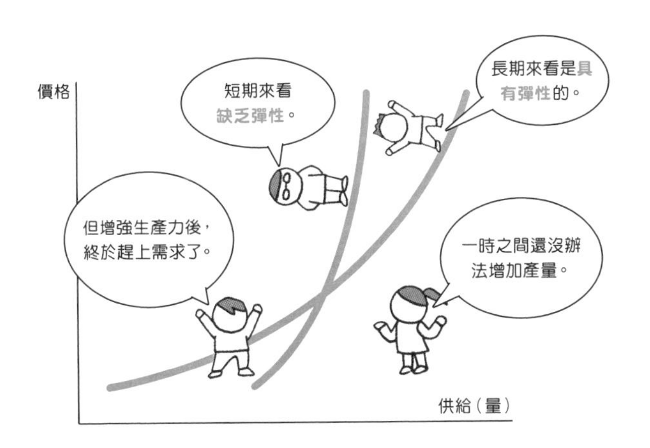

家計

接下來繼續聊聊個體經濟學吧，從事經濟活動的**經濟主體**（☞ P.84）之一，包含「**家計**」，家計的單位通常不是個人，而是共同生活的家庭。家計會提供勞動力給企業或政府，並收取薪資，也會供給儲蓄作為資本，或供給手中持有的土地（☞ P.117），但最重要的角色還是以需求的最小單位，從事財貨或勞務的購買或消費等活動。

家計會在有限的所得範圍內，對財貨或勞務「**產生需求**」，並追求家計的**效用**（☞ P.94）最大化。

邊際效用

在考量效用最大化時，最重要的就是「邊際效用」，邊際效用指的是消費增加量與效用（滿足度）增加量的比率。

不過再喝第2罐、第3罐啤酒，卻不見得有第1罐那麼好喝了，因為邊際效用會「遞減」（逐漸減少）。

邊際效用遞減法則　戈森第1定律

由於邊際效用會遞減，因此光消費啤酒並不會達到效用的最大化，因為效用從某個時間點開始，幾乎不會再增加了。

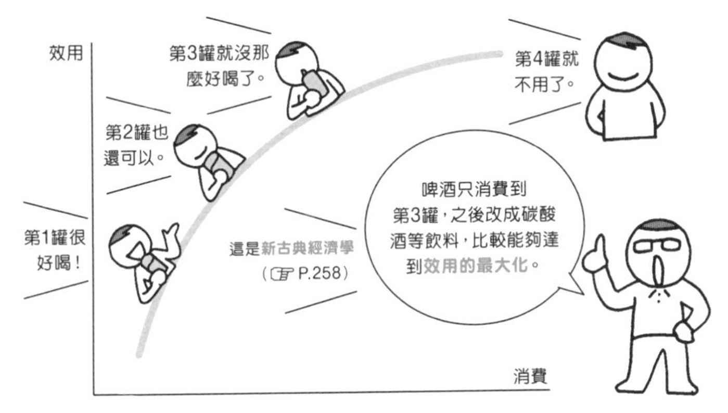

鑽石之所以比水貴，也是因為在水資源充分的環境下，水的邊際效用（☞P.94）較小的緣故，價格取決於稀少性與邊際效用。

所得效果

財貨或勞務的價格也會影響家計的消費行為，舉例而言，價格的下滑其實也就等於實質所得增加，此時家計自然會有意增加消費，這種價格變化透過實質所得變化影響消費的效果，就是「**所得效果**」。

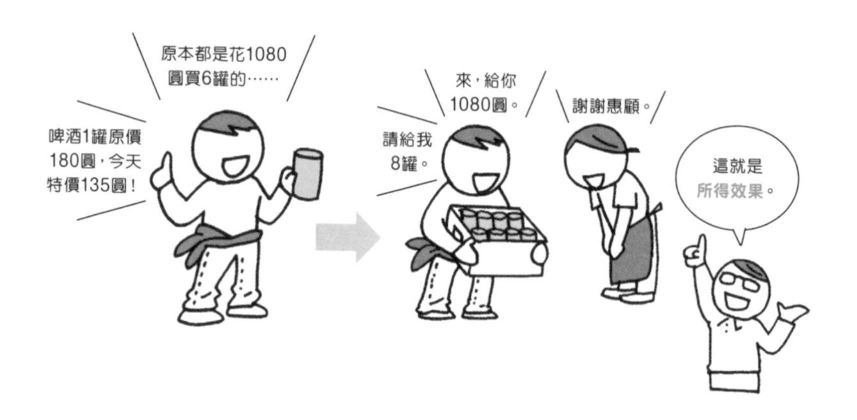

反過來說，價格上漲的話又會如何呢？如果不想改變那項財貨或勞務的消費量，那就只能減少其他財貨或勞務的消費了，而這種價格上漲導致實質所得減少，進而減少其他財貨或勞務的消費，也是一種所得效果。

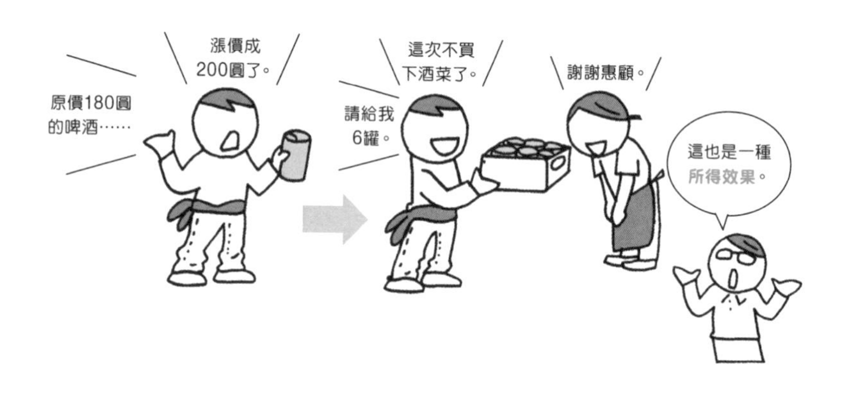

替代效果

另外，也有一種消費行為是當財貨或勞務價格上漲時，改以其他財貨或勞務來替代，以取得同樣的效果，在這種情況下，由於實質所得不變，因此並不算是所得效果，因為改用其他財貨或勞務替代，所以稱作「**替代效果**」。

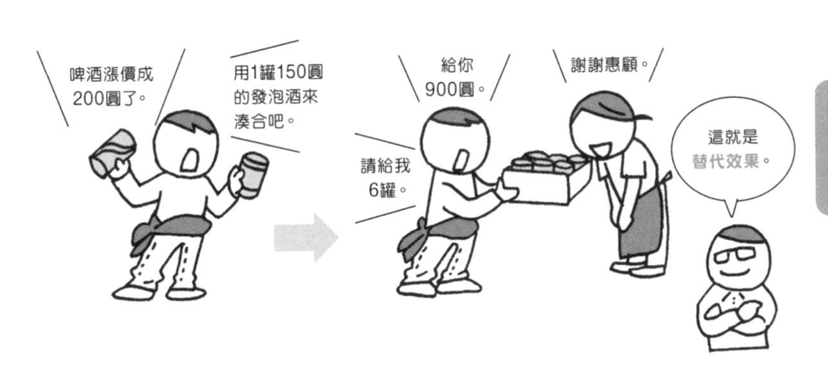

此外，在其他財貨或勞務價格不變的情況下，相較於價格上漲的財貨或勞務，其他財貨或勞務的價格相對之下感覺比較便宜，有時也會使消費增加，這種減少價格上漲的財貨或勞務消費，並增加價格相對便宜的消費，也是一種替代效果。

正常財　正常物品

一般的財貨或勞務受到所得效果與替代效果影響，價格一旦下滑，需求就會沿著需求曲線增加。

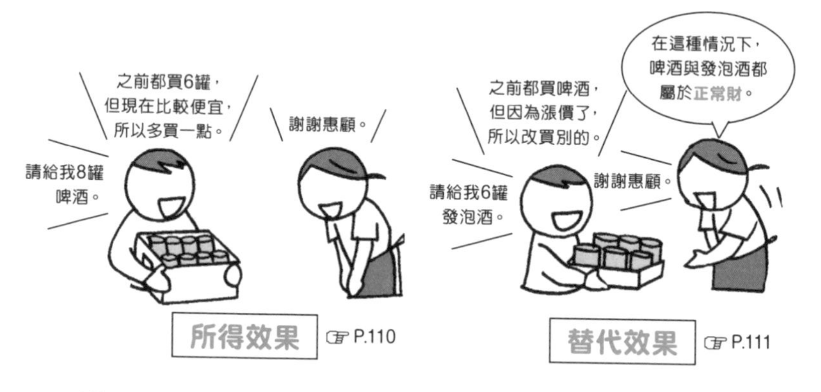

這樣的財貨或勞務稱作「正常財」或「正常物品」，至於為什麼要刻意如此稱呼呢……

劣等財　劣等物品

也有一些財貨或勞務會隨價格的下滑而減少，這種財貨或勞務就稱「**劣等財**」或「**劣等物品**」。

如圖所示，劣等財（此例中的發泡酒）的需求雖然會因為替代效果而增加，卻會因為所得效果而減少。

替代財

財貨或勞務的需求會受到其他財貨或勞務的價格影響，尤其性質愈相似，影響愈大，例如蘋果與橘子都是食用的水果，販賣的季節也重疊，如此一來會發生什麼事呢……？

交叉替代效果

如上所述，當一方的價格上漲導致需求減少，並引起另一方的替代需求，這種關係中的2種財貨，就稱為「**替代財**」，而其他財貨的價格變化所引起的替代效果，就稱作「**交叉替代效果**」。

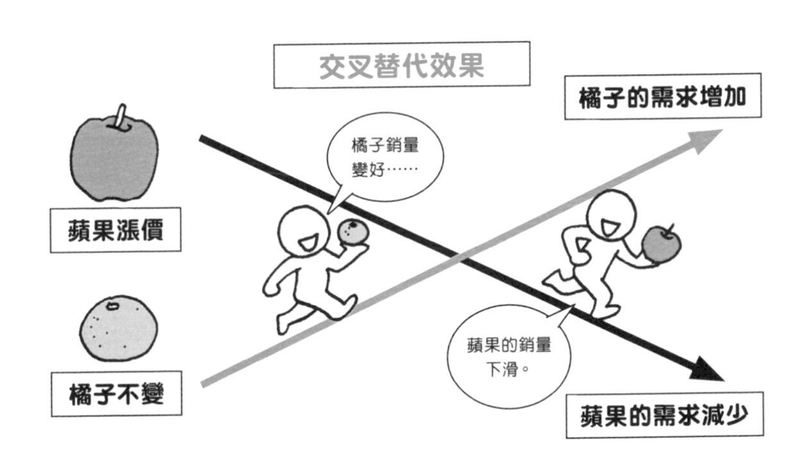

互補財

另一方面，也有一些財貨或勞務的需求，會隨其他財貨或勞務的需求增加而增加，例如咖哩與經常被拿來搭配咖哩的福神醃醬菜，當一方的需求因為降價等原因而變化時，另一方的需求也朝同樣的方向變化，這種關係中的2種財貨就稱「**互補財**」。

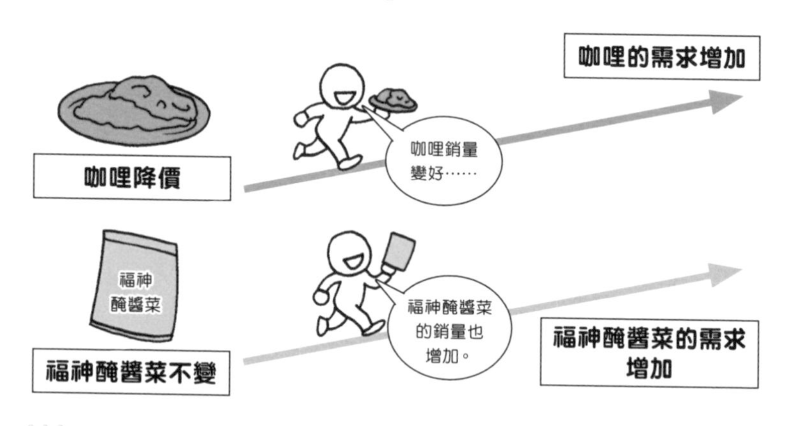

總效果 價格效果

所得效果與替代效果加總起來，即為「**總效果**」，或稱「**價格效果**」。例如價格一旦下滑，無論是正常財或劣等財，通常總效果下的需求都會增加，不過有時劣等財會遇到所得效果大於替代效果的情況，這時即使價格下滑，需求還是會減少。

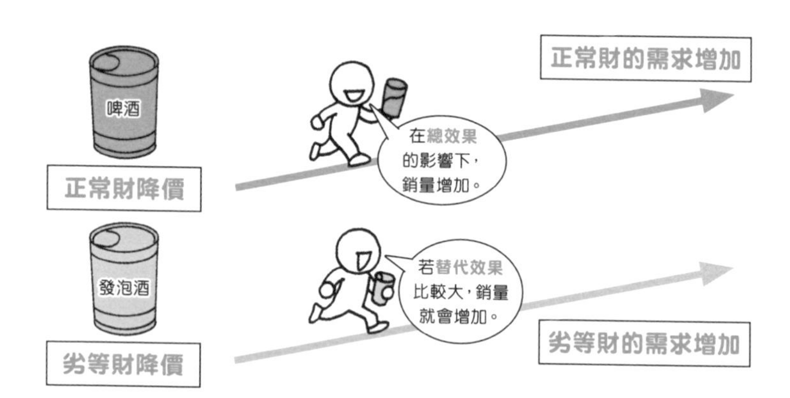

季芬財

季芬悖論

若價格上漲，需求卻增加、價格下滑，需求卻減少，這種財貨就稱為「**季芬財**」，名稱取自發現這種特性的英國經濟學家**羅伯特．季芬**（Robert Giffen）。19世紀時，季芬曾經研究愛爾蘭饑荒時期，馬鈴薯的價格與需求變化，並得到以下結果：

等到饑荒結束，人們又買得到麵包或肉了。

換句話說，當劣等財遇到所得效果大於替代效果的情形，價格與需求就會呈現與一般情況相反的關係，這就是季芬財。

企業

對個體經濟學來說，另一個重要的**經濟主體**（☞P.84）就是「**企業**」。企業會僱用家計的勞動者、投入資本等生產要素，從事財貨或勞務的生產活動。把生產出來的財貨或勞務拿到市場上去販售，得到的就是**利潤**（☞P.95）。

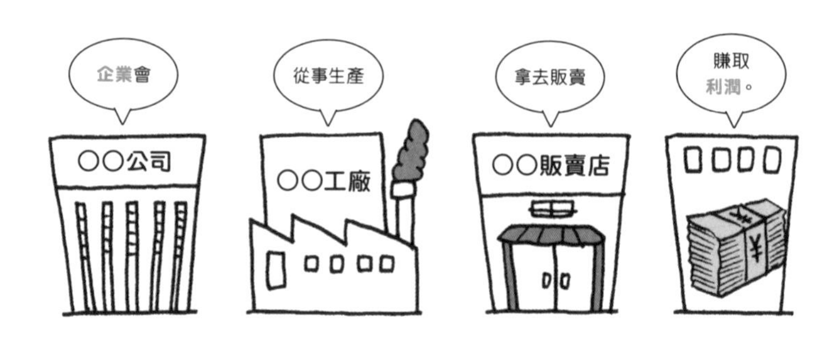

家計從事經濟活動的目的是追求效用最大化，相對於此，企業則是以**利潤最大化**（☞P.125）為目的，為什麼呢？因為無論是支付薪資給勞工、分配股利給股東，或者企業要貢獻社會，都需要利潤。

生產要素

企業生產財貨或勞務所需的資源，稱為「**生產要素**」。雖然各學派有不同見解，但一般大多以「**勞動**」、「**資本**」與「**土地**」為3大生產要素。

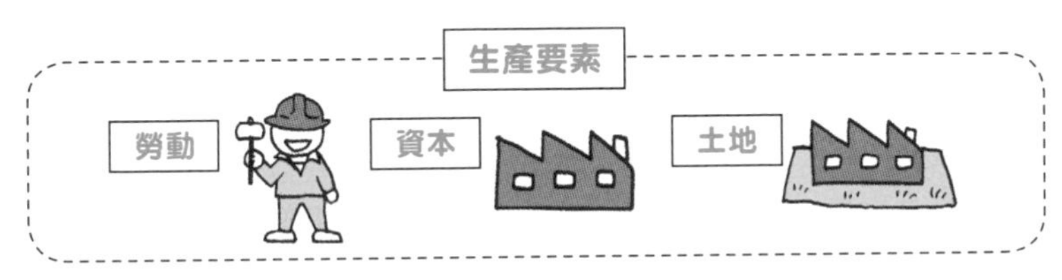

「**勞動**」不僅包括體力勞動，也包括腦力勞動。企業會為勞動支付**薪資**，薪資則是**家計**（☞P.108）的收入。

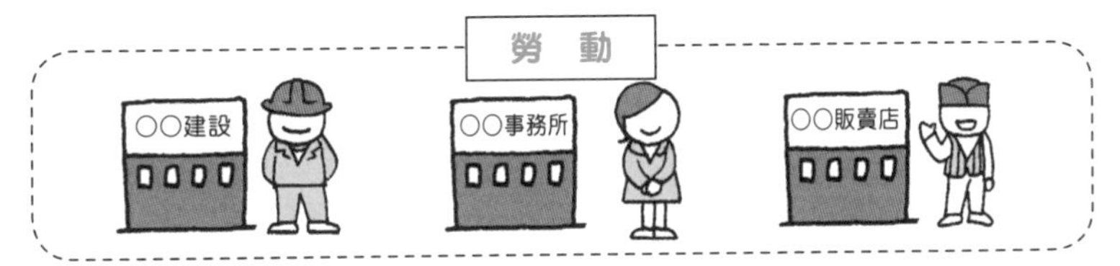

「**資本**」指的是使用於生產或銷售的機器或建築物等資產，企業通常會為資本支付**利息**，這是因為資本在個體經濟學中被視為一種租賃，而資本的租金就是利息。

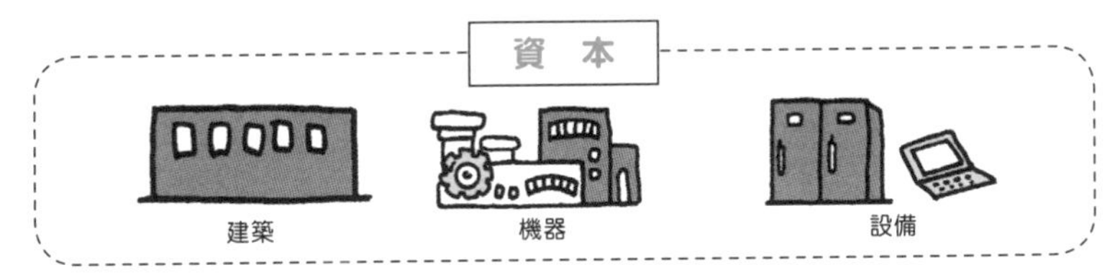

「**土地**」是可以從大自然得到的生產要素，除了字面所代表的土地，也包括天然資源等要素，為租借土地而支付的就是**地租**。

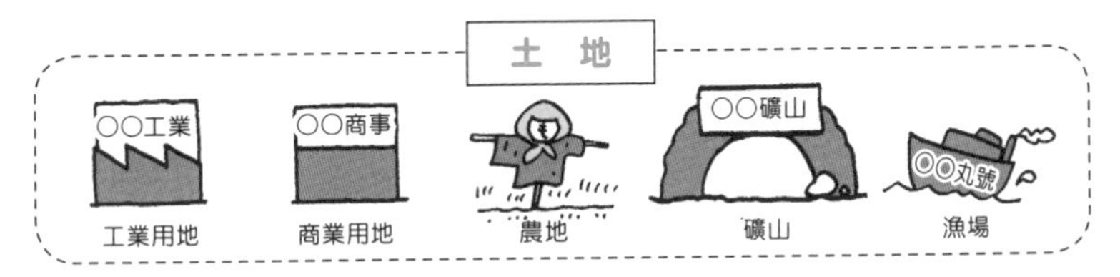

邊際產量

邊際產品、邊際生產力

企業的生產跟家計的效用（☞P.94）一樣，也可以用「邊際」的概念去思考，「邊際產量」是「生產要素的增加量」與「生產量的增加量」的比率。

不過，光增加1項生產要素，效果仍是有限的。邊際生產同樣也會「遞減（＝逐漸減少）」。

邊際產量遞減法則 邊際生產力遞減法則

由於邊際產量呈遞減趨勢，因此只增加1個生產要素，並不會達到利潤的最大化，這就是「邊際產量遞減法則」。

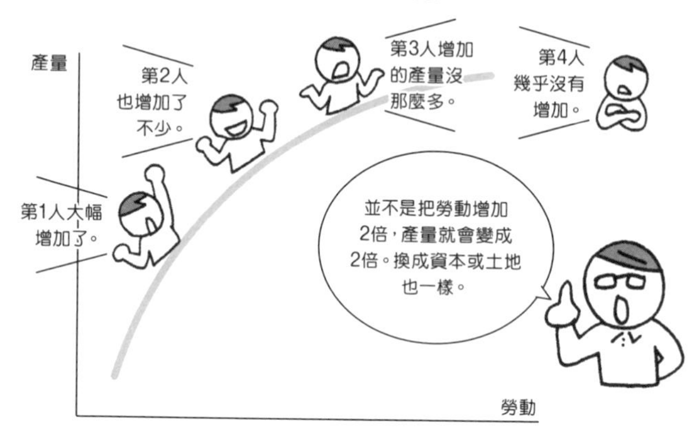

企業的產量與利潤多寡息息相關，因此邊際產量的遞減幅度對企業來說是很重要的資訊。

生產函數

生產要素的投入量與產量的關係，若用關係式來表示，就是所謂的「**生產函數**」。勞動、資本與土地都有各自的生產函數，在考量某一特定的生產函數時，會假設其他生產要素是固定的，下圖為生產函數的圖形。

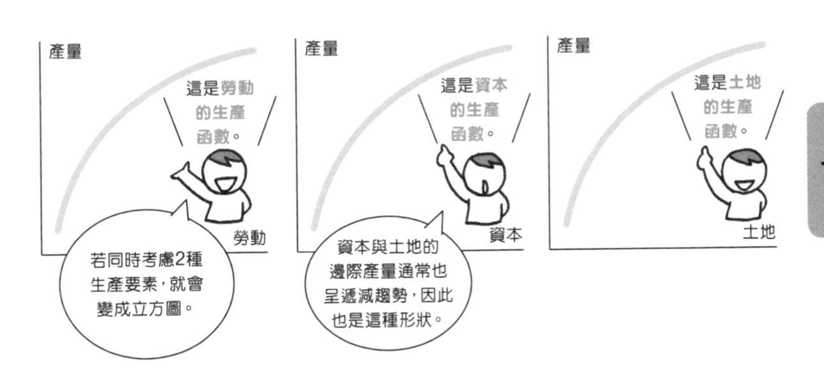

邊際分析

像邊際效用或邊際產量那樣，以邊際的值作為分析的重點，這種方法就統稱為「**邊際分析**」。在邊際分析中，重要的是「**邊際值**」而非絕對值或平均值。除了邊際效用、邊際產量，還有**邊際收入**（☞ P.124）、**邊際成本**（☞ P.121）等概念。

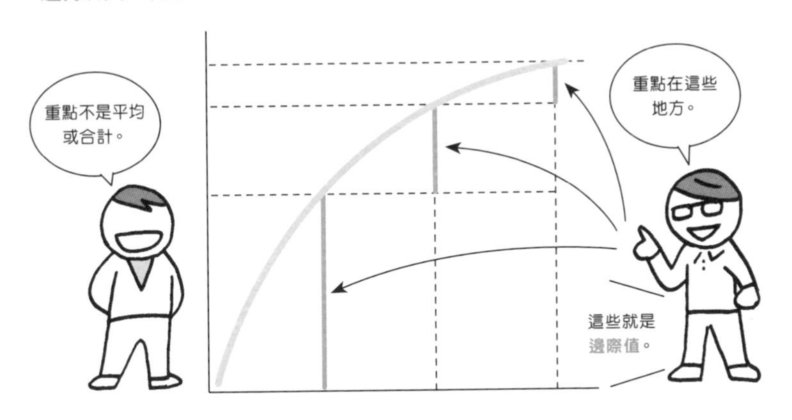

成本曲線

總成本曲線

企業從事生產，當然會耗費**成本**（☞P.97）。從企業的**收入**（☞P.277）扣除成本，剩餘的就是**利潤**（☞P.95）。想要達到利潤最大化，必須同時達到**收入最大化**與**成本最小化**。

在成本最小化的前提下，反映成本與產量關係的，就是「**成本曲線**」。當產量增加，成本自然也會增加，因此成本曲線會呈現正斜率，而且由於**邊際產量呈遞減趨勢**（☞P.118），因此線條不會是直線。

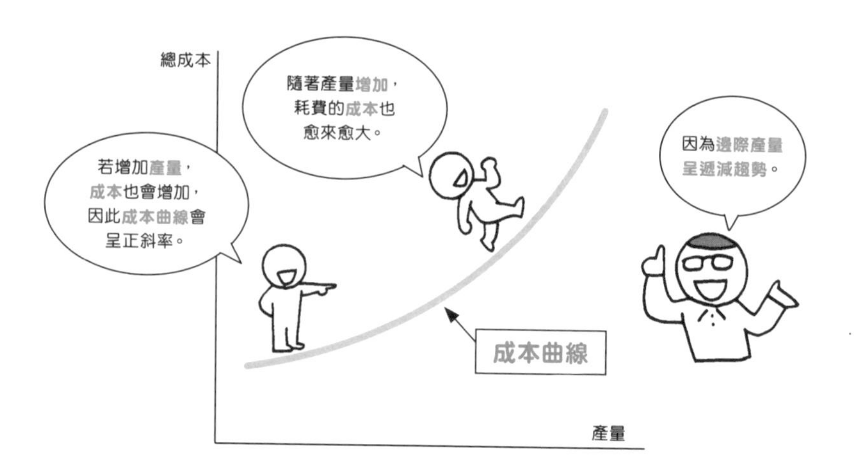

邊際成本

也就是說，成本也可以用「邊際」的概念去思考，「**邊際成本**」就是成本增加量與產量增加量的比率。相對於邊際產量呈遞減趨勢，邊際成本會隨產量的增加而**遞增**，也就是逐漸增加的意思。

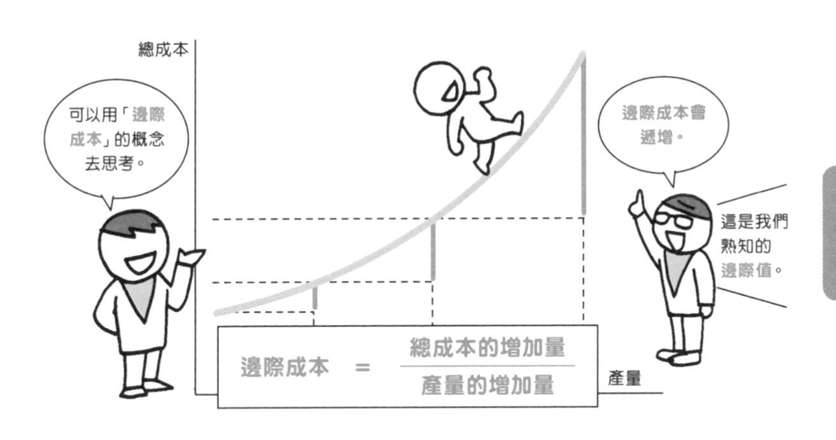

總成本

不過各位有注意到嗎？成本曲線是從代表總成本的縱軸中間開始的，這是因為成本當中又包含**固定成本**與**變動成本**（☞P.122），即使產量為零，依然必須支出固定成本。固定成本與變動成本加總即稱為「**總成本**」。

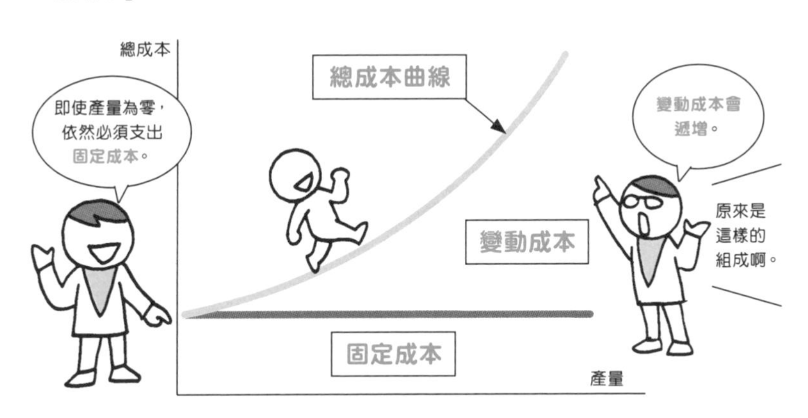

固定成本

金額固定而不隨產量變動的成本，就是「**固定成本**」。哪些成本屬於固定成本呢？雖然看法有很多種，但在現代的日本，比如說正職的**人事成本**、房租、機器等資產的**折舊費用**（☞ P.273），也都被視為固定成本。

變動成本

反之，與產量等比例增加或減少的就是「**變動成本**」，最典型的變動成本包括製造業製造產品時投入的**原材料費**、販賣業販賣商品的進貨（**銷貨成本**）等等，這些都是會隨產量或銷售量的增減，等比例變動的變動成本。

平均成本

總成本除以產量得到的結果，就是「**平均成本**」，平均成本會隨著產量變動，因為產量愈多的話，總成本中的固定成本平均下來的金額愈低，而且變動成本也會隨著產量的增加而增加。

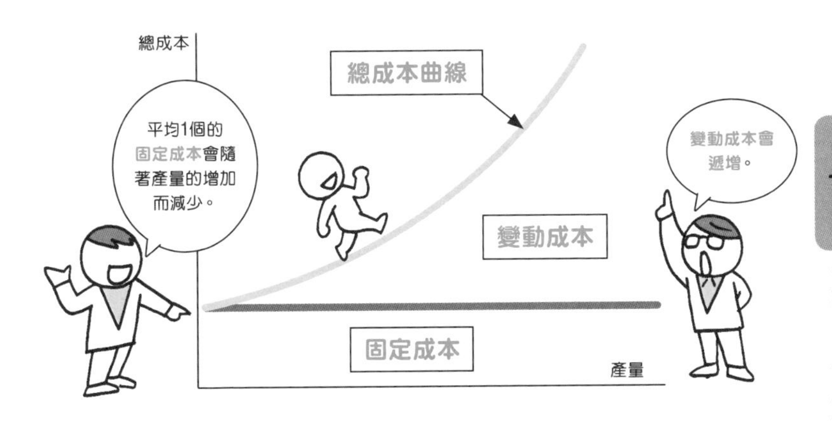

如此一來，在達到特定產量之前，平均成本會隨著產量的增加而持續變小，超過特定產量後，平均成本則會開始變大。在平均成本開始變大之前的產量，就是**成本最小化**（☞ P.120）的產量。

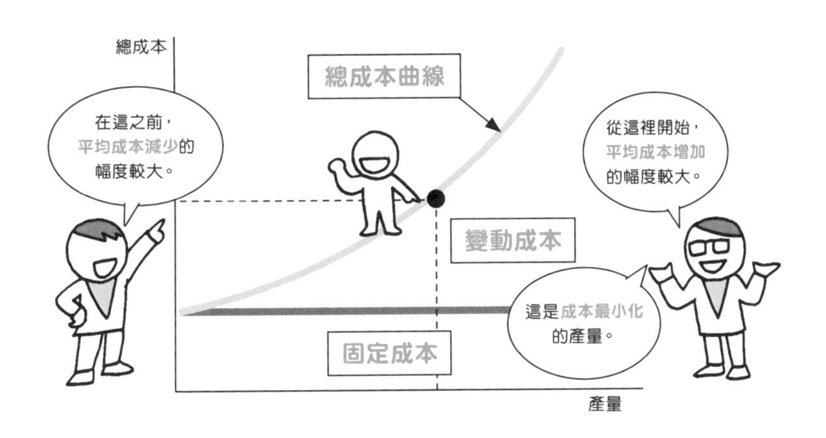

總收入

相對於總成本，企業的收入則稱作「**總收入**」，也就是企業生產的各種產品銷售量乘以價格後的總計，簡單來說就是企業的銷貨額。假如價格不變，且生產的產品全部賣出去的話，總收入應該會呈直線延伸。

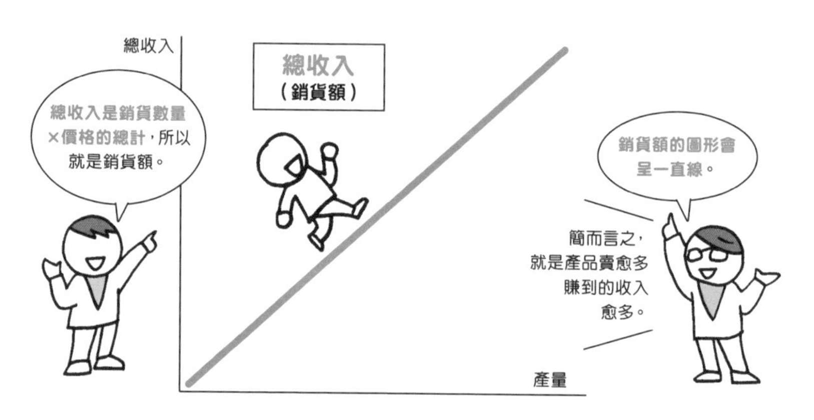

邊際收入

「**邊際收入**」的邏輯和**邊際成本**（☞ P.121）一樣，就是產量每增加1個單位，收入會增加多少，因此也就等同於產品1單位的價格。雖然邊際收入看起來好像沒什麼特別的意義，但事實上……

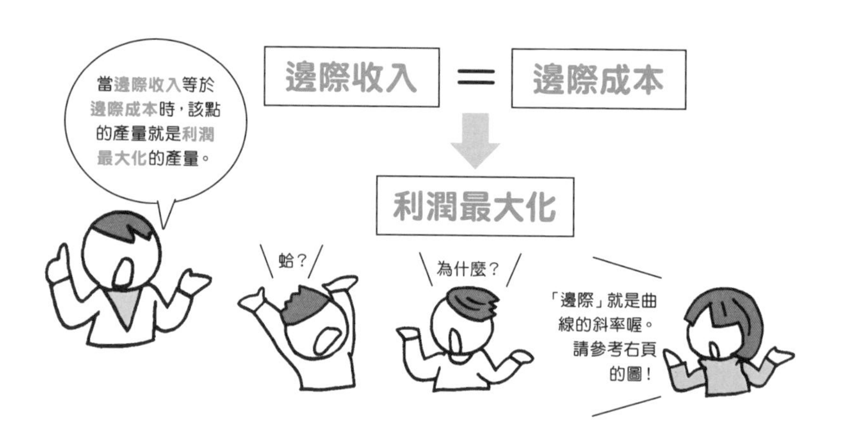

利潤最大化

我們用**總成本曲線**與**總收入線**來思考看看吧。**利潤是總收入扣除總成本後的餘額**（☞P.120），因此2條線的高度差就是利潤，而高度差最大的點就是**利潤最大化**的點。

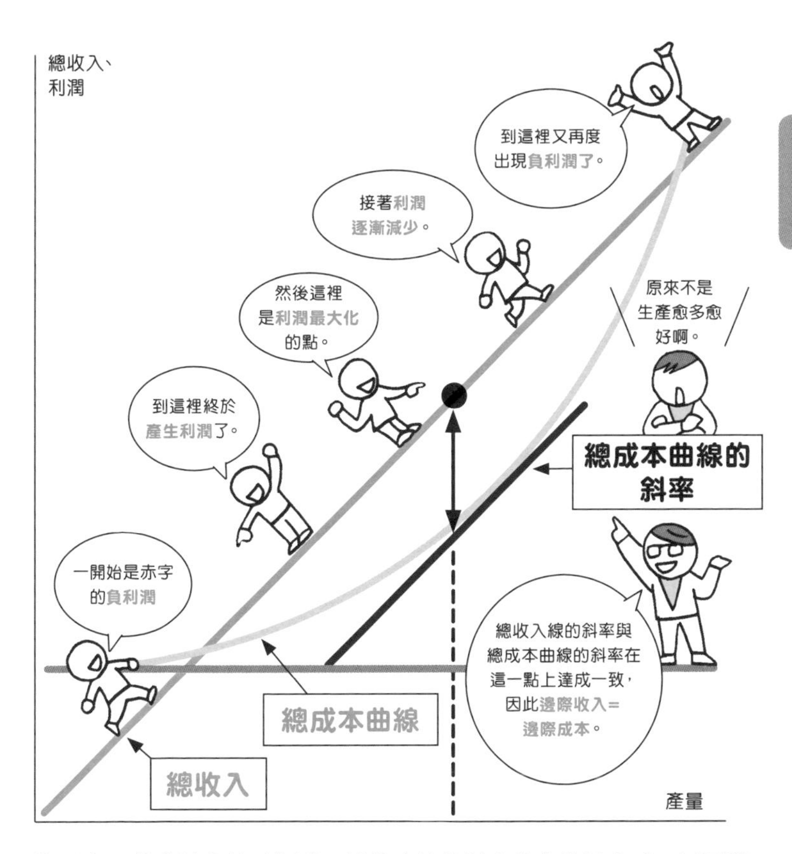

換言之，若產量少於這個點，總收入線的斜率就會比較大（＝只要增加產量，利潤就會增加），不過一旦超過這個點，總成本曲線的斜率就會比較大（＝只要增加產量，利潤就會減少）。在這個點上，**邊際收入等於邊際成本**。

損益兩平點　損益兩平點銷貨收入

利潤最大化的概念也被運用在企業經營上，在檢視事業的盈虧時，利潤（利益）為零的產量（銷貨收入）就是「**損益兩平點**」。與經濟學不同的是，企業經營看的是短期成果，因此總成本通常都畫成直線，而不會遞增。

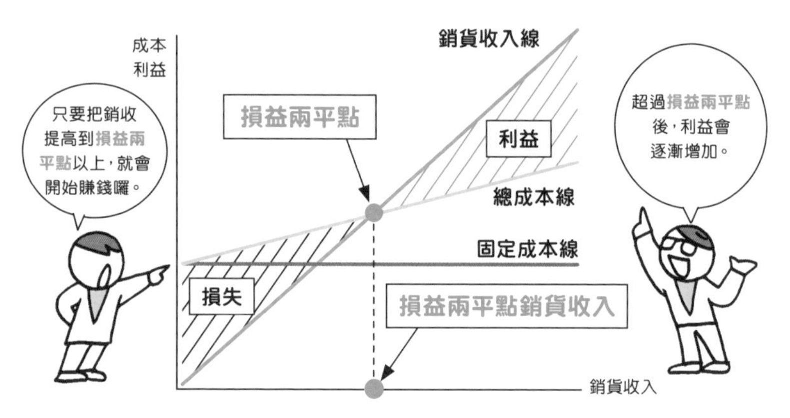

停業點

另外，在只看變動成本而不考慮固定成本的情況下，利益為零的點就是「**停業點**」，有時因為原材料價格大幅飆漲等原因，銷貨收入會低於停業點（此時，銷貨收入線的斜率不可能像上圖那樣大於總成本線）。

沉沒成本

在結束成本與利潤的主題前，最後來介紹1個對我們日常也有幫助的成本概念吧。我們在日常的工作或生活中，有時不免會產生以下這種想法：

不過，這樣做真的是正確的嗎？已經投資或支出的成本，無論繼續或停止都一去不復返了，既然如此，不是應該把那筆成本放一邊，先來思考接下來該做什麼樣的決策才對嗎……？

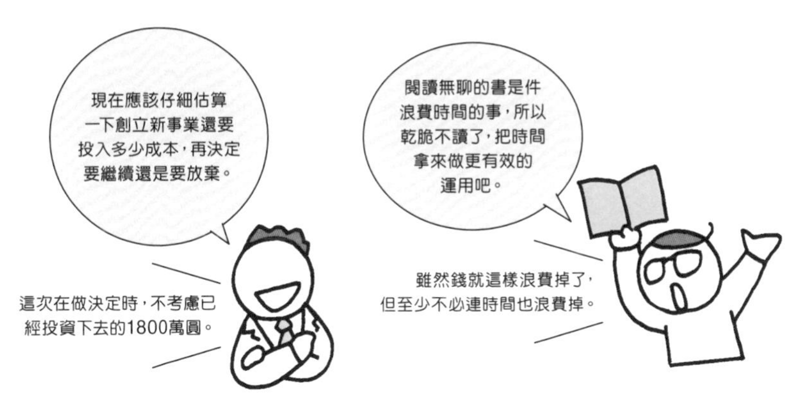

這種即使中斷也無法回收的成本，就是「**沉沒成本**」。在做決策時不考慮沉沒成本，是經濟學的概念之一。

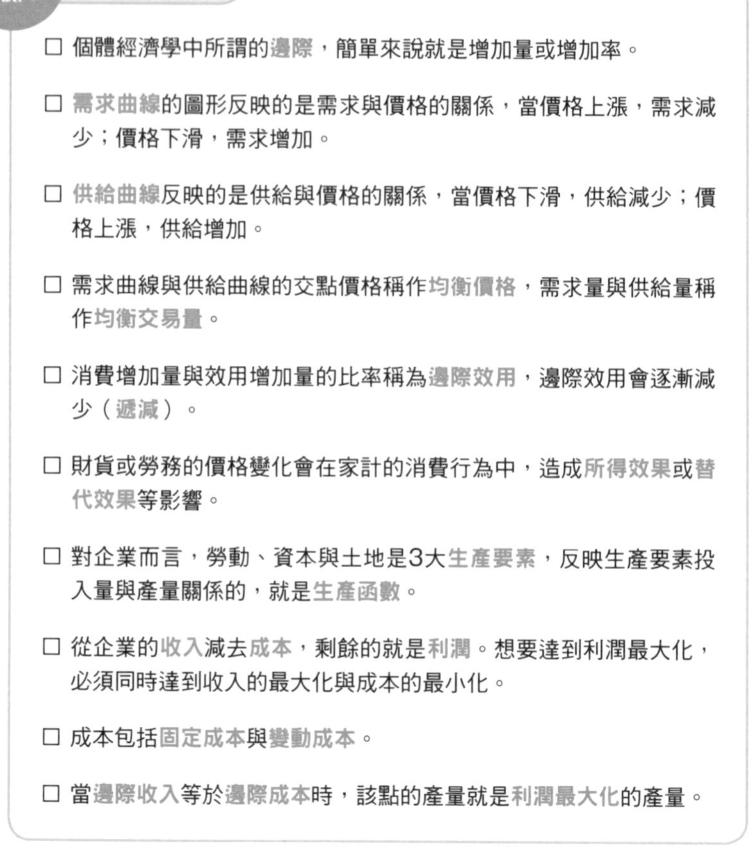

1分鐘確認！

本章重點

- ☐ 個體經濟學中所謂的**邊際**，簡單來說就是增加量或增加率。
- ☐ **需求曲線**的圖形反映的是需求與價格的關係，當價格上漲，需求減少；價格下滑，需求增加。
- ☐ **供給曲線**反映的是供給與價格的關係，當價格下滑，供給減少；價格上漲，供給增加。
- ☐ 需求曲線與供給曲線的交點價格稱作**均衡價格**，需求量與供給量稱作**均衡交易量**。
- ☐ 消費增加量與效用增加量的比率稱為**邊際效用**，邊際效用會逐漸減少（**遞減**）。
- ☐ 財貨或勞務的價格變化會在家計的消費行為中，造成**所得效果**或**替代效果**等影響。
- ☐ 對企業而言，勞動、資本與土地是3大**生產要素**，反映生產要素投入量與產量關係的，就是**生產函數**。
- ☐ 從企業的**收入**減去**成本**，剩餘的就是**利潤**。想要達到利潤最大化，必須同時達到收入的最大化與成本的最小化。
- ☐ 成本包括**固定成本**與**變動成本**。
- ☐ 當**邊際收入**等於**邊際成本**時，該點的產量就是**利潤最大化**的產量。

who's who

亞瑟·塞西爾·庇古（Arthur Cecil Pigou，1877～1959年）

開創福利經濟學領域的英國經濟學家，以「庇古效應」聞名。著作豐富，以《福利經濟學》、《產業變動論》和《財政學研究》為3大代表作。

Chapter 5

價格、市場

個體經濟學的用語②

市場

「**市場**」在日文中有2種唸法：「Ichiba」和「Shijyou」，當代表魚市場等具體的場所時，唸作「Uo-ichiba」，代表國內市場等經濟性機能時，唸作「Kokunai-shijyou」，雖然大致上有這樣的分類，但現在似乎有愈來愈多人唸作「Shijyou」。

但無論如何，「市場」都是指財貨或勞務的買賣雙方見面、決定價格、進行交易的場所。

不過在通訊技術發達的現代社會，也有愈來愈多透過電腦網路等工具，媒合賣方與買方的市場。

完全競爭市場

完全競爭

關於市場，經濟學中有一種概念叫「**完全競爭市場**」，也就是指所有參與市場的經濟主體全都正確理解自己的目的，而且可以自由做出決策，不受任何限制的市場，通常必須滿足以下**4個條件**：

在完全競爭市場中，不僅有無數的賣家與買家，彼此還會相互競爭，因此賣家與買家都不能自己決定價格，價格是由市場決定的，最後財貨或勞務都得到最適當的分配。

市場均衡

市場均衡點、市場的均衡點

在完全競爭市場中，價格是如何決定的呢？答案如下圖所示，是由需求曲線與供給曲線的交點來決定價格的。咦？這張圖好像在哪看過耶……？沒錯，在完全競爭市場中，**價格是由需求與供給的均衡點所決定的**（☞ P.104）。當供不應求時，價格就會上漲；供過於求時，價格就會下滑。價格上漲的話，需求會減少；價格下滑的話，供給會減少。價格就是在這樣的機制下達成均衡。

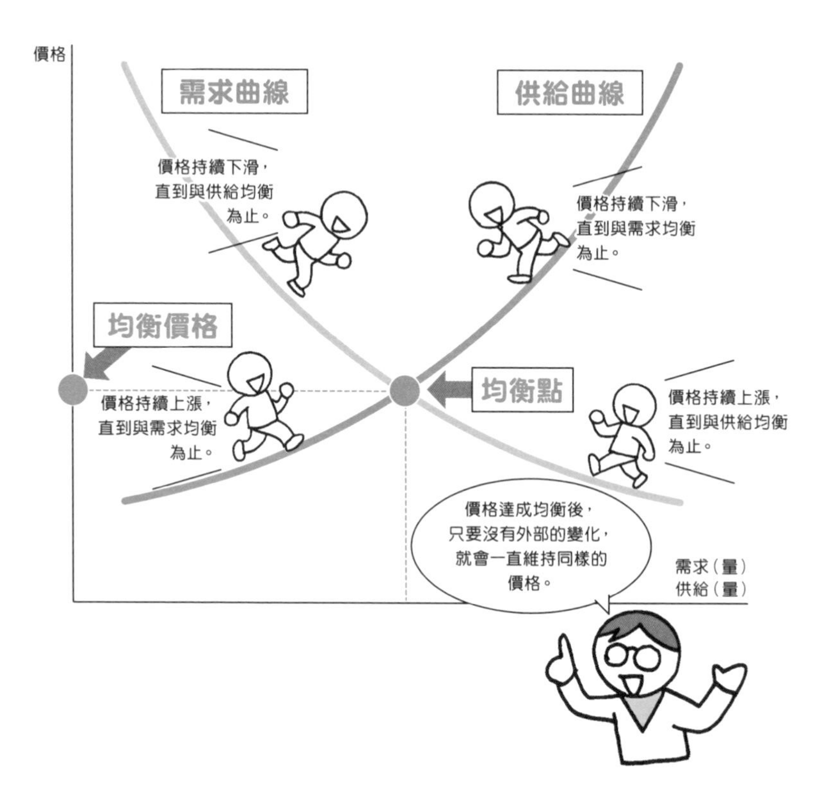

在一般情況下，當價格決定以後，只要沒有外部條件的變化，就會一直維持同樣的狀態，這個狀態就稱「**市場均衡**」。

均衡價格　競爭價格

在完全競爭市場的市場均衡基礎下，維持不變的價格稱作「**均衡價格**」或「**競爭價格**」。均衡價格下的需求與供給，對於身為消費者的家計來說，達成了**效用最大化**（☞ P.95）的目的，對於身為生產者的企業來說，則達成了**利潤最大化**（☞ P.125）的目的。

市場價格

相對於均衡價格，實際在市場上交易的價格稱作「**市場價格**」。從長期來看，市場價格會逐漸趨近均衡價格，但從短期來看，受到需求與供給的劇烈變動或外部因素等影響，市場價格與均衡價格不一致的情況也不在少數。

價格接受者 Price taker、受價者

在完全競爭市場中，由於價格是由市場所決定的，因此任何人都無法自行決定價格。因為價格只能單方面地接受，所以稱作「**價格接受者**」。從價格接受者的角度來看，需求曲線與供給曲線都是水平線。

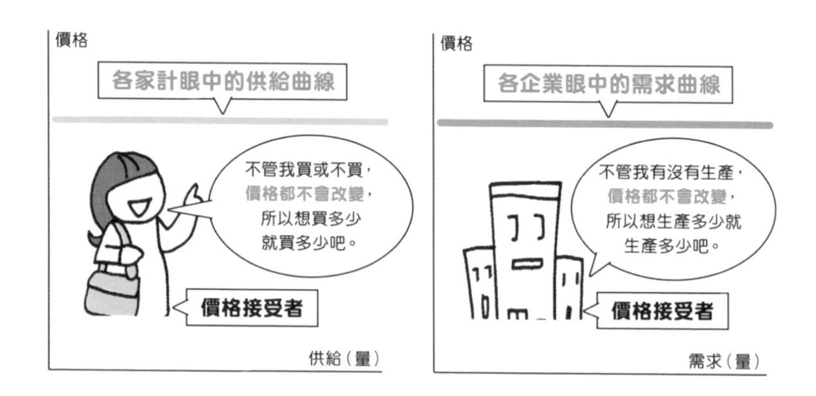

不完全競爭市場

雖然完全競爭市場是經濟學的前提，但這在現實生活中是不可能實現的事。換句話說，現實的市場是不滿足**4個條件**（☞P.131）的「**不完全競爭市場**」。不過近年來，隨著網際網路的發展，據說不可能或許也有化為可能的一天。

市場機制

價格機制、價格調節機制、價格的自動調節功能

正如前文所介紹的，在完全競爭市場中，價格是由需求與供給所決定的，需求與供給則會依據決定好的價格進行調整，這整套運作機制就稱「**市場機制**」。

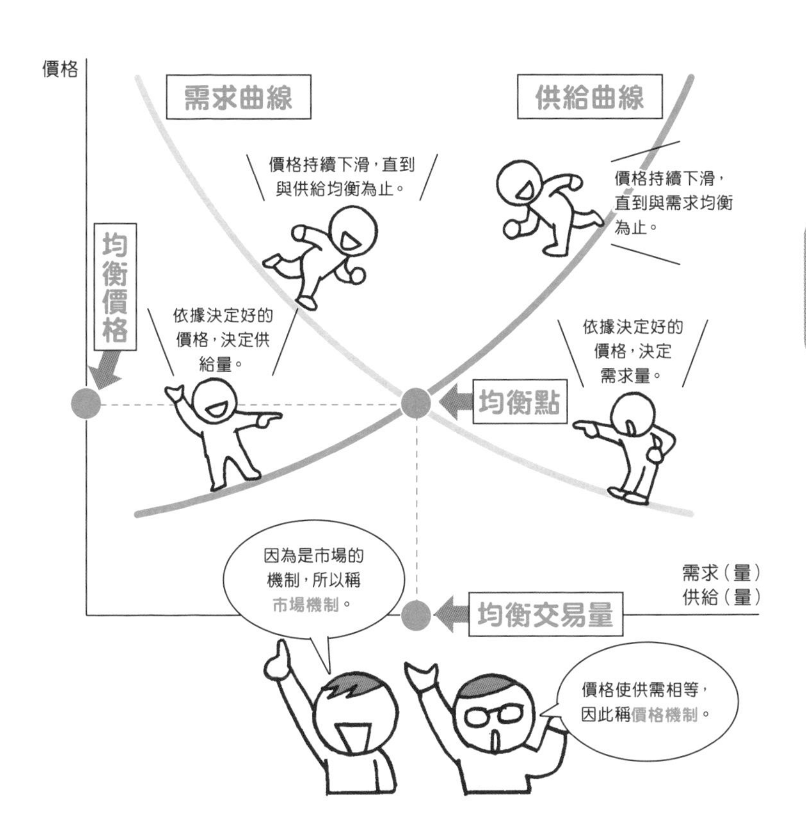

此外，在檢視這套機制時，如果把焦點擺在價格上，由於是價格使需求與供給達成一致，因此也稱作「**價格機制**」。無論如何，在這套機制的運作下，整體經濟有可能達到最有效率的**資源分配**（☞ P.138）。

生產者剩餘

接下來從**企業的利潤**，也就是**生產者的利益**來看市場機制吧。由於供給曲線的縱軸代表生產者願意銷售的價格，因此當均衡價格高於供給曲線時，兩者的差距就是生產者的利益，而這個利益在經濟學中就稱為「**生產者剩餘**」。

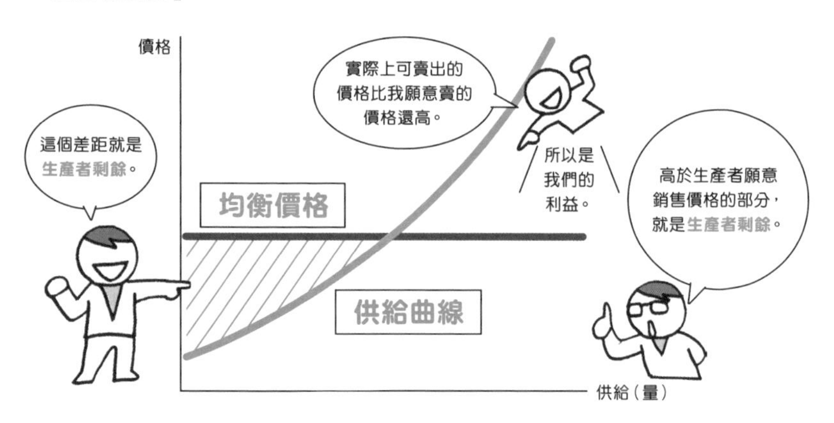

消費者剩餘

另一方面，**家計的效用**，亦即**消費者的利益**，則可以用需求曲線去理解。需求曲線代表消費者願意支付的價格，當均衡價格低於需求曲線時，兩者的差距就是消費者的福利，而這個福利就稱作「**消費者剩餘**」。

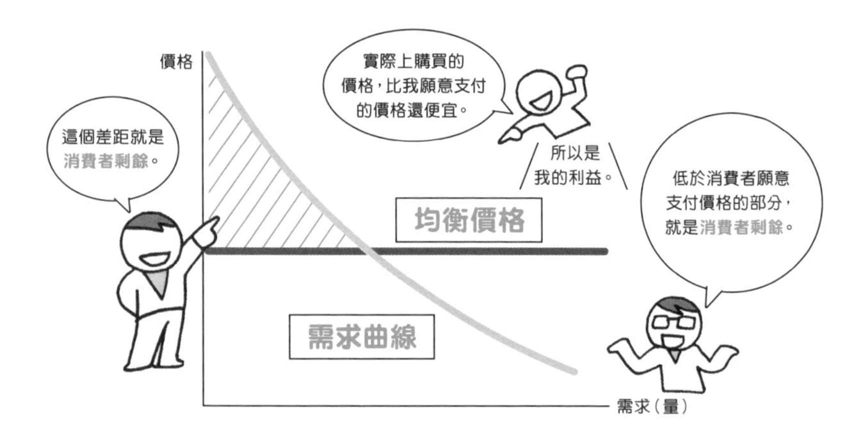

社會剩餘　總剩餘

生產者剩餘與消費者剩餘加總起來就是「**社會剩餘**」。簡言之，就是整體社會得到的利益、福利的總計。

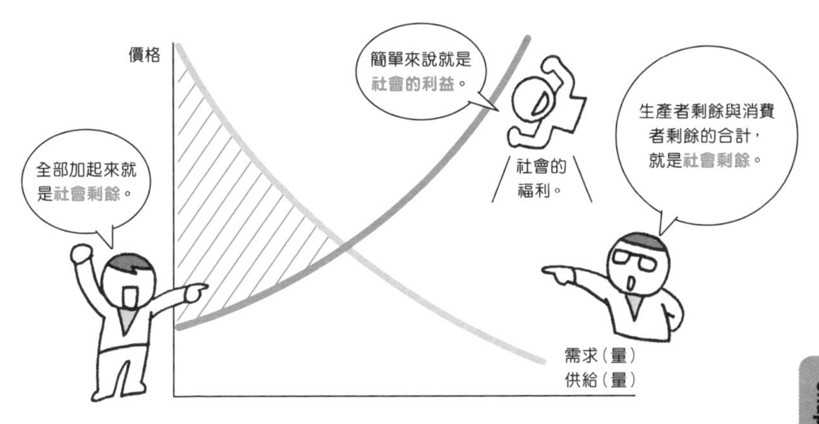

而在完全競爭市場中，價格會在**市場機制**（☞ P.135）的運作下趨近均衡價格。在**均衡價格**（☞ P.133）下，企業會達到利潤最大化，家計會達到效用最大化。換言之，由生產者剩餘與消費者剩餘構成的**社會剩餘**也會達到最大。

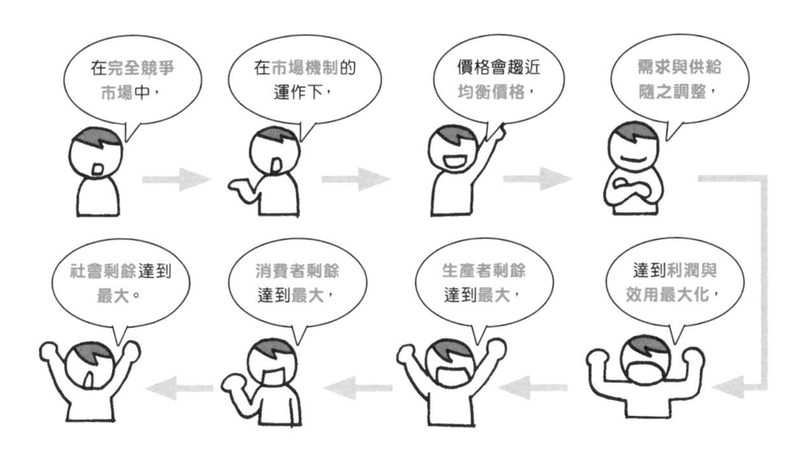

也就是說，在市場機制的運作下，整體社會將達到最有效率的狀態。

資源分配

價格的資源分配功能

整體社會達到最有效率的最佳狀態是什麼意思呢？經濟學的基本問題之一包括「**資源分配**」，也就是如何將具有**稀少性**（☞P.92）的資源分配出去、分配給誰，才能讓社會達到最有效率的最佳狀態。解決這個問題的，就是**市場機制**。

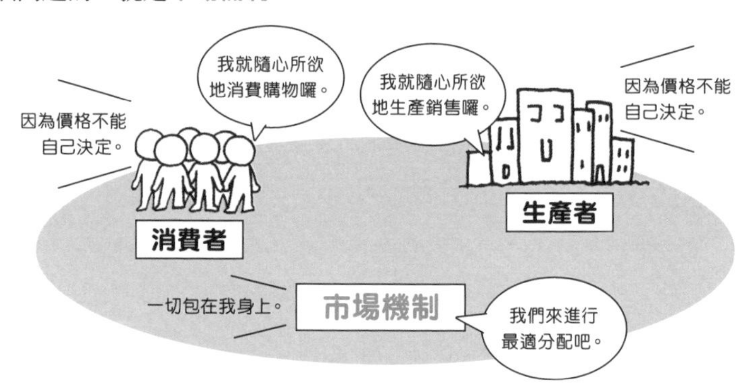

看不見的手

神的看不見的手

把這件事比喻為「**（神的）看不見的手**」的人，就是**亞當・史密斯**（☞P.88）。當消費者或生產者各自追求自己的效用或利潤時，價格與供需會自動調整，必要性高的就分配得多，必要性低的就分配得少，最後達到最適的資源分配。

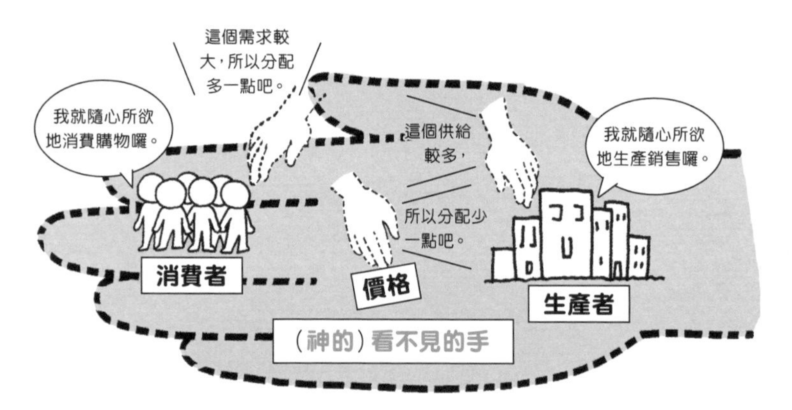

柏拉圖最適

柏拉圖效率

從哪裡才能得知整體社會的資源是否得到有效率的分配，而沒有任何浪費呢？在個體經濟學中，有一種概念叫「**柏拉圖最適**」，就是用來檢視資源分配的效率性。

若資源獲得最有效率的分配，除非減少某人的效用，否則無法增加另一人的效用，舉個例子來想想看吧。

必須注意的一點是，柏拉圖最適關心的是整體社會的分配效率，因此不考慮分配是否公平等問題，而且柏拉圖最適有很多種狀態，並非只有單一狀態而已。

邊際產品價值

邊際產量價值

接下來，生產者對於**生產要素**（☞ P.117），是如何分配資源的呢？這裡有一個概念可以派上用場，就是「**邊際產品價值**」。舉例而言，生產者藉由增加勞動這項生產要素來增加收入，增加的收入部分就是「勞動的邊際產品價值」。

具體而言，投入勞動後增加的**邊際產量**（☞ P.118）乘以**市場價格**（☞ P.276），得到的就是勞動的邊際產品價格。然後就如邊際產量部分說明過的一樣，因為邊際產量會遞減（邊際產量遞減法則），所以邊際產品價值也會遞減。

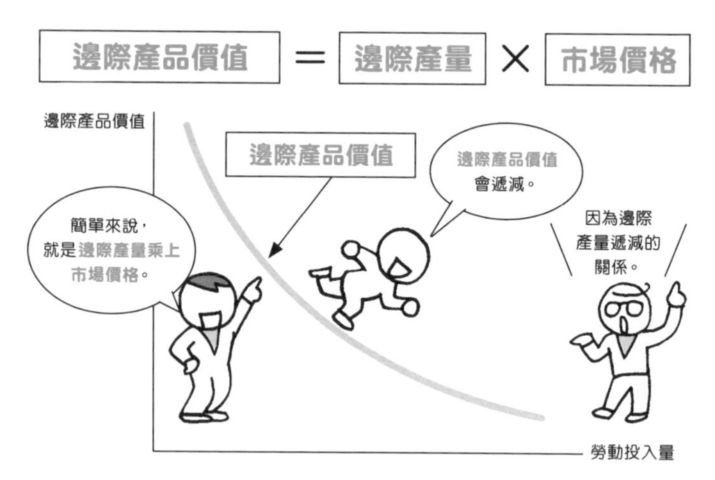

另一方面，薪資的增加量（**邊際成本**，☞ P.121）則會遞增，因此是斜向右上方的曲線，然後2條曲線交會的點，就是利潤最大化的點，因為邊際收入等於邊際成本時利潤最大。

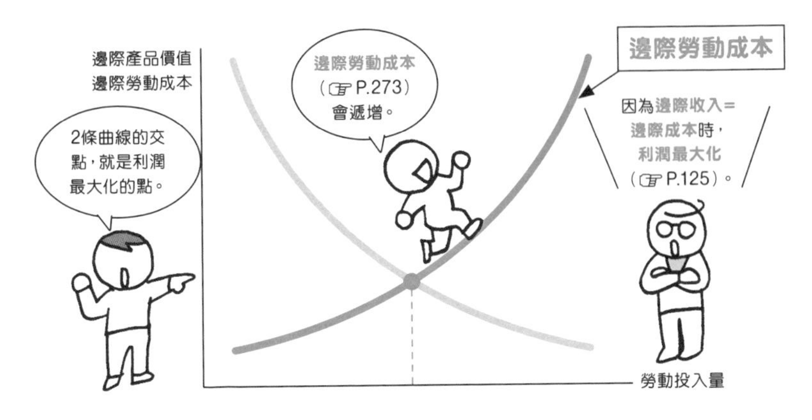

以生產者的資源分配來說，可以將勞動投入量增加到這個程度。

不過上面的圖表是不是有點眼熟呢？沒錯，長得跟需求曲線與供給曲線（☞P.104）一模一樣，邊際產品價值的曲線就是勞動的需求曲線，邊際勞動成本的曲線就是供給曲線。

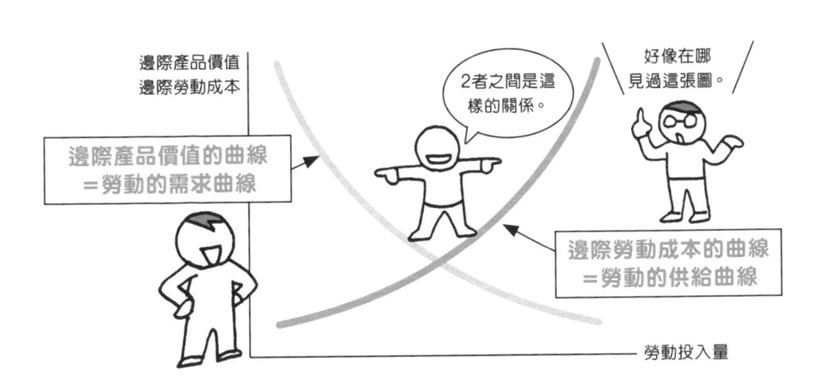

租

rent

繼勞動與資產之後，另一項重要的生產要素就是土地了。將土地借給從事生產的企業可以得到地租，而地租這種透過出借資產所得到的收益，在經濟學上就稱作「租」。租的特殊之處是從長期來看，土地的供給量不會改變，也就是說供給曲線是一條垂直的直線，完全不受土地的邊際產品價值影響。

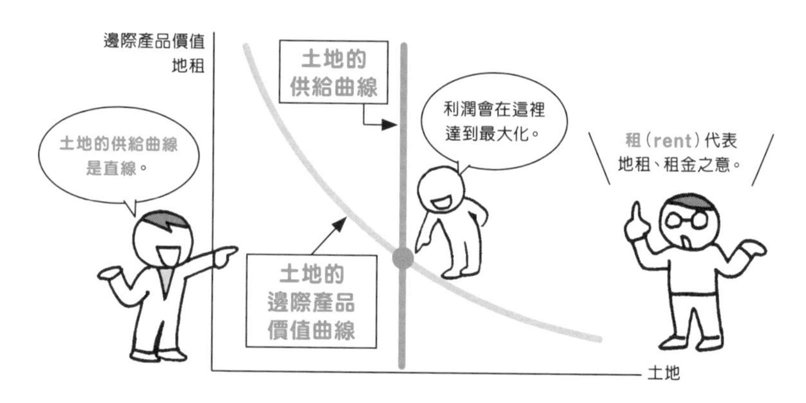

土地與勞動或資本一樣，都是在2條線的交會點達到利潤最大化，不過當土地的邊際產品價值因經濟成長等因素提高，曲線會向上移動，此時土地所有人即使不做任何事，地租也會上漲。

準租

有時也會因為人為的原因而產生租，例如在受到政府政策限制而無法自由投入市場的情況下，由於供給不會改變，因此就會產生類似租的收益，而「**準租**」就是專指這類收益的用語。為了得到對自己有利的準租，有意圖地向政治家等對象進行遊說，這種活動就稱為「**尋租**」（rent seeking）。

因此，在完全競爭市場中得不到的所有超額利潤，也可以稱作租。

羅倫茲曲線

企業作為經濟主體之一，會分配薪資給家計當作勞動的對價，而利息或地租等資本或土地的對價，最後也會落入存錢或投資的家計口袋裡。換言之，企業所創造出來的**附加價值**（☞ P.172），最後幾乎都會分配給家計。

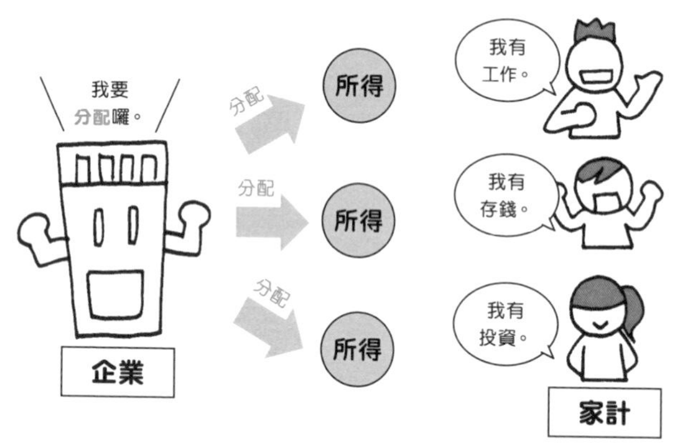

不過所有家計分配到的所得並不是完全相等，有些家計可能從父母那裡繼承了高額的資產，有些家計賺得較多，有些家計賺得較少，於是家計與家計之間的所得就會出現差距，在衡量這個差距時，經常用到的概念就是「**羅倫茲曲線**」。

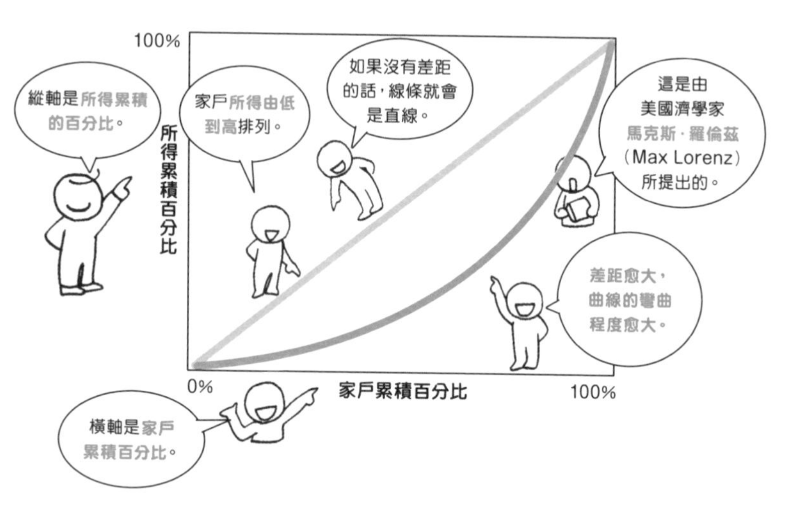

吉尼係數

所得的多寡雖然有一部分取決於個人的努力，但也有一部分會受到運氣影響，例如有些家計繼承了大筆土地，坐收大量地租，有些家計則因病無法工作，面臨所得減少的困境，因此政府才會透過財政政策進行**所得重分配**（☞ P.214）。

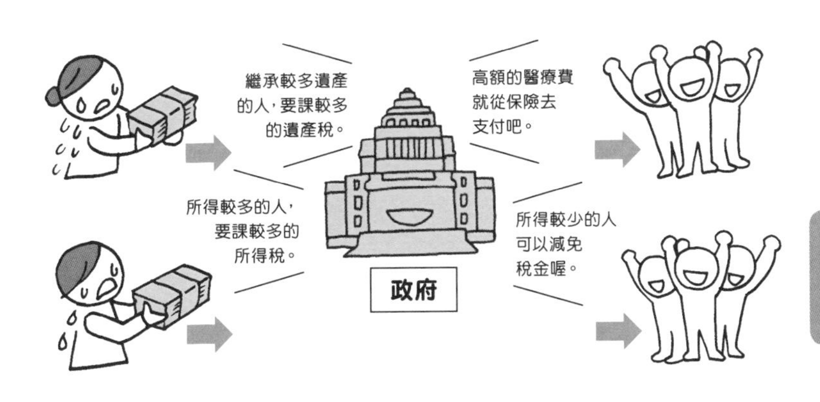

在衡量這些所得重分配的效果時，經常會使用到的概念就是「**吉尼係數**」。吉尼係數是用羅倫茲曲線上下的面積比率去計算，且算出來的數值介於0到1之間，愈接近0代表差距愈小，愈接近1代表差距愈大。

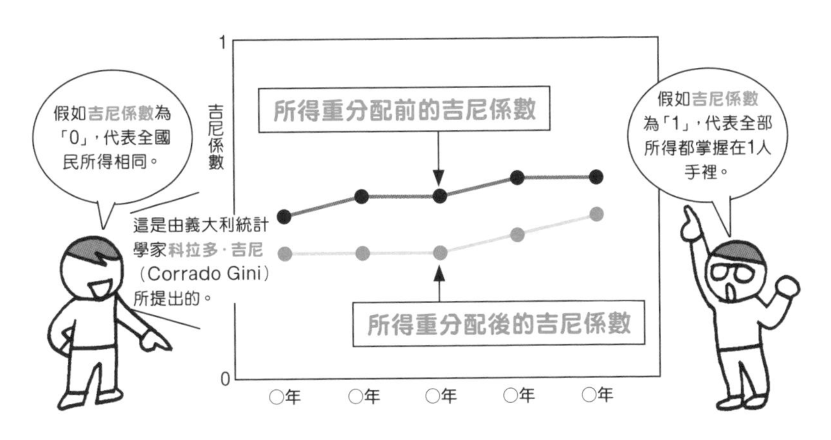

獨占

前面一直在談論**完全競爭市場**（☞ P.131），接下來也來看看**不完全競爭市場**吧。不完全競爭市場最極端的型態就是「**獨占**」，不用解釋也知道，獨占就是某個市場中只有1個賣方企業的狀態，這種市場就稱「**獨占市場**」，當中的企業則稱「**獨占企業**」，所謂的獨占企業就是像下圖這樣的企業。

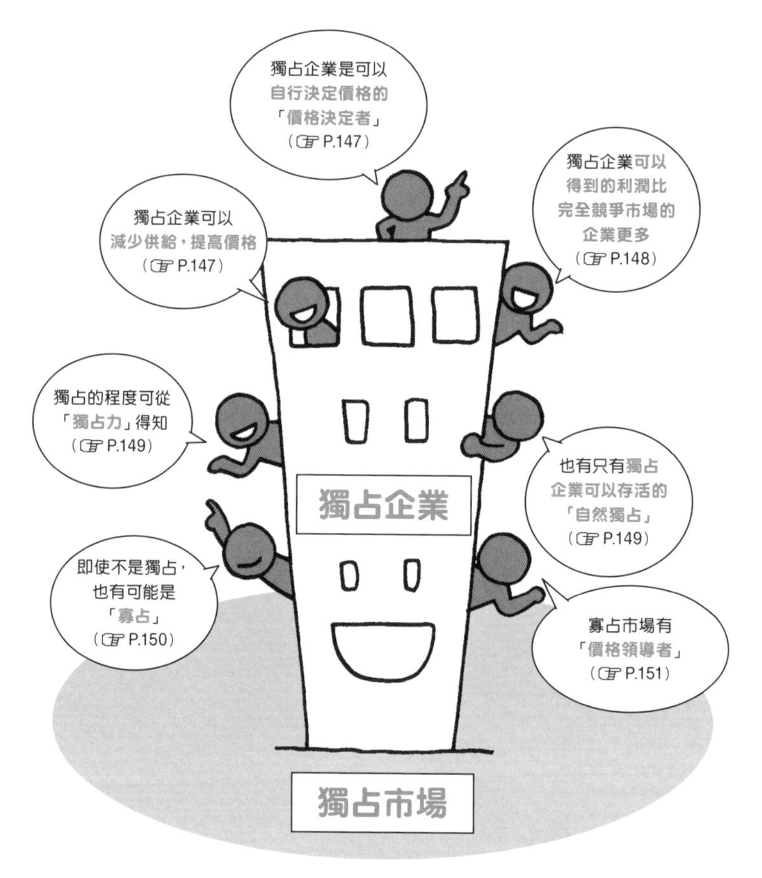

獨占並不見得只有壞處，也有一些優點，像是公平或效率高等等。或許也是因為這個緣故，日本的電力公司直到2016年為止，都例外獲准維持獨占（地區獨占）。

價格決定者 Price maker、價格制定者

在市場上沒有競爭對手的獨占企業，可以自己任意決定價格。相較於完全競爭市場的價格由市場所決定，企業是**價格接受者**（☞ P.134），獨占企業則是「**價格決定者**」（**價格制定者**）。

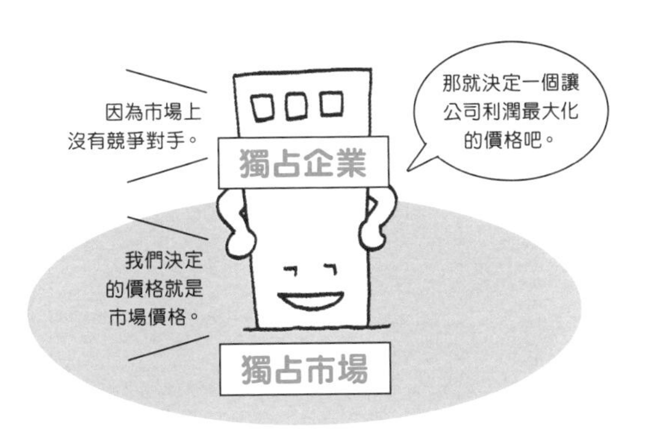

反需求曲線 反需求函數

那麼獨占企業是如何決定價格的呢？一般來說，價格愈高，需求愈少，價格愈低，需求愈多，以圖形呈現就是**需求曲線**（☞ P.102）。如果反過來看這條需求曲線的話，獨占企業只要看自己想賣多少，決定一個有需求的價格即可。

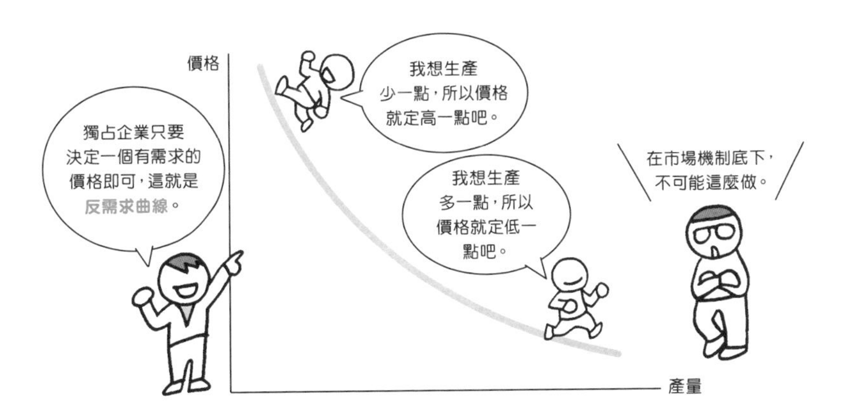

獨占利潤

獨占企業也是企業，所以目的當然是**利潤的最大化**（☞P.125）。由於利潤是收入與成本之差，因此當遞減的收入與遞增的成本差距最大時，就會達到利潤最大化。此時，代表邊際收入的收入曲線斜率會等於代表邊際成本的成本曲線斜率。

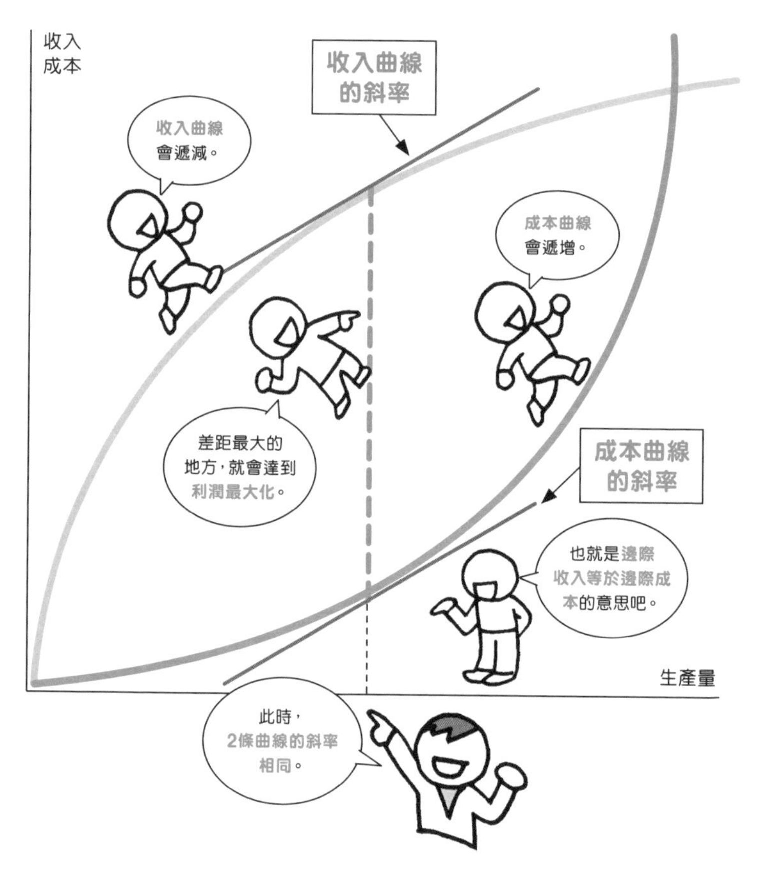

因此獨占企業也是在「**邊際收入＝邊際成本**」的點上達到利潤最大化，不同的地方是獨占企業可以自由決定價格，所以相較於由市場決定價格，獨占企業只要把價格定高一點，就能得到較多利潤，而這部分增加的超額利潤就是「**獨占利潤**」。

獨占力　邊際率

判斷獨占利潤大小的指標是「**獨占力**」，在市場上的獨占程度有多強，也可以由此得知。衡量獨占力的方法有幾種，其中最具代表性的就是下圖的「**勒納指數**」，也就是超額利潤相對於成本的加成百分比。

自然獨占

由於經濟上的效率性問題，市場在某些情況下會自然發展成獨占市場，例如由單一企業獨占時，比較能夠以低廉成本供給財貨，或是資源極度稀少，無法讓複數企業投入市場等情況。在這樣的情況下，市場就會形成實質上只有1家企業存在的「**自然獨占**」。

寡占

市場上雖有多家企業而非單一企業，但數量極少，這種情況就稱為「**寡占**」。寡占企業與**完全競爭市場**（☞ P.131）的企業不同，在某種程度上可以自由決定價格，不過不能無視其他企業的價格這一點，則是與**獨占**（☞ P.146）的不同之處。

雙頭寡占

在寡占中，市場上只有2家企業的情況，稱作「**雙頭寡占**」。由於雙頭寡占可以用最單純的形式去解析寡占的問題，因此是經濟學上重要的研究對象。在雙頭寡占或寡占市場上，企業為了追求彼此的利潤最大化，通常會避免價格競爭或爭奪市占率。

價格領導者　價格領導制

那麼寡占市場的價格又是如何決定的呢？由於寡占企業認為價格競爭對彼此都不利，因此會盡量避免採取這種策略，而是藉由廣告宣傳、設計、品質、包裝，乃至售後服務等，達到產品的差異化。

不過，當價格受外部因素影響必須變更時，會由1家企業率先更改價格，這家企業就是「**價格領導者**」，而其他寡占企業則會隨之更改價格，這種決定價格的方式就稱為「**價格領導制**」。

同質產品

至於寡占市場如何決定價格，則要看企業所經手的財貨或勞務是什麼。無論由哪個企業來生產，品質等條件都沒有差別的話，就是「**同質產品**」。由於買家無法辨識同質產品之間在價格以外的差異，因此定價無法高於競爭對手。

異質產品

另一方面，「**異質產品**」則是即使品質或功能相同，也會因為買家偏好不同而產生差異的財貨或勞務。由於買家也會注意到價格以外的因素，因此儘管會參考競爭對手的價格，但有時還是可以把價格定得比競爭對手高。

獨占性競爭

前面介紹了**完全競爭**（☞P.131）、**獨占與寡占**，但還有第4種不屬於上述任何一種的型態。以餐廳為例，如果有一家餐廳以美味而聞名，那麼這家餐廳就可以用接近獨占的方式決定價格，因為即使價格稍貴，客人還是願意光顧，不過由於其他餐廳並不會從此就消失在市場上，因此這家餐廳還是處於競爭之中，這種狀態就稱為「**獨占式競爭**」。

上述的餐廳是以品質取勝，也就是以味道來達到與其他餐廳的差異化，不過差異化的方式並不限於品質而已，重點在於，只要能夠在買家心中創造出與其他競爭對手不同的印象即可。

賽局理論

除了完全競爭或獨占之外，任何企業在進行價格或產量的決策時，都會互相影響，因為企業必須預測其他公司對自己公司的行動會有什麼反應，否則就無法選擇對自己公司最有利的行動。

這個以數理分析進行決策的經濟學領域就是「**賽局理論**」，這個名詞來自美國數學家**馮紐曼**（John von Neumann）在經濟學家**奧斯卡・摩根斯坦**（Oskar Morgenstern）協助下合著的著作《賽局理論與經濟行為》（*Theory of Games and Economic Behavior*），這本書是賽局理論的起源。

納許均衡

在賽局理論中，參賽者會先預測對方的策略，再選擇自己的策略，這種各參賽者互相預測對方的策略，再選擇最適策略的狀態稱為「**納許均衡**」，命名自研究賽局理論的美國數學家**約翰・納許**（John Nash）。

報酬 利得

那麼，如何判斷一項策略是最適策略呢？參賽者選擇某項策略可以得到的利益稱作「**報酬**」或「**利得**」，而報酬最大的策略對參賽者來說就是最適策略。

囚犯困境

賽局理論中有個著名的案例叫「**囚犯困境**」，這個案例非常有用，光靠這個案例就能理解納許均衡、報酬等概念，而且也能知道納許均衡不見得是最佳的選擇。在「囚犯困境」中有2名囚犯，分別是A與B，檢察官各自對他們提出以下的司法交易：

在此案例中，報酬就是縮短刑期，畫成「**報酬矩陣**」就一目了然了。從矩陣當中可以看出，A與B各自保持沉默或選擇背叛，分別會面臨什麼樣的結果。

囚犯 A 與 B 的報酬矩陣

		囚犯A	
		保持沉默（合作）	背叛（不合作）
囚犯B	保持沉默	A 3年 B 3年	A 1年 B 10年
	背叛	A 10年 B 1年	A 6年 B 6年

如果A與B能夠彼此商量，2人應該都會選擇保持沉默吧，因為那是最能夠縮短刑期的方式，不過由於2人分別被收監，無法互相討論，因此在雙方都懷疑對方會怎麼做的情況下，A就會這樣想：

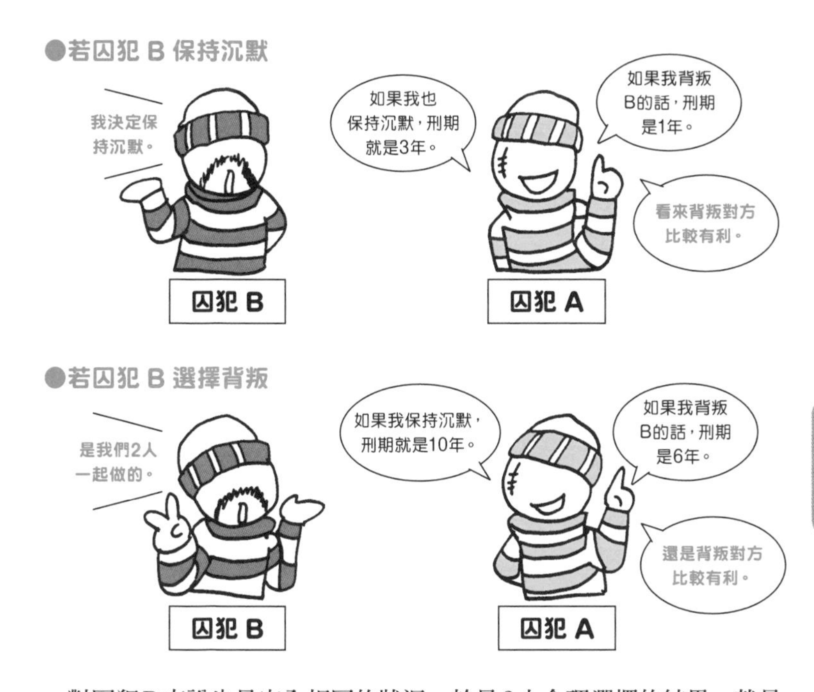

對囚犯B來說也是完全相同的狀況，於是2人合理選擇的結果，就是採取「背叛（不合作）、背叛（不合作）」的行動，因為那才是納許均衡。若以結果來說，2人都陷入無法選擇最大報酬的困境中。

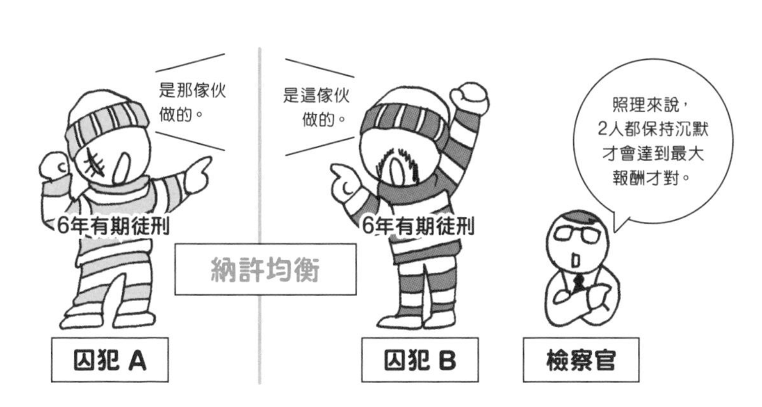

卡特爾

有時企業與企業之間，尤其是在寡占市場中，會針對價格或產量簽訂協議，以維持較少的產量與較高的價格，這就是所謂的「**卡特爾**」。當企業結盟為卡特爾，買家就只能以較高的價格購買，因此日本原則上以《獨占禁止法》加以禁止。

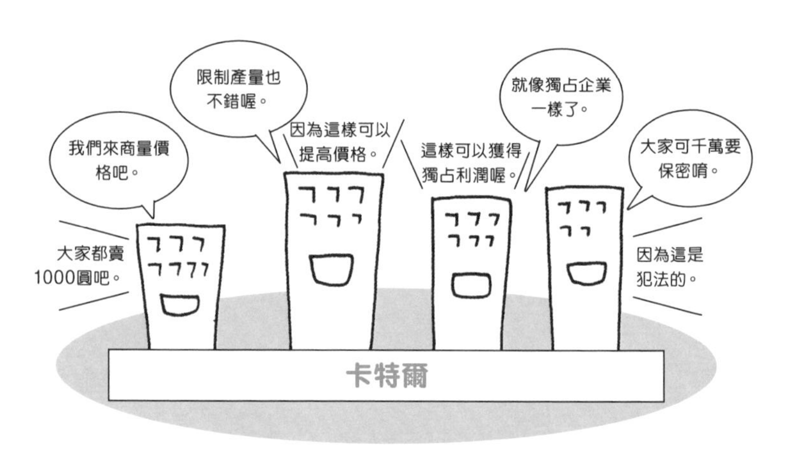

其實卡特爾也有可能發生像囚犯困境一樣的問題，因為只要有一家企業脫隊，那家企業就可以得到莫大的利潤。

不過現實的卡特爾並不容易發生脫隊的狀況，這是為什麼呢？（續次項「無名氏定理」）

無名氏定理

囚犯困境與卡特爾的不同之處，在於選擇只有1次還是會重複多次。在重複多次的情況下，若考慮到將來能夠得到的報酬，有時選擇合作反而比較有利，例如以下這個例子：

	第1年	第2年	第3年	第4年
維持卡特爾（合作）	100萬圓	100萬圓	100萬圓	100萬圓
脫離卡特爾（不合作）	200萬圓	50萬圓	50萬圓	50萬圓

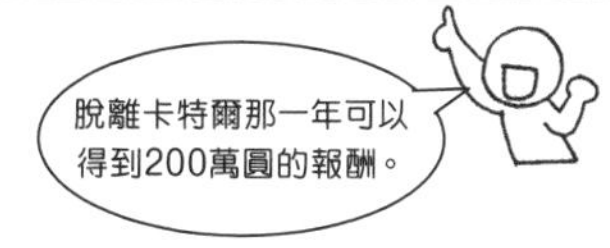

重複賽局

在上例當中，維持卡特爾的報酬在第4年就超過脫離卡特爾的報酬了。這種多回合的賽局在賽局理論中稱作「**重複賽局**」，而在重複賽局中選擇「合作、合作」比較容易達到納許均衡的狀態，就稱為「**無名氏定理**」。

無名氏定理

※**無名氏定理**：在數學當中，指所有人都認為理所當然，卻沒有人提出證明的定理。

市場失靈

市場並不是永遠都能順利運作，有時即使發揮市場機制（☞ P.135），也無法達到有效率的資源分配，亦即柏拉圖最適（☞ P.139），這種情況就稱「市場失靈」，市場失靈有以下幾種代表性的原因：

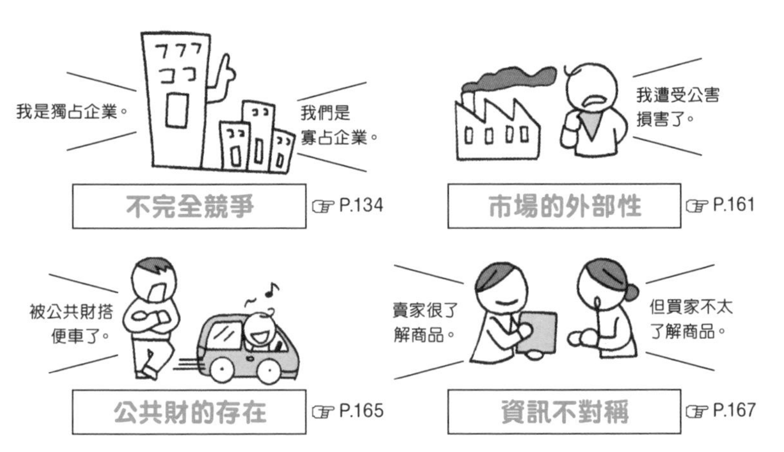

另一方面，市場失靈則會造成以下幾種結果。如今貧窮或貧富差距等現象，也被視為市場失靈。

一般來說，當市場失靈時，政府必須設法干預市場，但也有一些理論認為民間可以克服市場失靈。

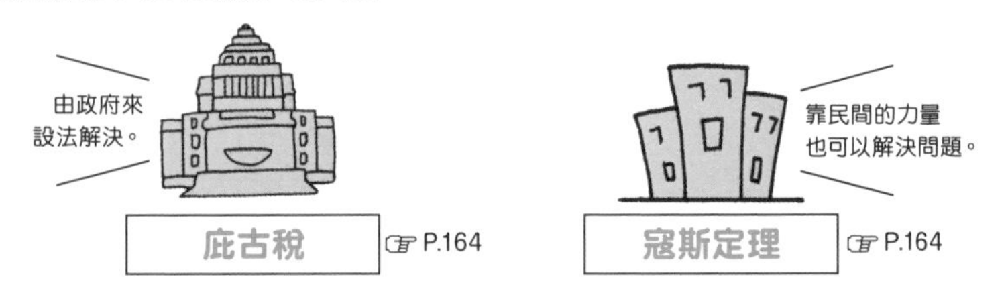

市場的外部性

外部性、外部效果

「**市場的外部性**」是市場失靈的主因之一，意思是某個經濟主體在外部對其他經濟主體造成影響，而未透過市場。代表性的例子之一，就是公害，假如某個市場的企業造成公害，連與該市場無關的家計或企業都會遭殃。

換一種角度來說，造成公害的企業等於是把汙染環境這項成本，在不經過市場的情況下，轉嫁給其他企業或家計。

市場的外部性包括造成負面影響的「**外部不經濟**」，與造成正面影響的「**外部經濟**」（☞ P.162）。

外部經濟　正外部性

還有一個常見的例子，就是當新的火車站完工，車站附近的地價上漲，土地所有人就會受到正面的影響，這就是「**外部經濟**」。由於這不是市場上的交易，因此土地所有人並不會被要求支付地價上漲的對價。

外部不經濟　負外部性

這時，另一邊離火車站較遠的舊商店街，恐怕也會因為人潮流失而面臨營收衰退吧，這就是一種「**外部不經濟**」，但即使遭受負面影響，也不能要求鐵路公司分擔成本或分配利益，因為這並不是市場上的交易。

外部性的內部化　外部效果內部化、外部不經濟的內部化

161頁造成公害的企業因為沒有負擔廢棄物處理的成本，所以可以供給便宜的財貨或勞務。換言之，外部不經濟的部分使供給曲線往右下方移動，從整體經濟來看變成**超額供給**（☞P.105）的狀態。

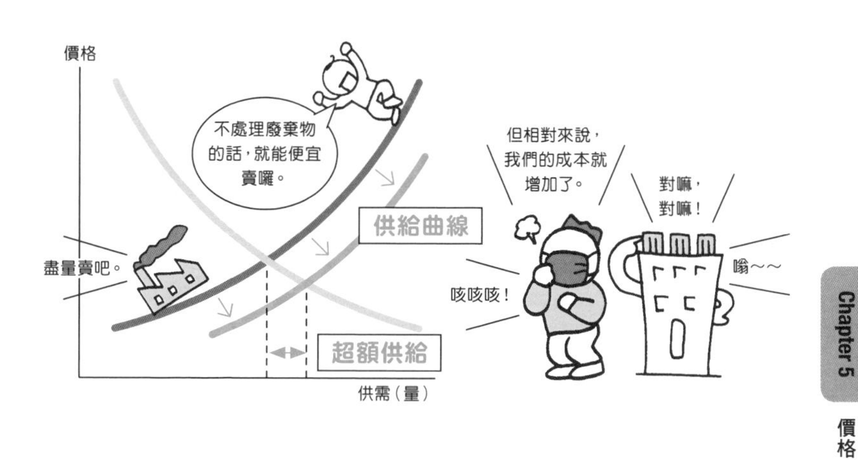

在上圖的狀態下，若以整體經濟來看，並未達到最適的資源分配，原因就出在市場的外部性。此時，若能做到「**外部性的內部化**」，就能解決無效率的問題，但要將外部不經濟予以內部化，究竟有哪些方法呢？

庇古稅

政府對造成外部不經濟的企業課稅，用來抵銷外部不經濟的手段，就是「**庇古稅**」。事實上，日本對排放二氧化碳的經濟主體也會課徵「全球暖化對策稅」等稅金。

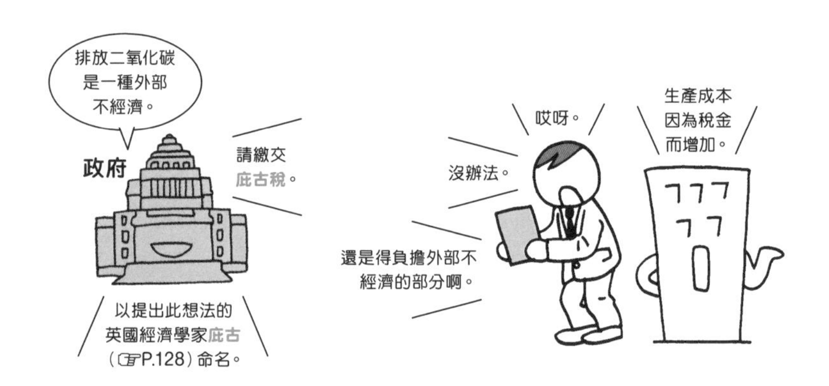

寇斯定理

另外也有一種理論認為，即使不靠政府的稅金介入，還是有可能藉由民間當事者之間的談判，做到外部性的內部化，例如由企業支付賠償金，或是採取消除外部不經濟的對策，都可以達到相同水準的資源分配，這就是所謂的「**寇斯定理**」。

公共財

另一種市場失靈（☞P.160）是「公共財」的存在。所謂的公共財，指的是不負擔成本的人也能消費，而且任何人消費都不會減少其他人消費的財貨，也就是具有「無敵對性」與「無排他性」的財貨，以道路這項公共財為例……

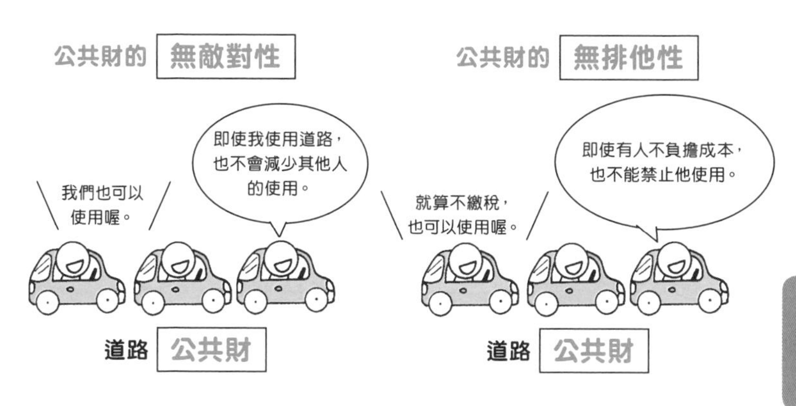

私有財

為何公共財的存在會造成市場失靈呢？在解答這個問題之前，先來了解一下與公共財相反的「私有財」吧。什麼是私有財呢？就是一旦消費就會減少他人消費，而且對於不負擔成本的人，可以排除其消費的財貨，以住宅為例……

薩繆爾森的公式　薩繆爾森條件

公共財的最適資源分配可用「**薩繆爾森的公式**」來計算，也就是當生產公共財對每個人所增加的便利性或利益（**私人邊際效益**）的總計（社會邊際效益），等於生產該公共財所增加的成本（**邊際成本**）時，該點的公共財供給量就是最適供給量。不過，無敵對性與無排他性會在此造成妨礙，因為公共財會被不負擔成本的人所使用而無法加以排除。

公共財的社會邊際效益 ＝ 公共財的邊際成本

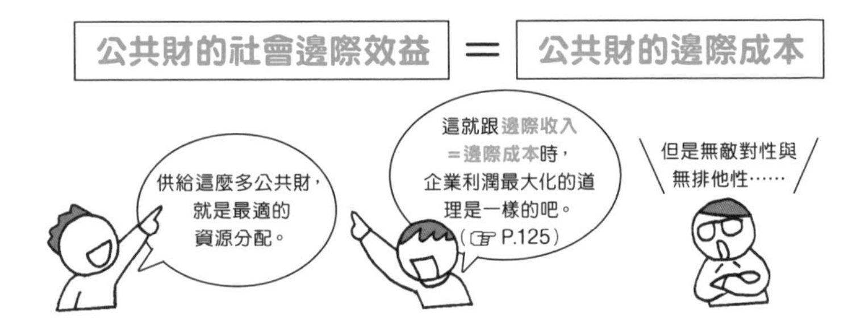

搭便車

換句話說，這裡會出現「**搭便車**」（free rider）的問題。如此一來，就會造成**市場失靈**，無法達到最適的資源分配。

who's who

保羅・安東尼・薩繆爾森

（Paul Anthony Samuelson，1915～2009年）

美國經濟學家。在主要著作《**經濟分析基礎**》中，以數學方法整理現代經濟學（☞P.88），從此奠定將數學應用在經濟學中的基礎。

資訊不對稱

資訊不完全

市場失靈的另一個原因是「**資訊不對稱**」，例如汽車保險就是像下圖這樣處於資訊不對稱的狀態，而只要有其中一方的資訊不完全，就會發生各種**市場失靈**的現象。

道德風險

例如所謂的「**道德風險**」，在經濟學中指的就是投保人在放心的情況下，粗心大意或是故意引起事故的風險。

如上所述，因為無法時時刻刻在旁監視，所以在資訊不對稱的情況下，就會發生道德風險這種市場失靈的狀況。

逆向選擇　逆選擇

資訊不對稱也會造成其他型態的**市場失靈**，例如保險公司如果不太清楚汽車保險的事故發生率，就隨便決定保險費來銷售的話……

如此一來，由於投保的人都是肇事機率高的人，因此投保人的實際肇事機率又會再提高，這樣的話……

這個保險的投保人肇事機率又變得更高了。長此以往，保險費愈來愈貴，最後市場就會完全消失，無法成立，這種問題就稱作「**逆向選擇**」。

檸檬市場

逆向選擇也經常用中古車市場的例子來說明，中古車市場與保險相反，買方只能得到少量資訊，因此為了避免被賣方欺騙，通常都會選擇便宜的中古車，而非優質、昂貴中古車，結果就會造成市場上充斥著便宜、劣質的中古車，在美國的俗語中，劣質中古車又叫「檸檬」，所以這種逆向選擇的市場就稱「檸檬市場」。

格雷欣法則 劣幣驅逐良幣

聽完逆向選擇的說明，有沒有想到一句意思相同的俗語啊？沒錯，就是「劣幣驅逐良幣」（格雷欣法則）。雖然這句話原本是用在貨幣上，但如今也有與逆向選擇相同的意思。

通常人們會傾向於選擇品質較好的，稱作「選擇」；
反之，一味選擇品質較差的，則稱作「逆向選擇」。

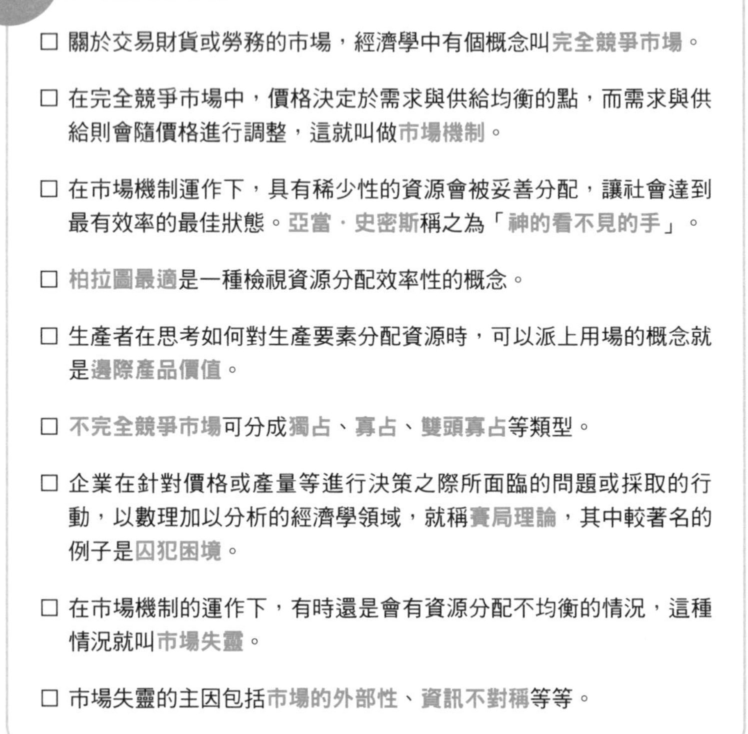

1分鐘確認！

本章重點

- □ 關於交易財貨或勞務的市場，經濟學中有個概念叫**完全競爭市場**。
- □ 在完全競爭市場中，價格決定於需求與供給均衡的點，而需求與供給則會隨價格進行調整，這就叫做**市場機制**。
- □ 在市場機制運作下，具有稀少性的資源會被妥善分配，讓社會達到最有效率的最佳狀態。**亞當・史密斯**稱之為「**神的看不見的手**」。
- □ **柏拉圖最適**是一種檢視資源分配效率性的概念。
- □ 生產者在思考如何對生產要素分配資源時，可以派上用場的概念就是**邊際產品價值**。
- □ **不完全競爭市場**可分成**獨占**、**寡占**、**雙頭寡占**等類型。
- □ 企業在針對價格或產量等進行決策之際所面臨的問題或採取的行動，以數理加以分析的經濟學領域，就稱**賽局理論**，其中較著名的例子是**囚犯困境**。
- □ 在市場機制的運作下，有時還是會有資源分配不均衡的情況，這種情況就叫**市場失靈**。
- □ 市場失靈的主因包括**市場的外部性**、**資訊不對稱**等等。

約翰・納許（John Nash，1928～2015年）

美國數學家，提出賽局理論基本概念「納許均衡」的人，1994年獲得諾貝爾經濟學獎，他的人生故事曾被改編成電影《美麗境界》。

Chapter 6

GDP、景氣

總體經濟學的用語①

附加價值

相對於個體經濟學，是以家計、企業等單一經濟主體為對象，**總體經濟學**則是以整體國民經濟為對象。從整體經濟的角度來研究**GDP**（**國內生產毛額**，☞P.26）、物價、經濟成長、**景氣**（☞P.20）等範疇，就是總體經濟學。總體經濟活動的結果，首先可以從「**附加價值**」去檢視。正確來說，附加價值是用以下的方法計算出來的：

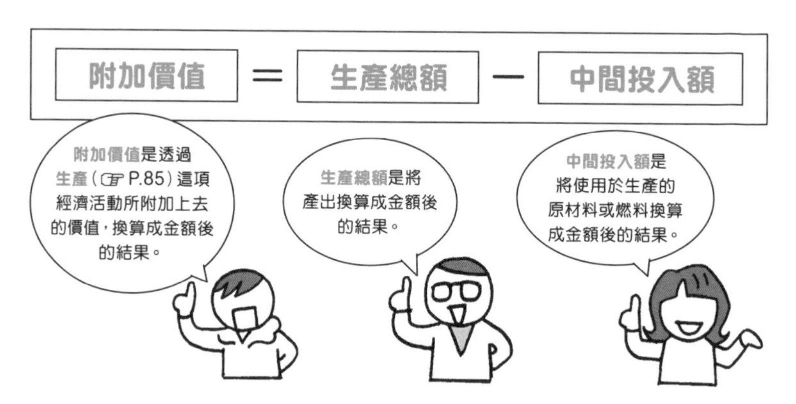

那麼附加價值被創造出來以後，會發生什麼事呢？正如前文所述，附加價值會被**分配**（☞P.85）給各生產要素的所有人。

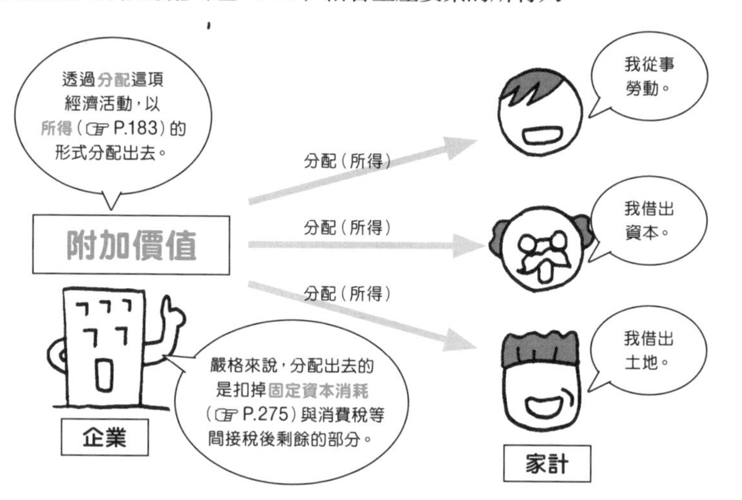

家計或企業分配到所得以後，會向政府繳納所得稅或公司稅等直接稅，或是社會保險費等等。此外，也會有存款或投資的利息、紅利等往來。

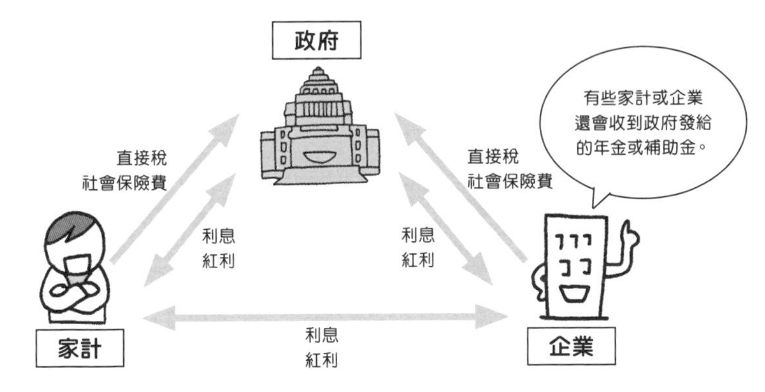

其餘的就是用於**支出**（☞ P.86）的部分，例如家計會用來消費財貨或勞務，企業會用來投資設備等等。

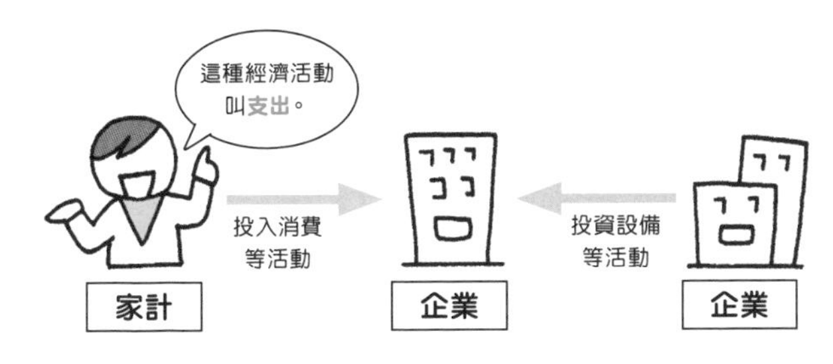

有些家計或許會將消費剩餘的部分，拿來從事儲蓄或投資等**資金運用**，這也算是一種支出。不過相反地，缺錢的家計或企業則有借錢等**資金調度**的需求。

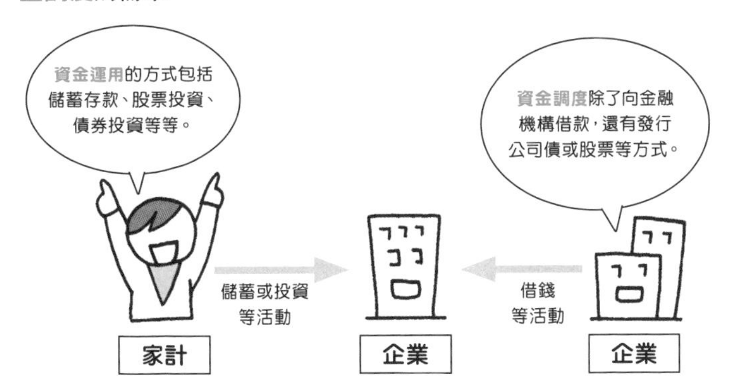

SNA

System of National Accounts、JSNA、國民經濟會計、國民經濟會計制度

若將前項所述的總體經濟活動用數字加以衡量，就是所謂的「**SNA**」(**國民經濟會計**)。SNA 不僅詳細規定**GDP**（☞P.26）等計算方法，更進一步計算出**NDP**（**國內生產淨額**，☞P.182）、**NI**（**國民所得**，☞P.183）等經濟統計的指標。包括日本在內，世界上許多國家都按照SNA 的規定去計算並公布資料，因此才能夠正確比較各國的GDP 等指標。

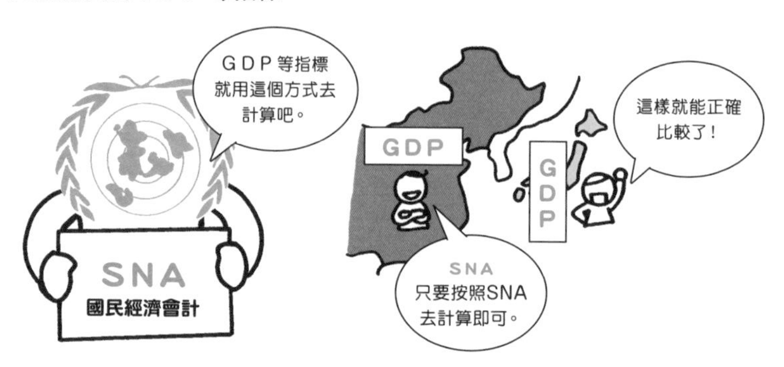

日本的SNA（**JSNA**）是由內閣府的經濟社會綜合研究所負責統整。由於計算方法的國際標準也被聯合國所採用，因此一旦聯合國採用新的標準，JSNA也必須一併修訂。最近從2016年7～9月期的GDP 第2次速報開始，修訂為在2008年採用的「**08 SNA**」，在那之前使用的是在1993年採用的「**93 SNA**」。

在ＳＮＡ中，有關總體經濟活動的生產與所得分配關係如下圖所示，其中生產活動所創造的附加價值，亦即ＧＤＰ，會以繳納給政府的稅金或所得的形式被分配出去。

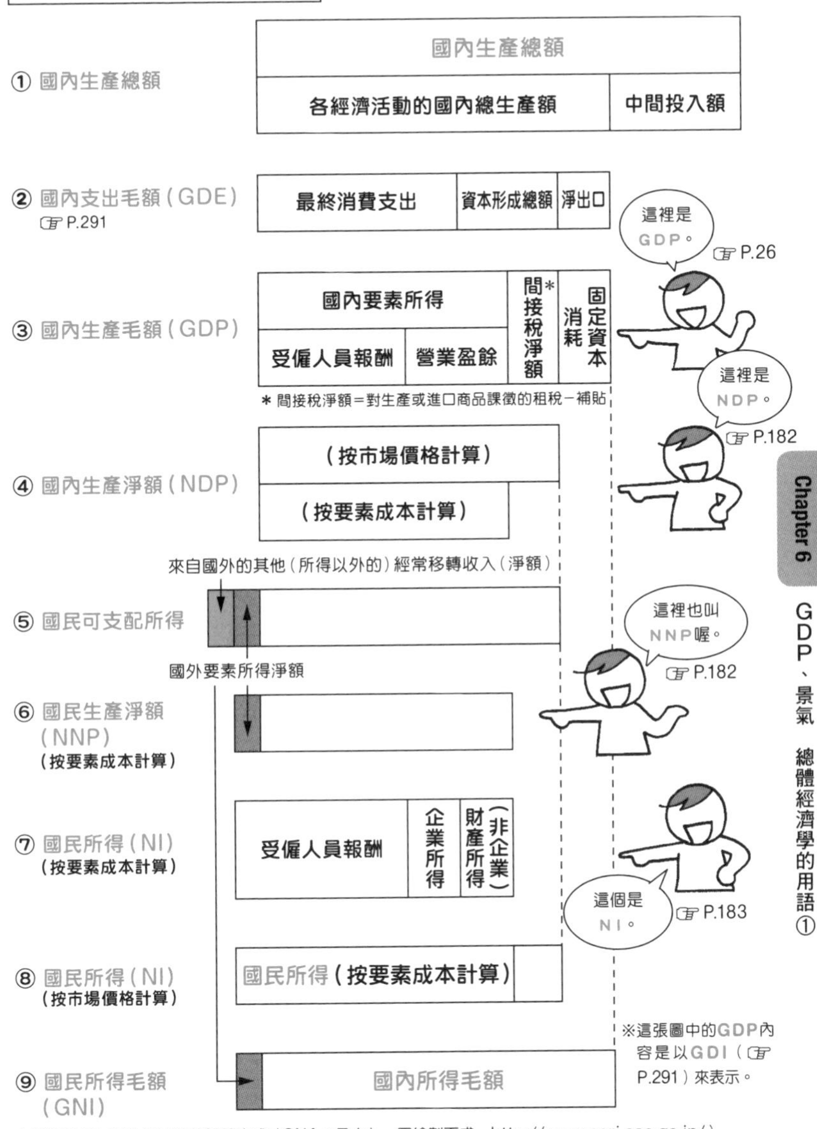

（根據日本內閣府「SNA的解讀方式（SNAの見方）」圖繪製而成　http://www.esri.cao.go.jp/）

流量

ＧＤＰ是在某一「特定期間」內創造出來的附加價值的金額，換句話說就是「從○年○月○日開始到×年×月×日為止的期間」，而這種在「特定期間」內增減的數量，就叫「**流量**」。

存量

不過作為流量的結果之一，假如有部分未投入消費的所得，被當作儲蓄等資產存下來的話，這部分就會變成「**存量**」，也就是在「○年○月○日這個時間點」的金額。在總體經濟學中，將流量與存量分開思考是很重要的。

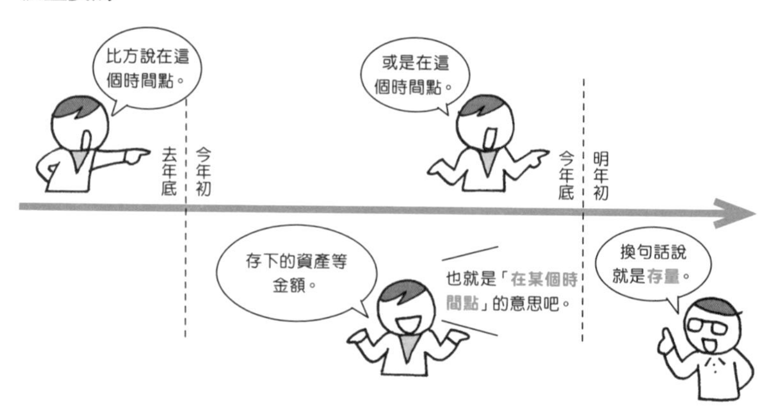

較具代表性的流量概念是GDP，而存量的代表則是「**部門別資產負債表**」。和企業編製的資產負債表相同，SNA也有一套這樣的財務報表。「**部門**」指的就是各**經濟主體**（☞P.84），在SNA中則分成以下5種：

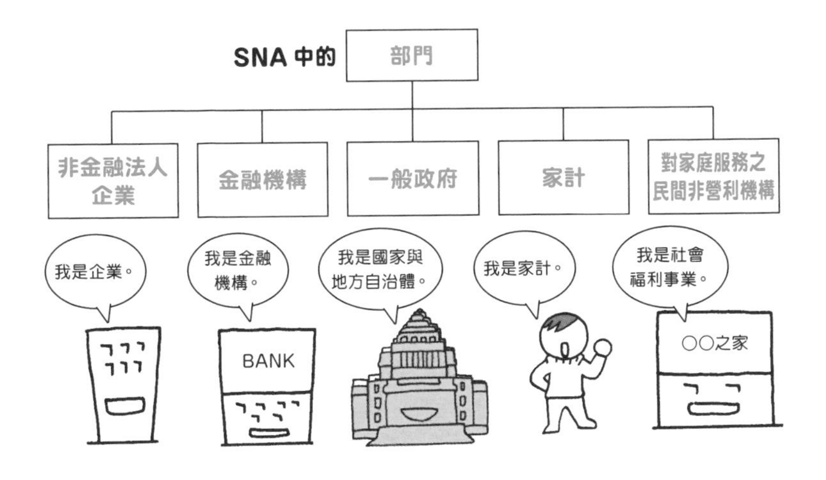

簡而言之，用去年底的部門別資產負債表，加上各部門今年度的流量，就會得到今年底的資產負債表。

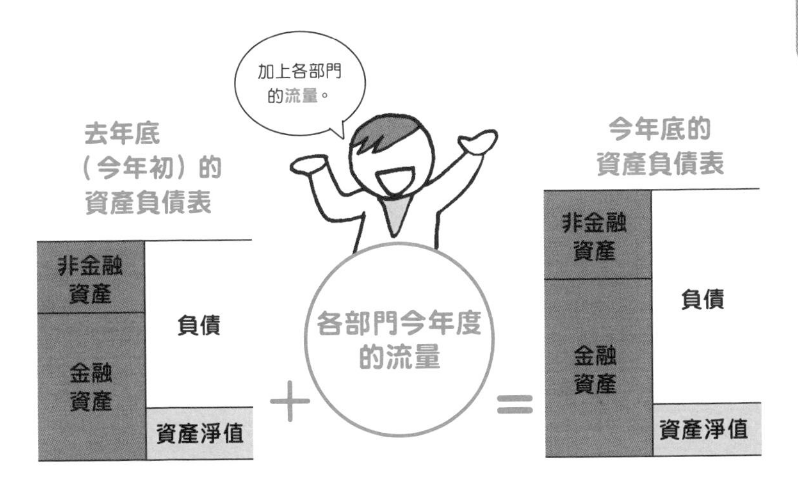

資產的合計減去負債就是「**資產淨值**」，全國的資產淨值就稱為「**國富**」（☞P.274）。

合成謬誤

在進入個別的具體說明之前，有個在總體經濟學中必須先建立的觀念，就是在個體角度下的合理經濟活動，若從總體的角度來看，不見得會得到合理的結果，比方說以儲蓄為例……

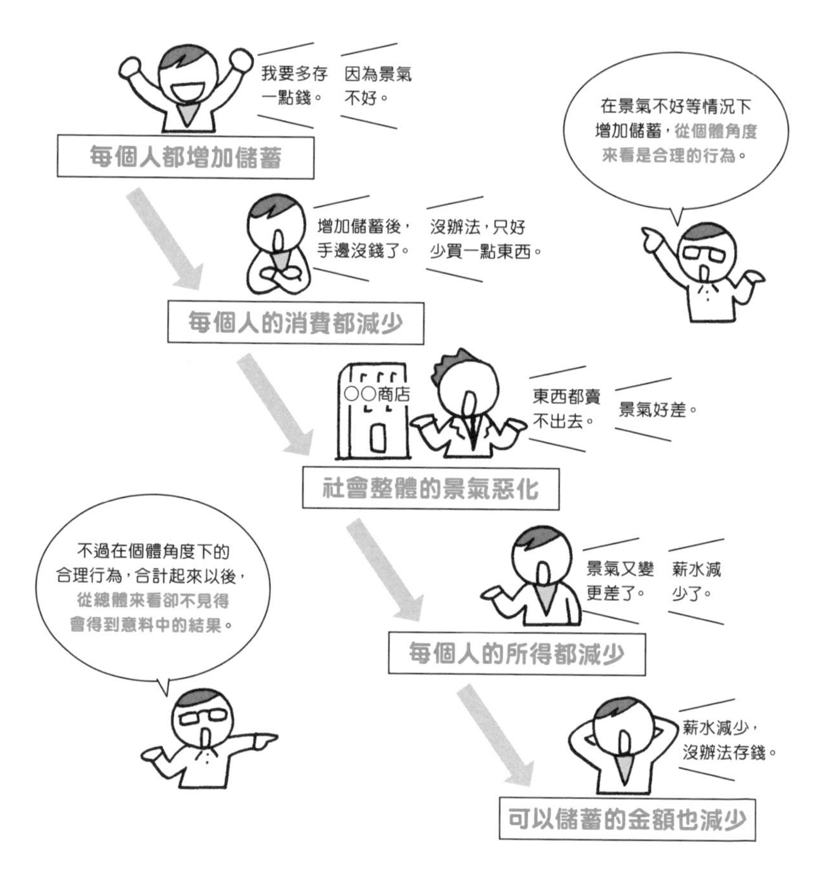

承上所述，個人增加儲蓄的個體經濟活動，在總體經濟上並不見得會得到儲蓄增加的結果。也就是說，即使儲蓄率提高，但儲蓄額不見得會增加，甚至有可能減少，這種現象就稱「**合成謬誤**」。

名目GDP

接下來就進入具體的**經濟統計**話題吧。首先從**GDP**（☞P.26）相關用語開始。在GDP當中，未排除物價變動影響的GDP又稱作「**名目GDP**」。

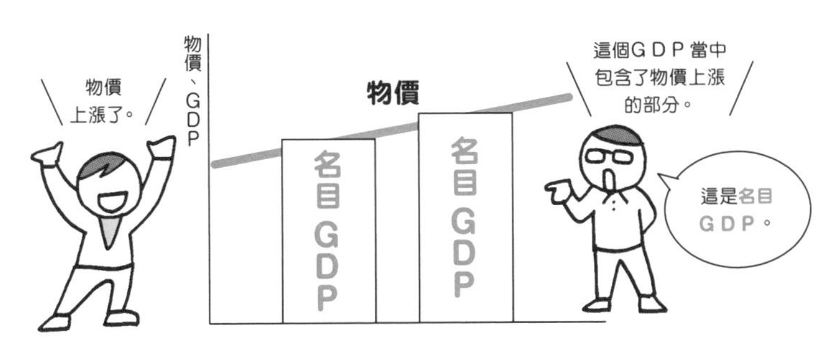

然而GDP除了包含物價變動的影響，還包含另外2項特殊的內容，也就是「**政府活動所創造的附加價值**」和農家等主體的「**自家消費**」。

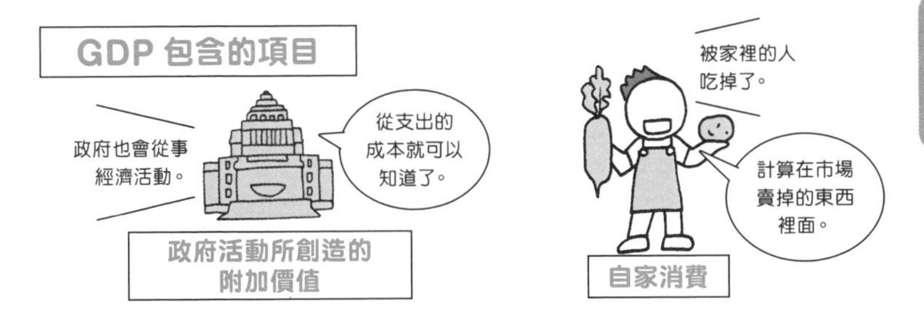

反之，「**資本利得**」（☞P.269）或「**家事勞動**」等項目，則因為以下的理由而不包含在GDP內。

實質ＧＤＰ

名目ＧＤＰ排除物價變動的影響後，得到的就是「**實質ＧＤＰ**」。在日本內閣府公布的ＧＤＰ或**速報值**（☞P.29）中，同時有名目ＧＤＰ與實質ＧＤＰ。在計算實際的實質ＧＤＰ時，會使用到**ＧＤＰ平減指數**（☞P.186）。

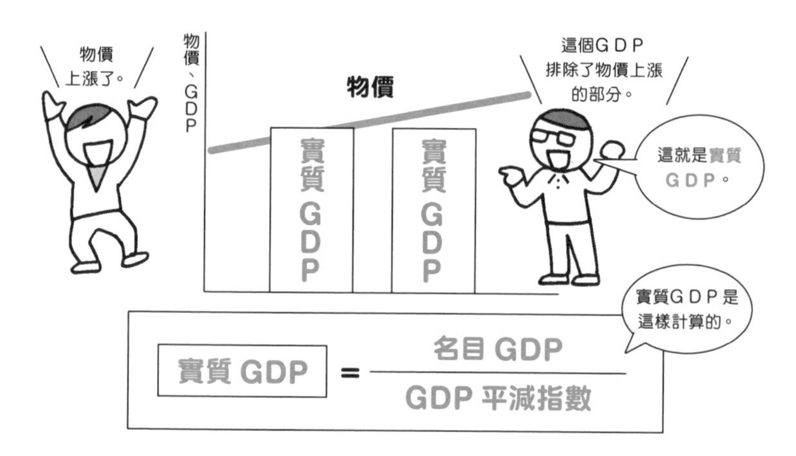

人均ＧＤＰ

由於ＧＤＰ計算的是國家整體的附加價值，因此人口愈多的國家，數字往往愈大。這時，可以用來衡量國民經濟狀況的指標，就是用ＧＤＰ除以人口的「**人均ＧＤＰ**」。這個指標可以用於國家與國家之間的比較，或是了解一國的經濟狀況變化。

三面等價原則

GDP的三面等價原則

GDP是透過生產活動創造出來的附加價值總額，而所有生產出來的東西會以所得的形式被分配出去，分配出去以後又會全部被當作**支出**（☞P.86），換句話說，生產、分配與支出的總額，亦即**國內生產毛額**（GDP）、**國內所得毛額**（總分配＝**GDI**，☞P.291）與**國內支出毛額**（**GDE**，☞P.291）的金額全部相等，這就是「**三面等價原則**」。因此，GDP又被稱作「從生產面來看的GDP」，GDI是「從分配面來看的GDP」，GDE則是「從支出面來看的GDP」。

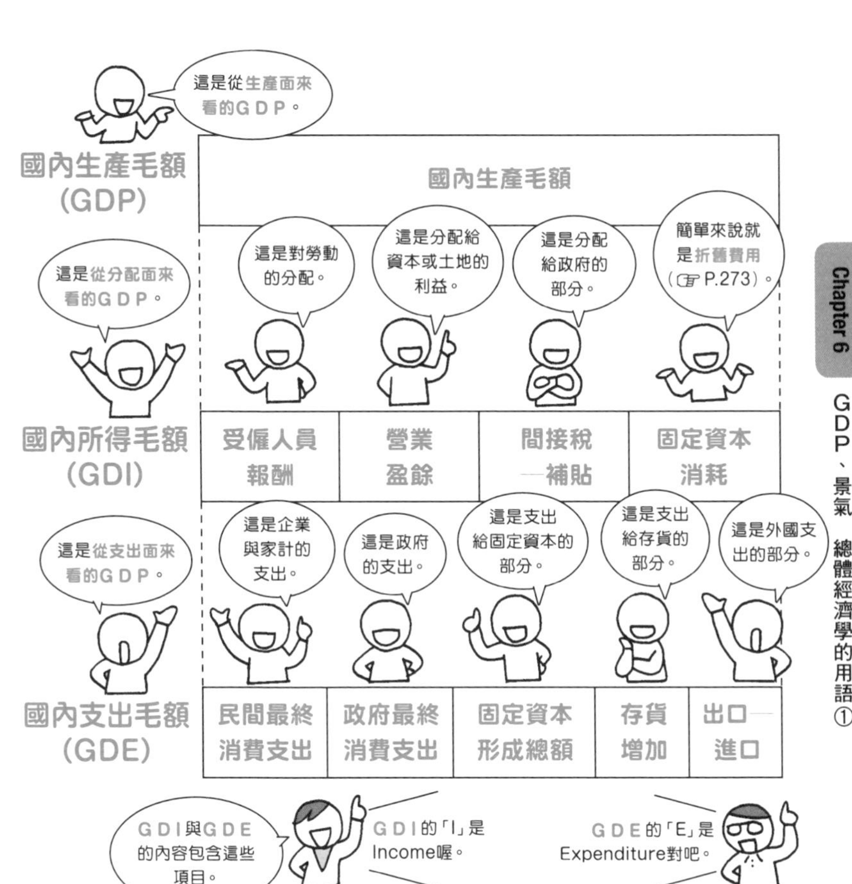

NDP 國內生產淨額、Net Domestic Product

從前項圖的ＧＤＩ內容即可知，ＧＤＩ（＝ＧＤＰ）中包含**固定資本消耗**（☞P.275）。由於這是老舊設備的價值減損部分，本來就不算是附加價值，因此ＧＤＰ減去固定資本消耗後，得到的「**ＮＤＰ**」才是真正的附加價值總額。

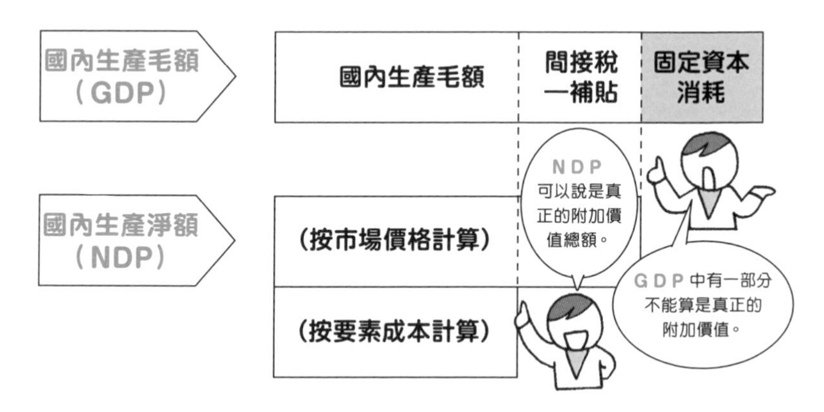

NNP 國民生產淨額、Net National Product

ＮＤＰ的「按要素成本計算」指的是對生產要素支付的成本，當中不包含間接稅等項目。這個按要素成本計算的ＮＤＰ，加上國外要素所得淨額，亦即居住在國內者從國外取得的所得，扣掉支付給海外居住者的所得後，得到的就是「**ＮＮＰ**」（**國民生產淨額**）。

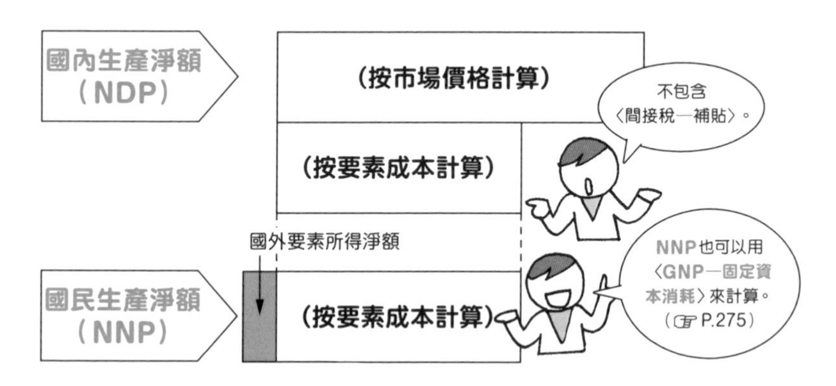

所得

在經濟學中，作為提供生產要素（☞P.117）的對價所收取的收入，狹義上稱為「所得」。也就是說，作為勞動對價的薪資、作為資本對價的股利，以及作為土地對價的地租，都是所得。

NI 國民所得、National Income

在SNA（☞P.174）中，按要素成本計算的NNP，就是按要素成本計算的國民所得的合計「NI」（國民所得），但在經濟學中，有時會以按市場價格計算的NI，也就是以按要素成本計算的NI加上〈間接稅－補貼〉為NI。

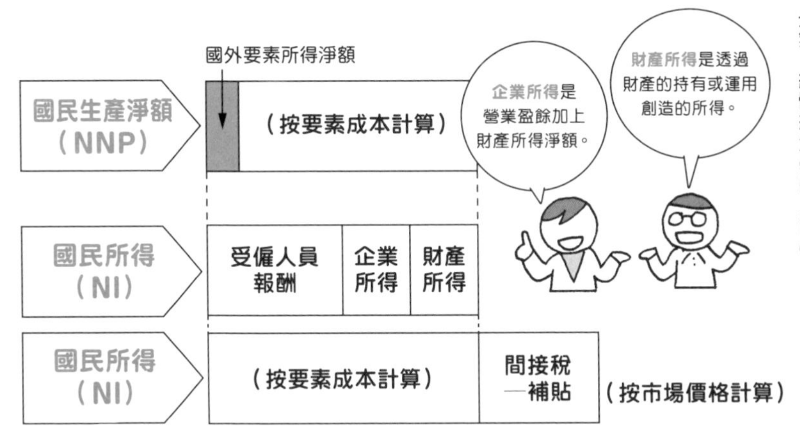

物價指數

就像從名目GDP去計算實質GDP一樣，**物價**（☞P.33）也會對經濟統計造成很大的影響。反映物價變動的指標就是「**物價指數**」，物價指數指的是假設某個時間點的物價為100，相較之下各期物價有多高或多低的指標。

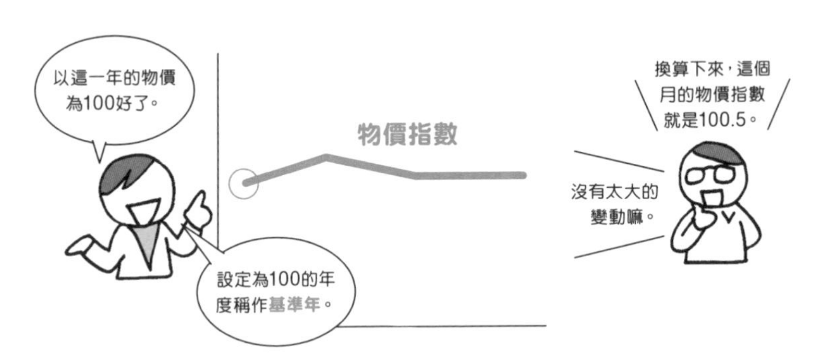

消費者物價指數　CPI、Consumer Price Index

物價指數之中，一般人最熟悉的就是「**消費者物價指數**」。這個物價指數是根據500種以上家計消費的財貨或勞務去計算，再由日本總務省每月對外公布。公布範圍分成全日本與東京都區部2類，基準年則每5年修正一次。到2019年為止，基準年都是2015年。

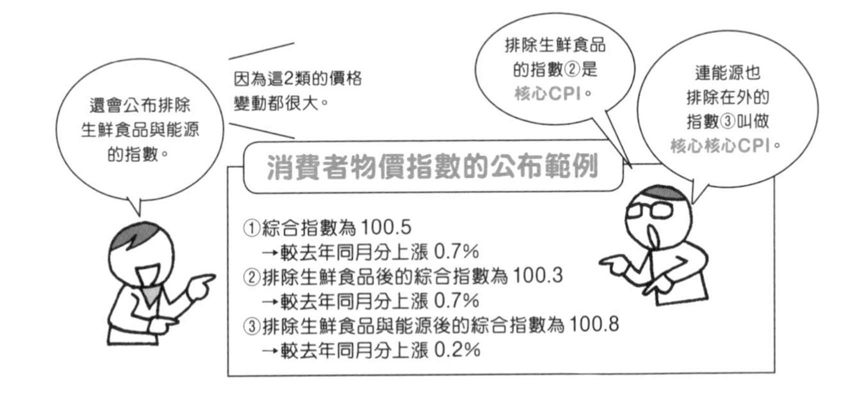

企業物價指數 CGPI、Corporate Goods Price Index

另一方面，企業間交易財貨或勞務的物價指數則是「**企業物價指數**」，以前在日本叫「**卸賣物價指數**」，2003年起才更改名稱，因為在生產者階段的價格重要性提高了。這個指數由日銀每月公布，有下圖這3種基本分類指數。

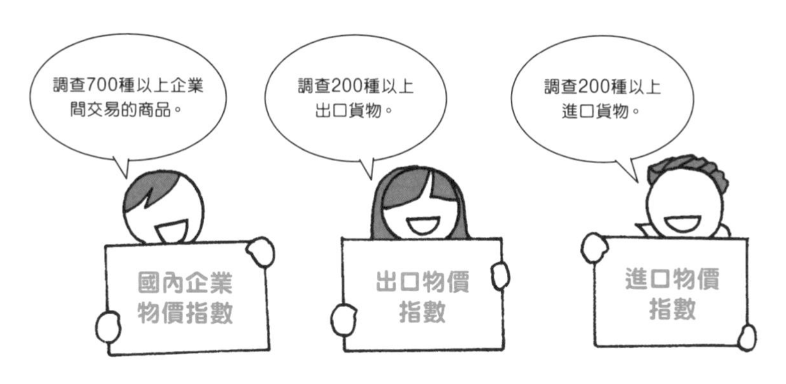

企業服務價格指數 CSPI

由於服務在經濟中所占比重增加，服務價格也隨著財貨價格變得更重要，因此日銀自1991年開始調查並公布「**企業服務價格指數**」，調查對象包括金融、保險、不動產租賃、運輸、資訊通信、廣告、長期租賃、短期租賃等服務。

GDP平減指數

「**GDP 平減指數**」通常用在從名目GDP計算**實質GDP**（☞P.180）時，但因為名目與實質GDP 的差來自物價變動的影響，所以GDP 平減指數本身也是一種物價指數。GDP 平減指數為正代表通膨，負代表通縮。

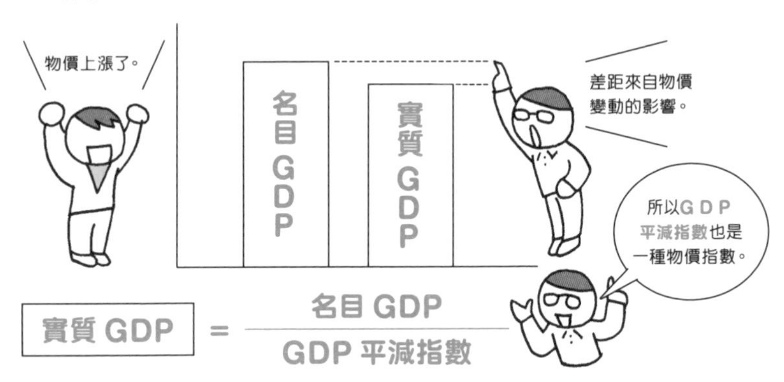

日銀公布的GDP 平減指數是根據名目GDP 與各項目的實質數值，以數學方法計算出來的，但其實只要知道名目GDP 與實質GDP，任何人都能夠計算GDP 平減指數，為什麼呢？把實質GDP的算式變換一下就知道了。

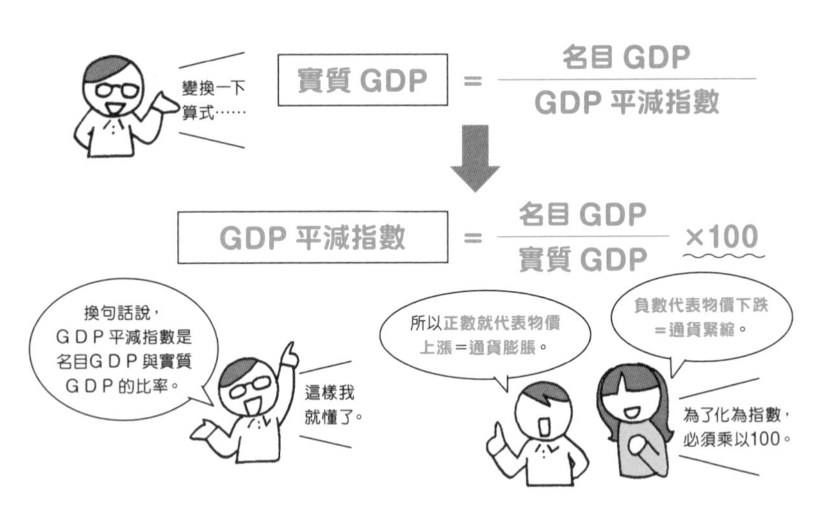

惡性通貨膨脹 超速通貨膨脹

GDP平減指數為正時，代表通貨膨脹（☞P.35），有時通貨膨脹會在短期間內急速進行，這種現象又稱「**惡性通貨膨脹**」。在惡性通貨膨脹的情況下，GDP平減指數會達到1千、1萬，甚至10萬的程度。

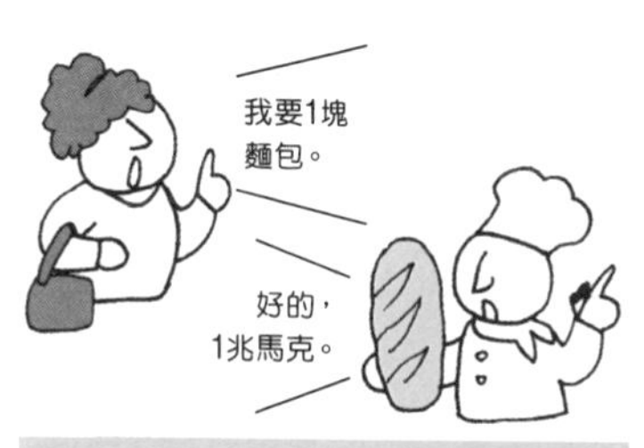

史上著名的**惡性通貨膨脹**發生在第1次世界大戰後的德國。戰敗後的各種混亂狀況導致物價翻漲1兆倍，據說買1塊麵包甚至要1兆馬克。

近年，辛巴威也曾在2000年代，因為獨立後的各種因素影響，導致**惡性通貨膨脹**發生。2008年時，辛巴威發行了100兆的辛巴威元紙幣。

通貨膨脹目標機制 通膨目標化

政府或中央銀行為了維持穩定經濟成長所需的溫和通貨膨脹，有時會設定**通膨率**（**物價上漲率**，☞P.34）的目標（**通貨膨脹目標機制**）。雖然目的大多是防止物價過度上漲，但日銀的「**物價穩定的目標**」（☞P.34）卻是以擺脫通縮為目的。

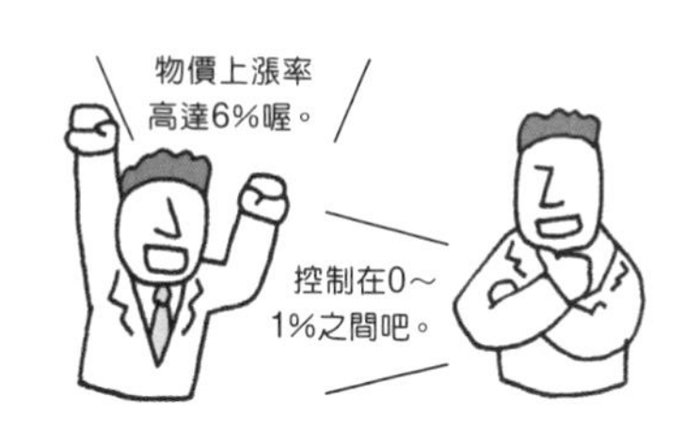

紐西蘭在1985年改採**浮動匯率制**（☞P.66），並於1988年導入通膨率的目標，是世界上最初的**通貨膨脹目標機制**。

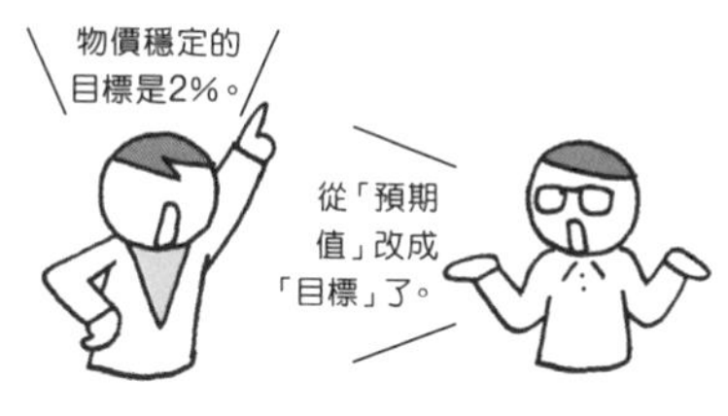

日銀在2012年宣告當前的「中長期物價穩定預期值」是1%，後來在2013年改成「物價穩定的目標」，將**通貨膨脹目標**設定為2%。

通貨緊縮螺旋

ＧＤＰ平減指數若為負，就代表**通貨緊縮**（☞P.35），有時通貨緊縮會導致企業的投資意願或消費冷卻，並進一步造成景氣衰退，加速通縮，最後陷入無止境的經濟惡化循環中，這種現象就稱為「**通貨緊縮螺旋**」。

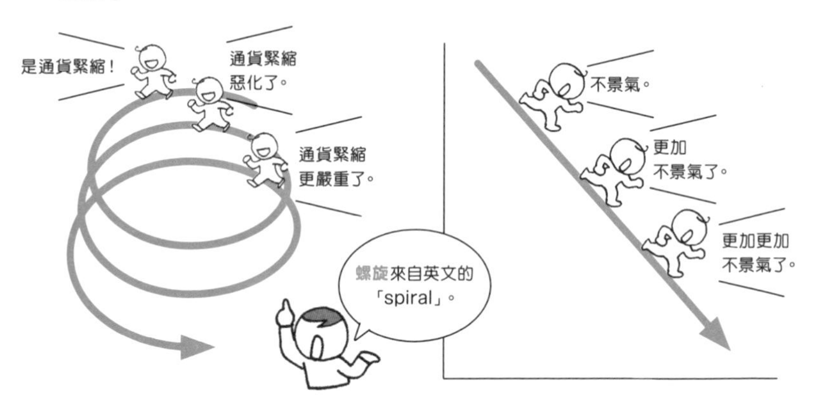

資產價格緊縮

通貨緊縮的原因之一，來自「**資產價格緊縮**」，當股價或地價等資產價格下跌，企業或家計會承擔未實現損失，進而減少投資意願或消費，像1990年代因為**泡沫崩壞**（☞P.44）而面臨股價與地價暴跌的日本即為一例。

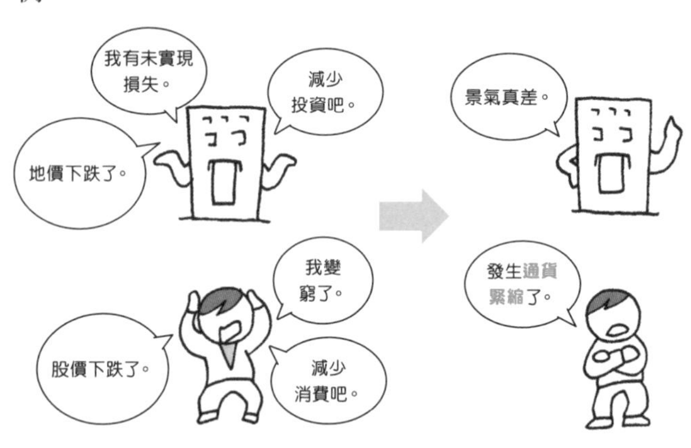

財富效應

庇古效應

有時**通貨緊縮**反而會帶來家計增加消費的效果，例如家計手邊有存款的時候，因為在通縮下，物品的價值下跌，金錢的價值上漲，所以存款的價值也上漲，等於家計的金錢實質上增加了（☞P.35），如此一來……

因為持有資產的價值上升，導致消費或投資增加，這種情形一律稱作「**財富效應**」。結果反而使股價或地價上漲，消費或投資增加，而非通貨緊縮，這也是一種財富效應。由於提出此理論的人是**庇古**（☞P.128），因此也稱作「**庇古效應**」。

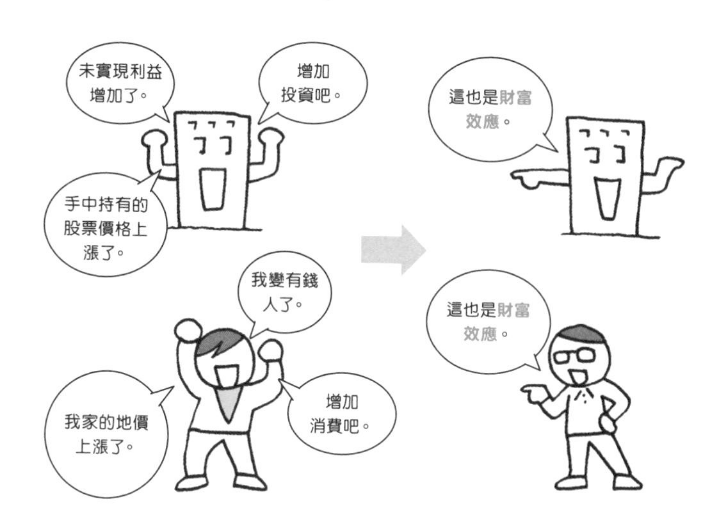

經濟成長

平時常在新聞上聽到的用語「**經濟成長**」，也可以用ＧＤＰ來說明。簡單來說，經濟隨時間經過而成長＝經濟擴大＝ＧＤＰ增加，就是經濟成長。總體經濟學中就有一門領域，叫「**經濟成長理論**」(☞P.192)。

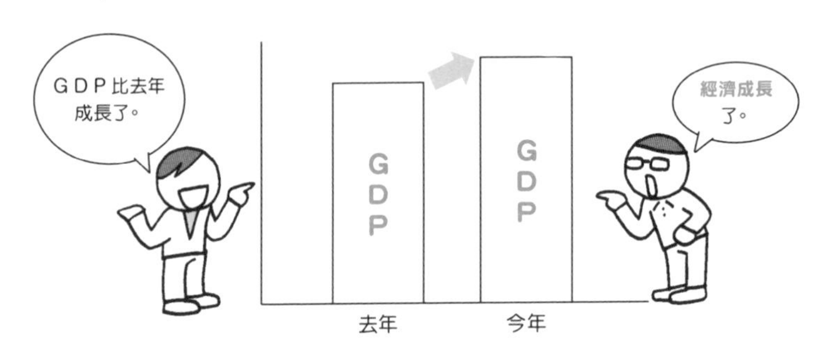

經濟成長率

經濟成長的程度反映在「**經濟成長率**」上，通常是用百分比來表示ＧＤＰ的年度成長率。另外，不一定要用ＧＤＰ，也可以用**ＮＩ**(**國民所得**，☞P.183）去計算，或是計算季度的成長率。

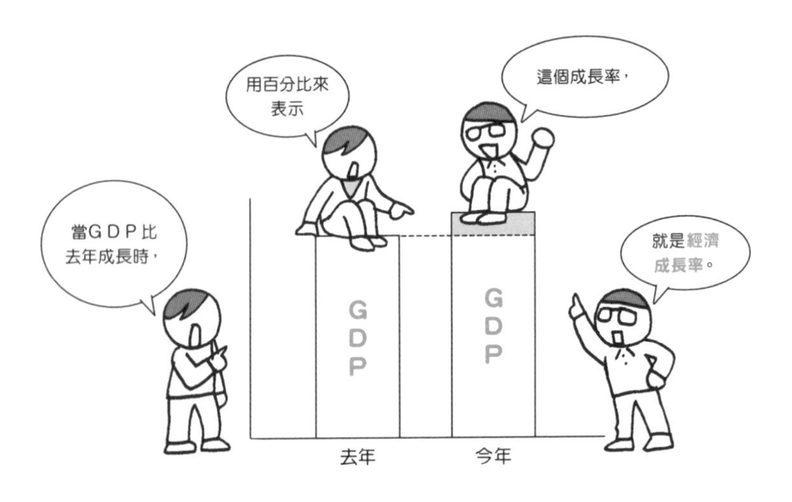

名目經濟成長率

在用GDP去計算經濟成長率時，由於GDP有**名目GDP**（☞P.179）與**實質GDP**（☞P.180），因此經濟成長率也有「**名目經濟成長率**」與「**實質經濟成長率**」，其中未排除物價變動影響的是名目經濟成長率，計算式如下圖所示。

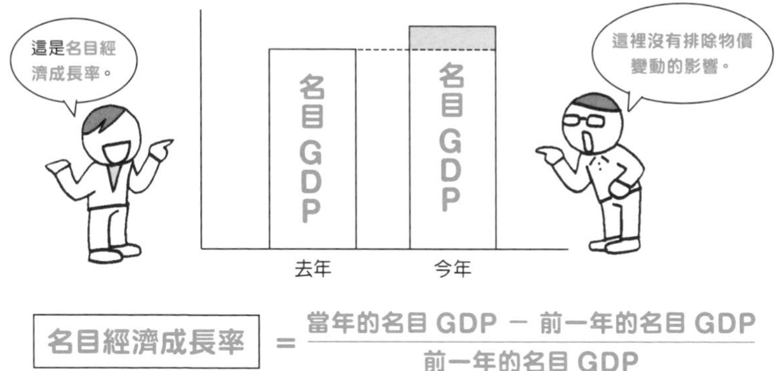

名目經濟成長率 ＝ (當年的名目 GDP － 前一年的名目 GDP) / 前一年的名目 GDP

實質經濟成長率

不過一般在談論經濟成長率時，都會使用排除物價變動影響的**實質經濟成長率**，所以如果只講「經濟成長率」的話，基本上可以理解為實質GDP的年增率百分比，計算式如下圖所示。

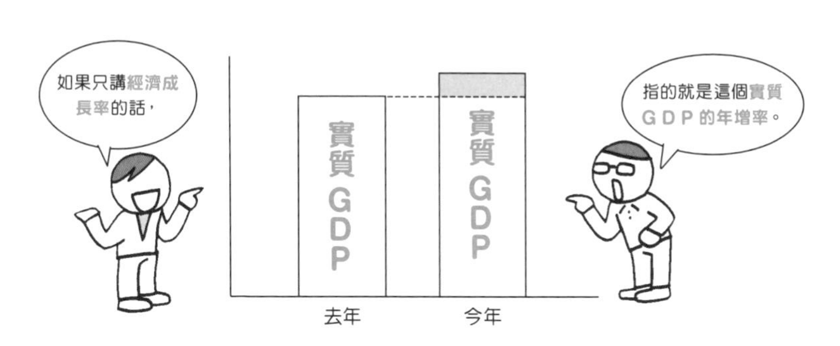

實質經濟成長率 ＝ (當年的實質 GDP －前一年的實質 GDP) / 前一年的實質 GDP

經濟成長理論

這種分析或解釋經濟成長機制與原因的總體經濟學領域，稱作「**經濟成長理論**」。在經濟成長理論中，一般都將下圖3項視為經濟成長的主因，而現代經濟成長理論的創始人則是**熊彼得**。

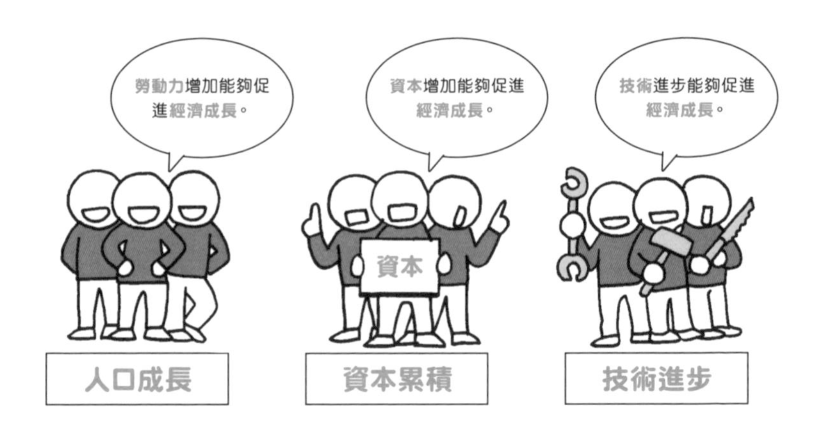

經濟發展理論

熊彼得的主要著作直譯其實是《**經濟發展理論**》，包括經濟結構的變化等面向在內，這都與重視量的變化的經濟成長稍有差異。在造成經濟變化的主因當中，熊彼得最重視的就是「**創新**」(☞P.267)。

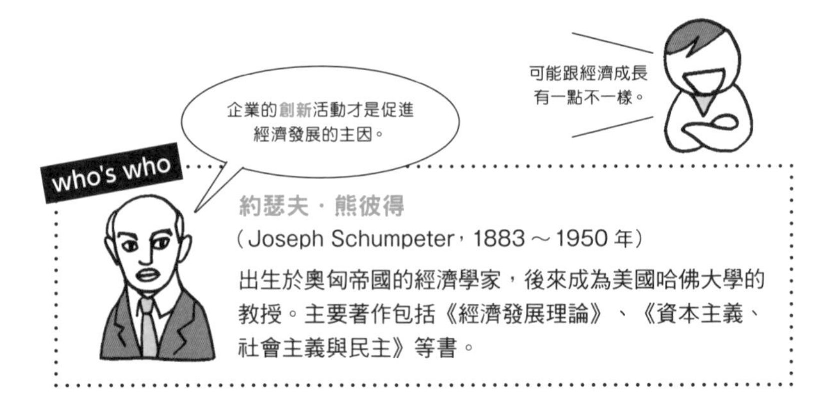

約瑟夫・熊彼得

(Joseph Schumpeter，1883～1950年)

出生於奧匈帝國的經濟學家，後來成為美國哈佛大學的教授。主要著作包括《經濟發展理論》、《資本主義、社會主義與民主》等書。

哈羅德－多馬模型　哈羅德－多馬理論

最早系統性地整理經濟成長理論的人，是**羅伊．哈羅德**（Roy Harrod）與**埃弗塞．多馬**（Evsey Domar）這2位經濟學家。其後由於大量使用到數學模型，因此開始被稱作「○○模型」，其他還有像是「梭羅－史旺模型」、「馮紐曼的多部門成長模型」等等。

內生成長模型　內生成長理論

近年來，在經濟成長理論的領域中，有很多人相繼投入研究的，就是「**內生成長模型**」。相對於以往的模型都將技術進步這項經濟成長主因視為「外生的」，而無法加以說明，這種模型的特色就是將技術進步也視為經濟活動的成果之一，並將所有主因都視為「內生的」。

有效需求

GDP除了是經濟成長的指標，也是景氣的指標（☞P.26）。在景氣堪稱史上最差的1930年代，也就是經濟大恐慌的時代，提出景氣波動原理、擴張景氣政策的人，就是**凱因斯**。凱因斯認為決定**國民所得**（☞P.183）等國民經濟水準的，就是「**有效需求**」。

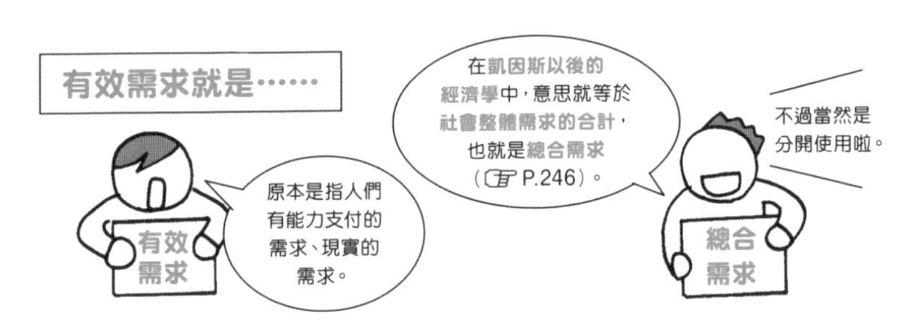

這套有效需求決定GDP等水準的理論前提是，讓需求與供給達成一致的並非價格，而是短期上的生產調整等**供給量的調整**，這個**凱因斯經濟學**（☞P.260）的概念。

who's who

凱因斯（John Maynard Keynes，1883～1946年）

英國經濟學家，藉由有效需求原理等理論，在經濟學界掀起日後所謂「凱因斯革命」的重大變革，主要著作有《就業、利息和貨幣通論》等書。

有效需求原理

有效需求理論

若供給會配合需求進行調整的話，社會整體的供給（＝總合供給）也會配合社會整體的需求（＝有效需求）進行調整，這就是「**有效需求原理**」。

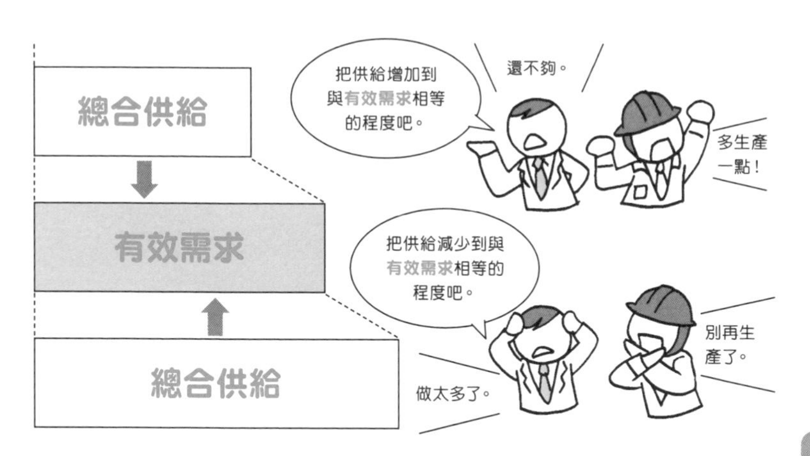

然後如同後文將說明的，因為總合供給會等於國民所得（☞P.197），所以最終有效需求將決定ＧＤＰ等水準。

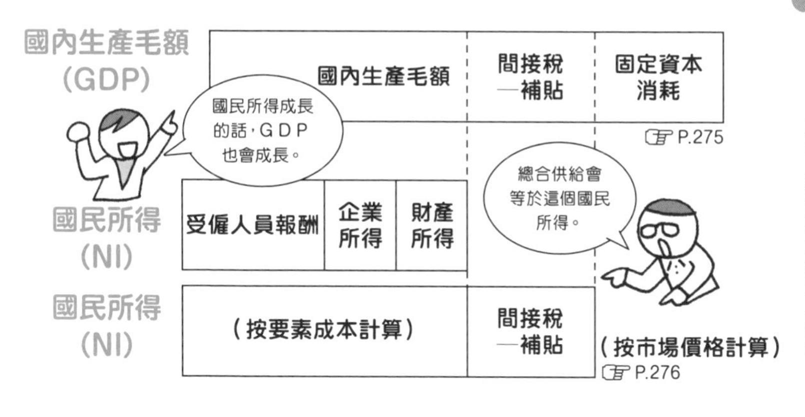

順帶一提，有效需求大小會決定ＧＤＰ等水準的這套邏輯，後來衍生出了**凱因斯政策**（☞P.226），也就是欲擴大景氣的首要之務就是增加需求，詳細內容請見後文。

IS-LM 模型

IS-LM分析

凱因斯經濟學探討的市場有3種，分別是「**產品市場**」、「**貨幣市場**」以及「**勞動市場**」(☞P.247)，不過這裡的市場並非具體的市場，而是分別從財貨與勞務面、貨幣面以及勞動面的市場檢視整體經濟。

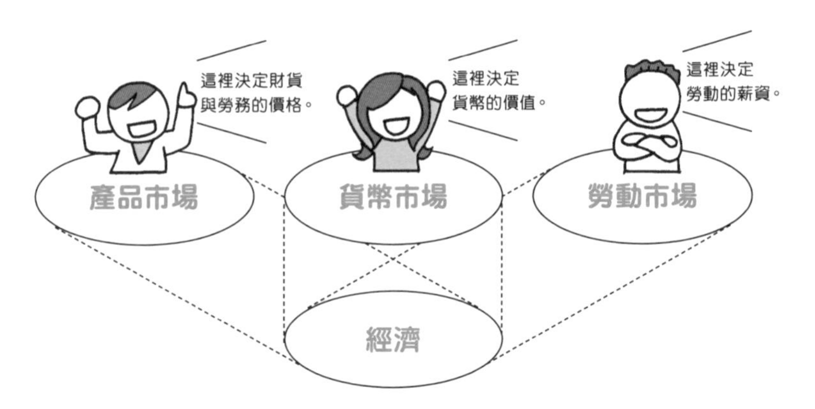

此處在產品市場與貨幣市場同時均衡的條件下，求**利率**與**國民所得**的分析工具，就是「**IS-LM 模型**」。由於產品市場與貨幣市場密切相關，彼此互相影響，因此找到雙方都均衡的利息與國民所得相當重要。

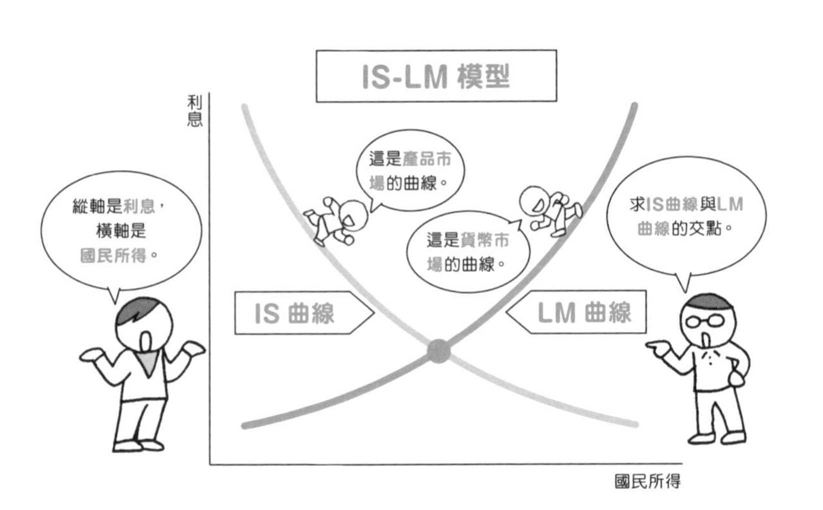

IS 曲線

接下來先從「**IS 曲線**」看起吧。IS曲線反映的是**產品市場**供需均衡下的利息與國民所得，I代表Investment（投資），S代表Savings（儲蓄），但為什麼是投資與儲蓄呢？這是因為**產品市場的需求是消費與投資，供給則是國民所得**。

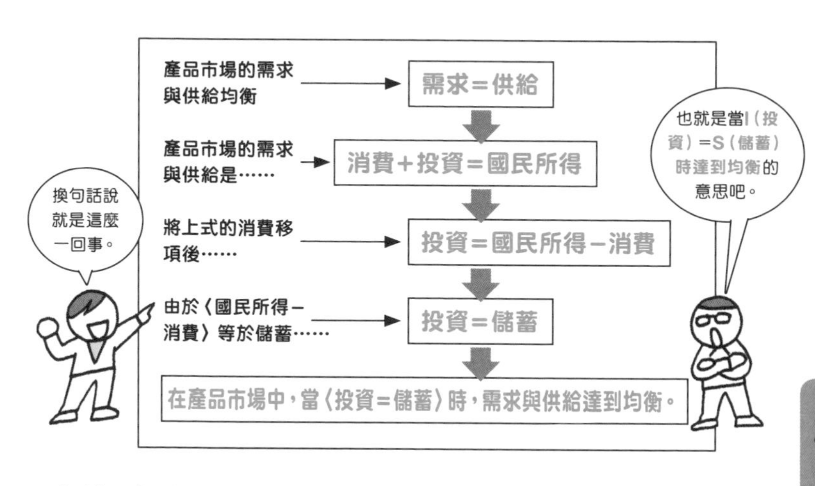

但另一方面，當利息太高時，投資會減少，所以當需求方的投資減少時，如果供給方的國民所得沒有減少，供需就不會達到均衡，因此IS曲線是向右下方傾斜的曲線。

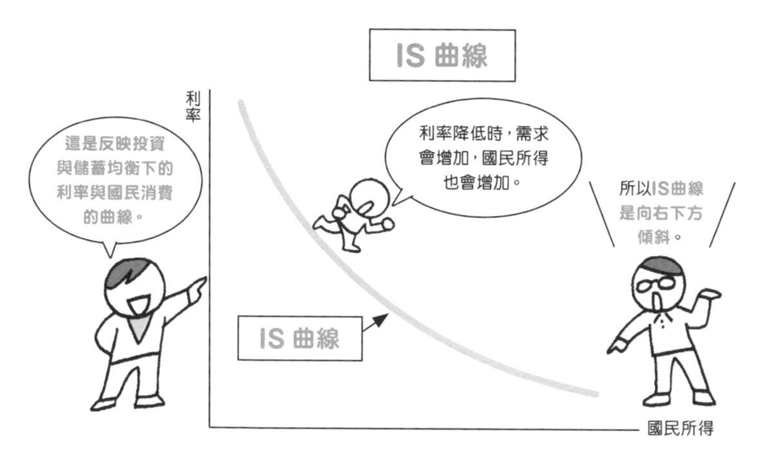

LM曲線

其次，「**LM曲線**」則是反映**貨幣市場**供需均衡下的利息與國民所得的曲線。L是Liquidity Preference（**流動性偏好**，☞P.262），M是Money Supply（**貨幣供給**，☞P.230），分別代表貨幣的需求與供給。

如上所述，在貨幣供給不變的情況下，所得一旦增加，貨幣的需求就會增加，因此利率也會上升；反之，當利率上升時，貨幣的需求會減少，但所得會增加，所以**LM曲線是向右上方傾斜的曲線**。

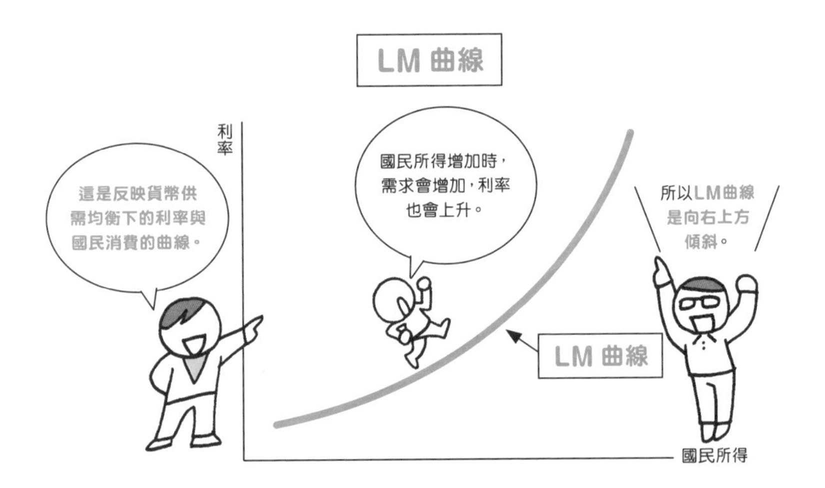

均衡國民所得

所以在IS曲線與LM曲線的交叉點上，可以決定產品市場與貨幣市場同時均衡的國民所得與利率，這個交點的國民所得就是「**均衡國民所得**」。均衡國民所得也會受到政府的**財政政策**（☞P.31）等影響而改變。

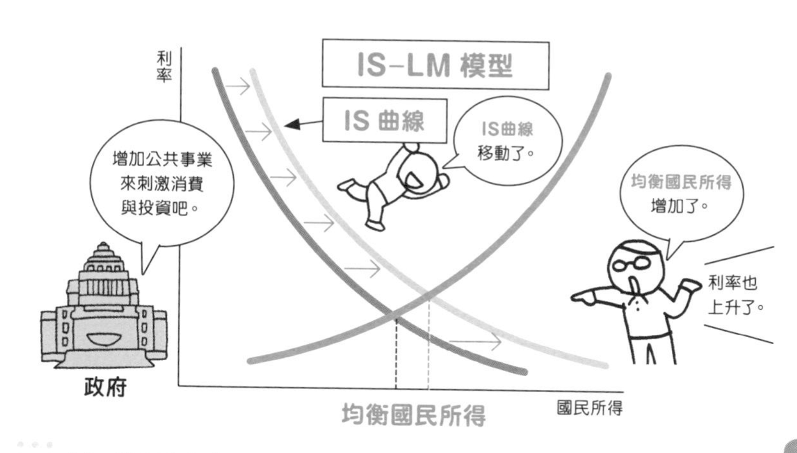

均衡利率

另一方面，IS曲線與LM曲線交點的利率則是「**均衡利率**」。均衡利率會隨著LM曲線的移動而變化，例如當中央銀行採取金融政策（☞P.32），調整貨幣的供給時。

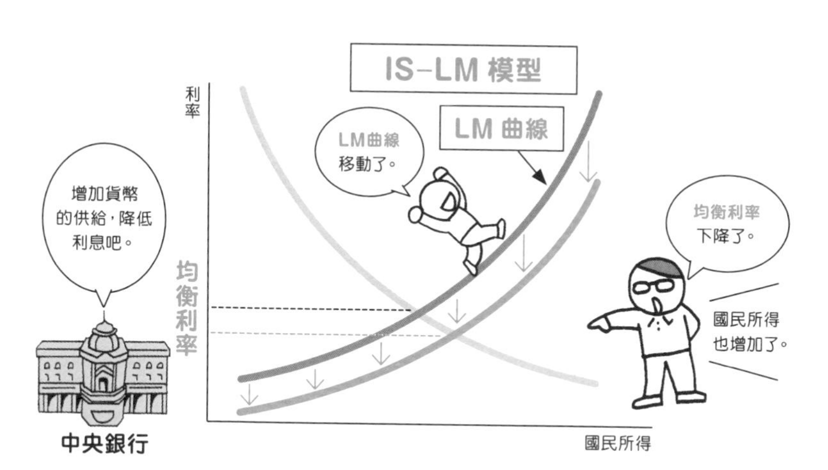

消費函數

當所得增加時，消費會成長多少呢？決定消費水準的因素所在多有，但凱因斯認為是所得的大小決定消費的多寡。反映所得與消費的關係式就稱作「**消費函數**」，凱因斯提出的函數式如下：

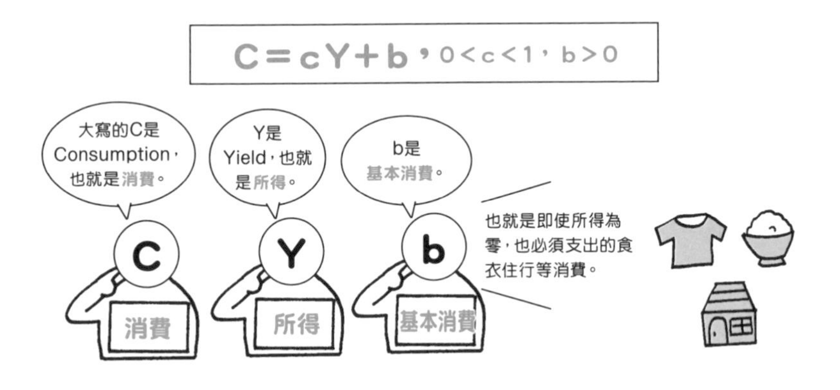

邊際消費傾向

上式中，小寫c代表的是所得增加時的消費增加量，稱作「**邊際消費傾向**」。在凱因斯的式子中，邊際消費傾向是0＜c＜1，也就是說所得一旦增加，消費一定也會增加，但不會超過所得增加的範圍。

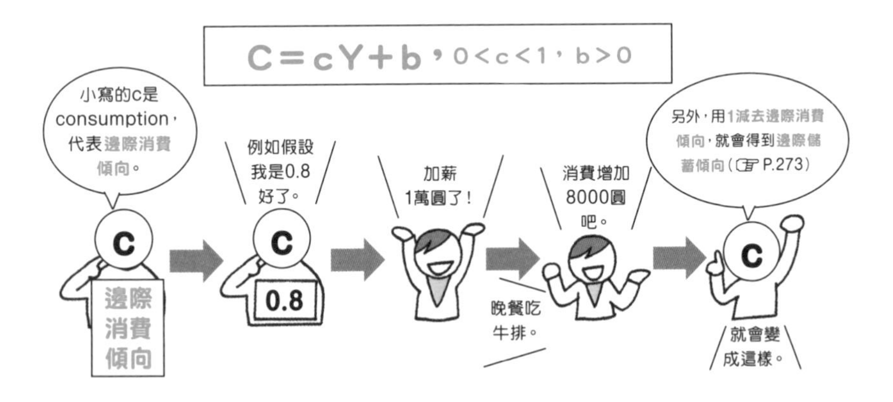

平均消費傾向

如果將凱因斯消費函數式的每一項都除以Y，可以變形成以下的式子，這裡得到的左邊的C／Y是消費／所得，意思就是所得中有多少比率拿去消費，又稱「**平均消費傾向**」。

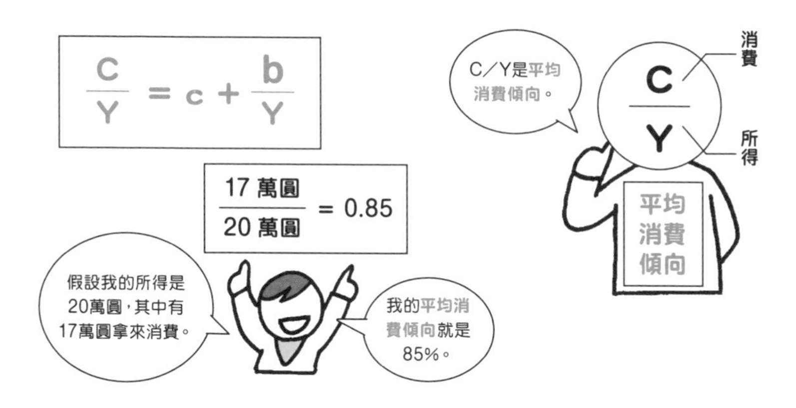

從上式的右邊可知，所得Y如果愈大，平均消費傾向就愈低，實際試算看看就知道了。

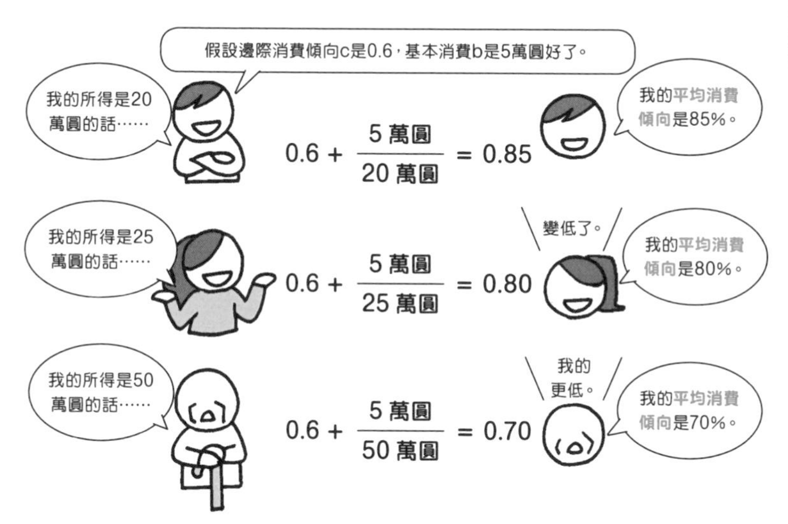

不過有別的研究發現平均消費傾向幾乎固定，甚至因此掀起**消費函數論戰**（☞P.278）。

景氣動向指數

消費函數的重要之處，在於消費的比重很大，比方說它幾乎占了**從支出面來看的GDP**（☞P.181）的6成，所以消費的動向會大幅影響**景氣**（☞P.20）。為了掌握景氣的現狀或預測未來的景氣，各國的政府機構都會針對「**景氣動向指數**」進行調查與分析。日本則是由內閣府每月公布數據，根據29種指標計算出3種指數，每種指數都有各自的功能，其中**領先指數**顯示的是未來的動向，**同時指數**反映的是現狀，**落後指數**則可用來確認對景氣的實際感受。

這些指數領先於景氣。

這些指數幾乎與景氣同步。

這些指數落後於景氣。

領先系列	同時系列	落後系列
①最終需求財存貨率指數（逆循環）	①生產指數（礦工業）	①第3產業活動指數（對企業服務業）
②礦工業用生產財存貨率指數（逆循環）	②礦工業用生產財出貨指數	②常用僱用指數（調查產業合計、去年同月比）
③新求才人數（扣除大學畢業生）	③耐久消費財出貨指數	③實質法人企業設備投資（全產業）
④實質新接機械訂單額（製造業）	④法定工時外勞動時間指數（調查產業統計）	④家計消費支出（勞動者家庭，名目，去年同月比）
⑤新建住宅開工面積	⑤投資財出貨指數（除運輸機械外）	⑤法人稅收入
⑥消費者信心指數	⑥商業銷售額（零售業，去年同月比）	⑥非自願性失業率（逆）
⑦日經商品指數（42種綜合）	⑦商業銷售額（批發業，去年同月比）	⑦法定支出薪資（製造業，名目）
⑧貨幣供給（M2，去年同月比）	⑧營業利益（全產業）	⑧消費者物價指數（排除生鮮食品的綜合指數，去年同月比）
⑨東證股價指數	⑨有效求人倍率（除應屆大學畢業生外）	⑨最終需求財存貨指數
⑩投資環境指數（製造業）		
⑪中小企業營收預估DI		

景氣動向指數有3種。

實際上公布的有6種喔。

☞P.204

景氣動向指數 領先指數	景氣動向指數 同時指數	景氣動向指數 落後指數

景氣動向指數是根據生產、僱用等各種經濟活動指標計算而得，指標大致上是**1個景氣循環**（☞P.206）修正1次。此外，指數雖然有分**綜合指數（CI）**與**擴散指數（DI）**，但指標是共通的。

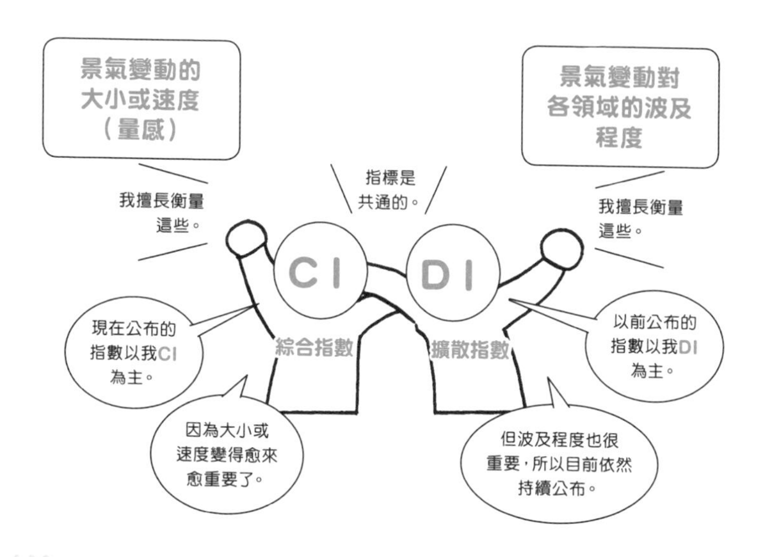

CI　Composite Index、綜合指數

「CI」的主要目的是藉由綜合多種指標的動向，來衡量景氣變動的大小或速度（量感）。舉例而言，當CI同時指數上升時，代表的是景氣擴大的局面，下降則代表景氣衰退的局面。

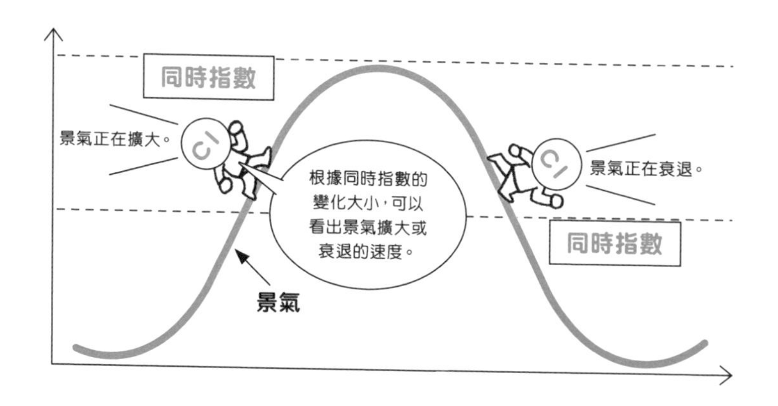

DI Diffusion Index、擴散指數

「DI」的目的是藉由計算改善中指標的比例，來衡量景氣擴大動向對各領域的波及程度，可作為判斷景氣的依據，例如連續超過50%時，代表景氣正在擴大，低於50%時，代表景氣正在衰退。

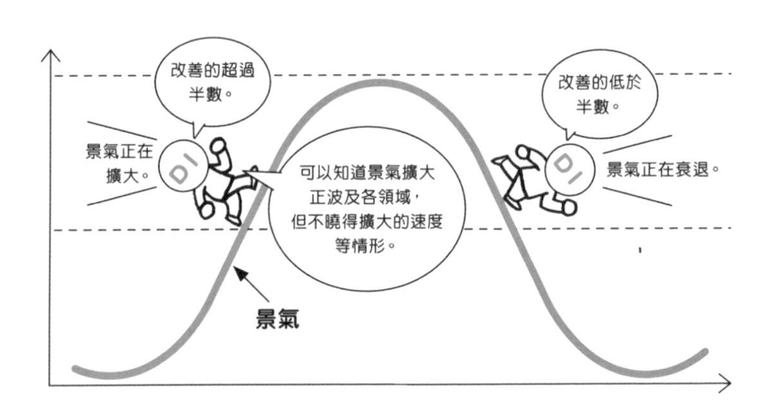

同時指數

在景氣動向指數中，「**同時指數**」幾乎與景氣的動向同步，可用來掌握景氣的現狀。同時指數與領先指數或落後指數一樣，都會公布CI與DI，也就是說加上領先與落後的話，總共會公布**6個景氣動向指數**。

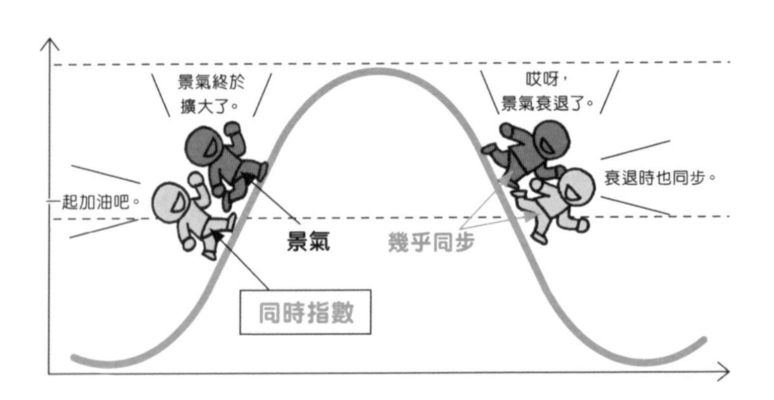

領先指數

另一方面，「**領先指數**」的變動則會領先於景氣。一般來說會比同時指數領先數月，因此可以用來預測景氣的動向。在日本，領先指數會與其他指數一起公布，速報值公布於次次月的上旬前後，修正值公布於次次月的中下旬。

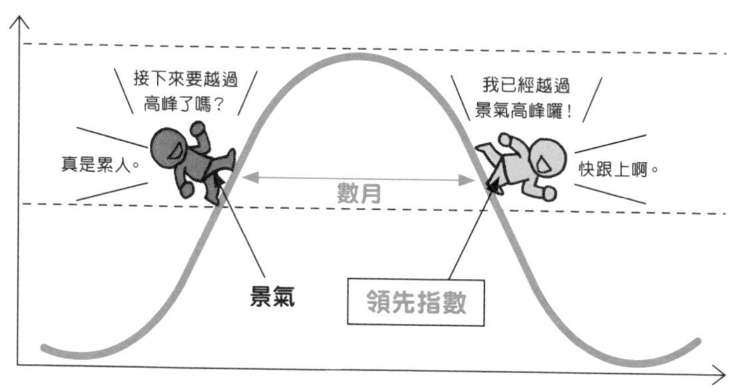

落後指數

「**落後指數**」是落後於景氣動向的指數。一般來說，落後指數會比同時指數落後數個月至半年左右，因此主要用於事後確認。但從另一方面來說，也比領先指數或同時指數更能讓人實際感受到景氣的復甦或衰退。

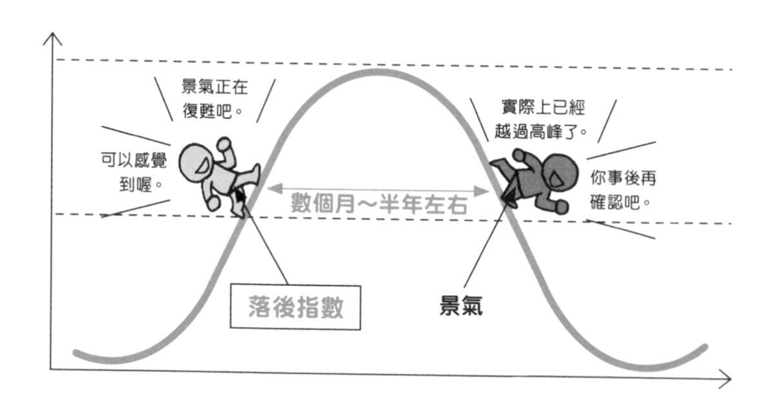

景氣循環

景氣變動、景氣波動

在資本主義的市場經濟中，景氣會反覆擴大與衰退，這種週期性的景氣波動稱為「**景氣循環**」或「**景氣變動**」。按照景氣分成**繁榮**（☞P.22）與**蕭條**（☞P.23）的概念來說，從景氣谷底到下一個景氣谷底是1個循環。

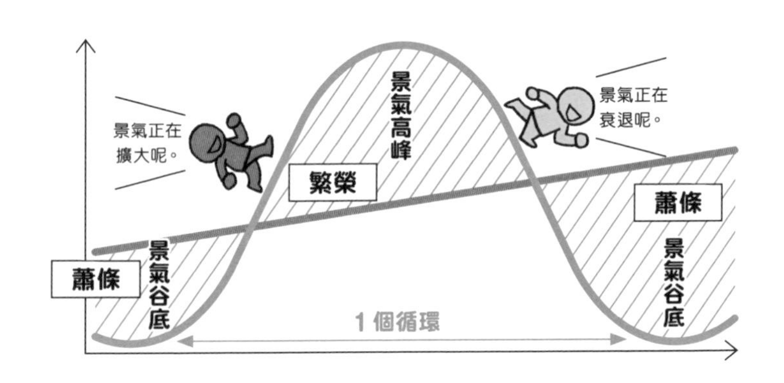

景氣會規律性地按照特定週期循環，這種概念就稱「**景氣循環理論**」。在古典的景氣循環理論中，較著名的就是以下介紹的4種週期，這些週期有長有短，一般認為現實的景氣循環，就是由這些週期共同組合而成的。

景氣高峰

當景氣從擴大局面轉向衰退局面時，是「**景氣高峰**」。以日本來說，景氣的高峰（谷底）可以透過內閣府公布的「**景氣基準日期**」得知，這是從景氣動向指數的同時系列（DI）去編製**歷史擴散指數**（☞P.283），再以此為基礎所設定的月分。

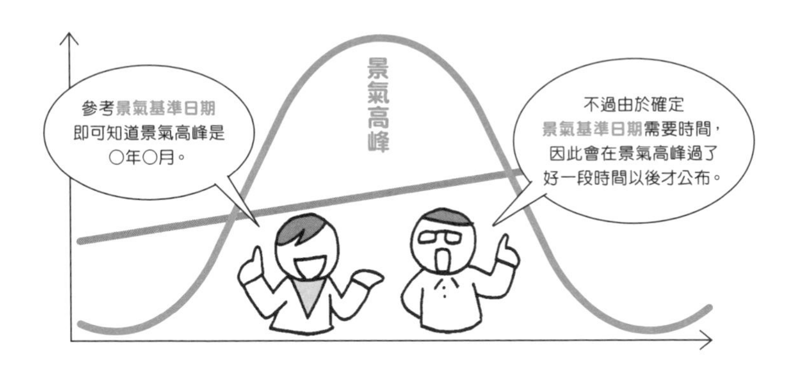

景氣谷底

反之，從衰退局面轉向擴大局面時，就是「**景氣谷底**」。按照日本的慣例，從景氣谷底到下個谷底是1個循環，自從於1951年10月迎來結束谷底的「第1循環」起，2018年的現在正處於「第16循環」的擴大局面（內閣府資料）。

基欽週期

基欽循環、短期波動、小循環、存貨循環

景氣循環理論會以發現者的名字來命名，而美國經濟學家**約瑟夫．基欽**（Joseph A. Kitchin）發現的就是「**基欽週期**」。景氣循環理論說明的是週期與循環的原因，而基欽週期是在**40個月左右的短週期**中，**由企業存貨變動所形成的波動**。

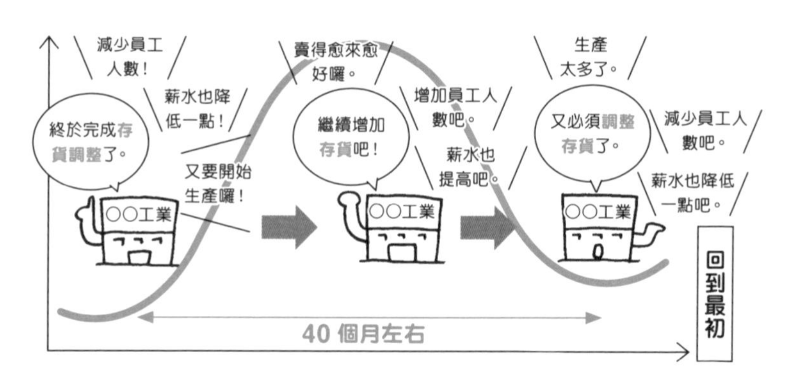

朱格拉週期

朱格拉循環、中期波動、主循環、設備投資循環

其次，是法國經濟學家**克萊門特．朱格拉**（Clément Juglar）發現的「**朱格拉週期**」。**循環週期大約是10年**，比基欽週期稍微長一些。由於這個週期與企業的設備耐用年數相近，因此一般通說認為，這是**設備投資變動所引起的景氣循環**。

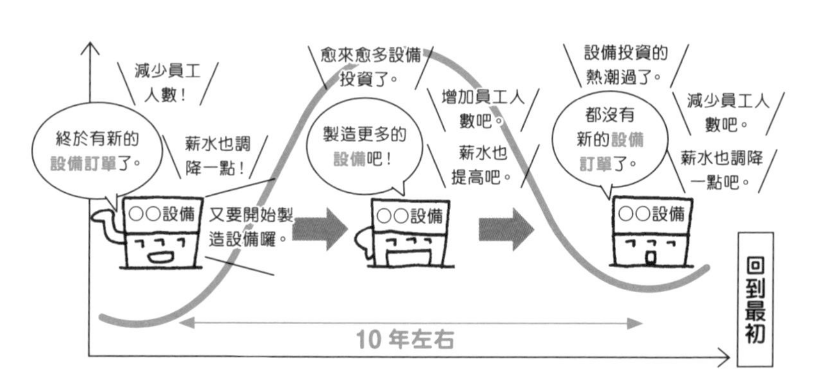

庫茲涅茨週期 庫茲涅茨循環、建築業週期

比朱格拉週期長、循環**週期約為20年左右**的，就是「**庫茲涅茨週期**」。發現者是美國的經濟學家**西蒙．庫茲涅茨**（Simon Kuznets）。據信這個景氣循環的平均週期為20年，起因於住宅、商業大樓或租賃大樓等**建築物的重建或整修**。

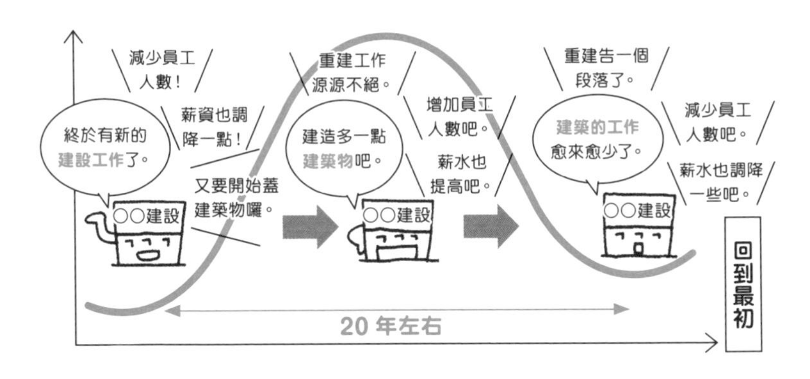

康德拉季耶夫週期 康德拉季耶夫長波、長期波動

由前蘇聯經濟學家**尼古拉．康德拉季耶夫**（Nikolai Kondratiev）所發現、**週期約50年左右的波動**，就是「**康德拉季耶夫週期**」。後來**熊彼得**（☞P.192）提出解釋，說這是**起因於技術革新的景氣循環**。的確，從工業革命期間的第1波循環開始，每次波動都是有重大技術革新的時期。

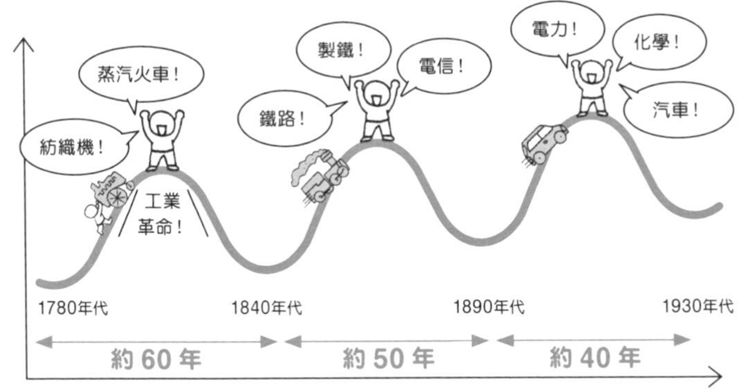

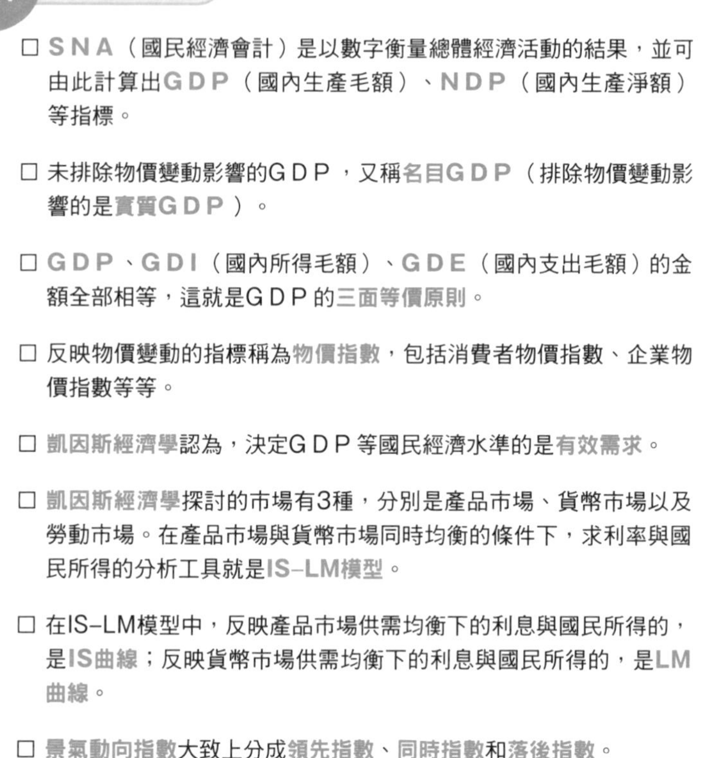

1分鐘確認！

本章重點

- □ **SNA**（國民經濟會計）是以數字衡量總體經濟活動的結果，並可由此計算出**GDP**（國內生產毛額）、**NDP**（國內生產淨額）等指標。
- □ 未排除物價變動影響的GDP，又稱**名目GDP**（排除物價變動影響的是**實質GDP**）。
- □ **GDP**、**GDI**（國內所得毛額）、**GDE**（國內支出毛額）的金額全部相等，這就是GDP的**三面等價原則**。
- □ 反映物價變動的指標稱為**物價指數**，包括消費者物價指數、企業物價指數等等。
- □ **凱因斯經濟學**認為，決定GDP等國民經濟水準的是**有效需求**。
- □ **凱因斯經濟學**探討的市場有3種，分別是產品市場、貨幣市場以及勞動市場。在產品市場與貨幣市場同時均衡的條件下，求利率與國民所得的分析工具就是**IS–LM模型**。
- □ 在IS–LM模型中，反映產品市場供需均衡下的利息與國民所得的，是**IS曲線**；反映貨幣市場供需均衡下的利息與國民所得的，是**LM曲線**。
- □ **景氣動向指數**大致上分成**領先指數**、**同時指數**和**落後指數**。
- □ 週期性的景氣波動稱為**景氣循環**，較著名的有**基欽週期**、**朱格拉週期**等理論。

埃弗塞・多馬（Evsey Domar，1914～1997年）

俄裔美國經濟學家，以「哈羅德—多馬模型」的經濟成長理論著稱。

Chapter 7

政府、日銀

總體經濟學的用語②

公部門

以國家為單位，遵循單一制度或政策運行的經濟，稱為「國民經濟」，而國民經濟主要可分為「公部門」與「私部門」。所謂的公部門，指的就是「一般政府」與「公營企業」，其中的一般政府，狹義上稱「政府部門」(☞P.28)。

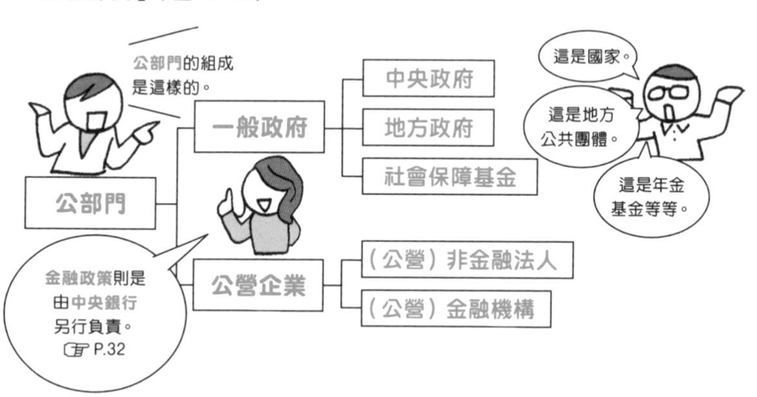

私部門

相對於公部門，「私部門」則是指民間的企業或家計。在SNA的制度部門(☞P.177)中，一般政府以外的民間企業、機構、團體，以及家計都屬於私部門。金融機構以外的公營企業、公營金融機構則如上圖所示，實際上屬於公部門。

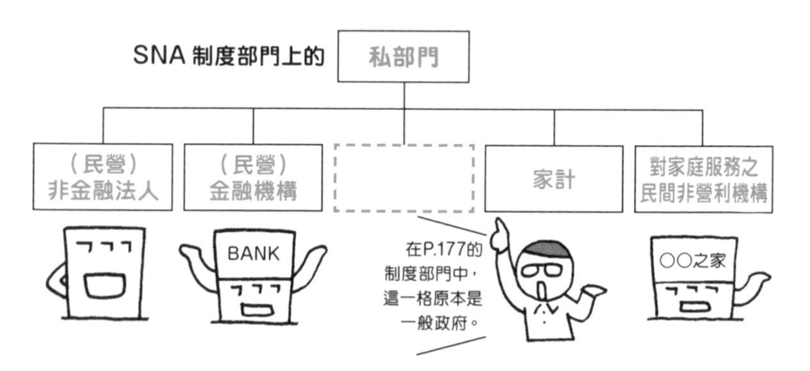

政府

中央政府

公部門的中心是「**中央政府**」、「**政府**」。以稅金為收入，從事提供公共服務等各種經濟活動。

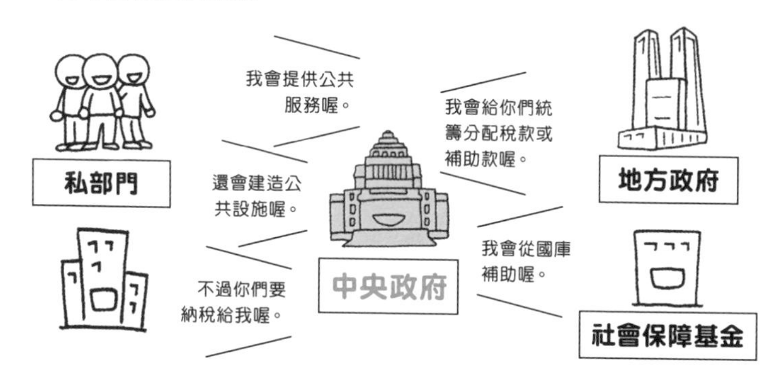

正如前文所述，政府會透過**財政政策**完成3大功能（☞P.31），以下就來逐一檢視吧。

資源配置功能

在市場經濟下，一定會有資源無法有效分配的時候，而矯正這種狀況的，就是政府的「**資源配置功能**」。

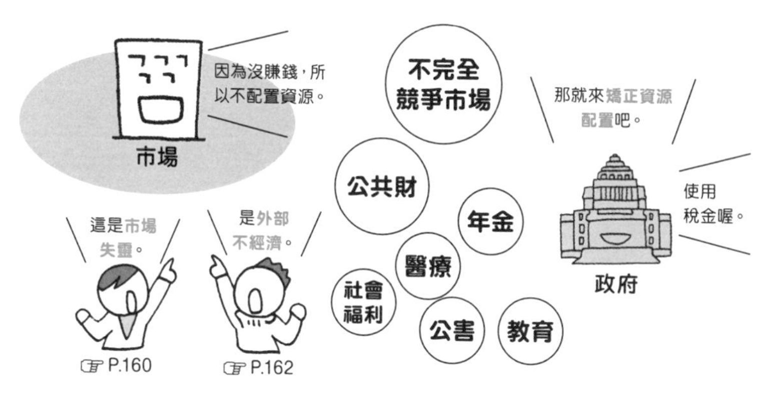

另一方面，也有一種主張叫「**小政府**」（☞P.225），認為資源配置應該盡量交給市場，政府必須盡可能地減少干預。

所得重分配功能

在市場經濟下，雙親是否留下遺產或個人所得的多寡，都有可能擴大貧富差距，而減緩這種狀況的，就是政府的「**所得重分配功能**」。

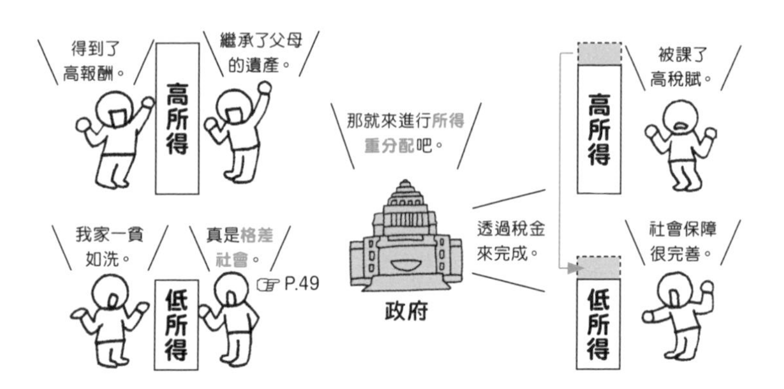

日本的所得稅等制度已預先建立了這樣的機制，也就是所謂的**內在穩定因子**（☞P.216）。

穩定經濟功能

抑制景氣循環所造成的劇烈變動，減緩經濟所受到的負面影響，就是政府的「**穩定經濟功能**」。

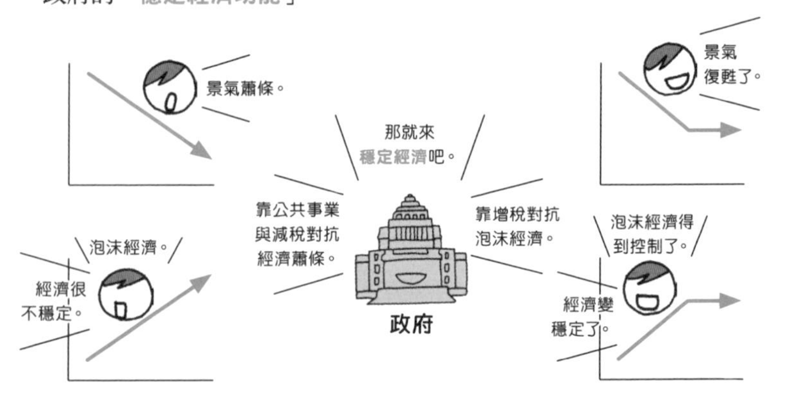

尤其凱因斯經濟學認為，在需要擴大景氣時，最重要的是**政府必須採取增加有效需求的政策**（☞P.226）。

乘數效應

乘數過程

當政府在景氣蕭條等情況下進行公共投資或減稅時，效果並不會只限於支出或減稅的金額，而會成長數倍，這就叫做「**乘數效應**」，其基礎「**乘數理論**」是凱因斯經濟學的基本理論之一，以下就來看看乘數效應的原理吧。

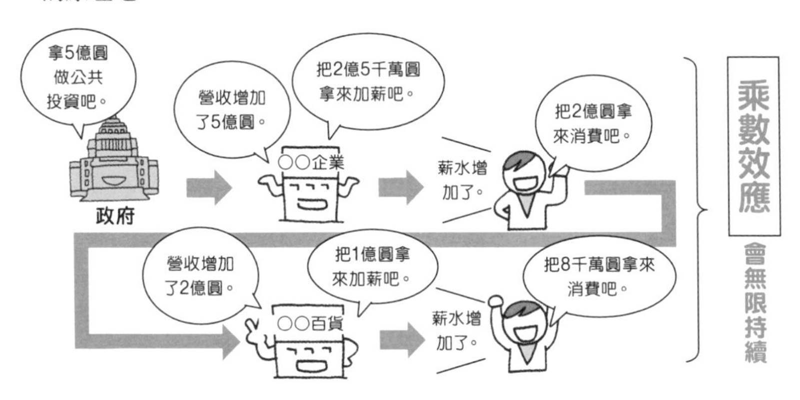

此例考量的只有接受公共投資的企業而已，但效果卻遍及整個社會。最後的結果，就是國民所得增加至公共投資金額的數倍之多，其中的倍率即為「**乘數**」，此處省略詳細的說明，但乘數可由以下公式求得。

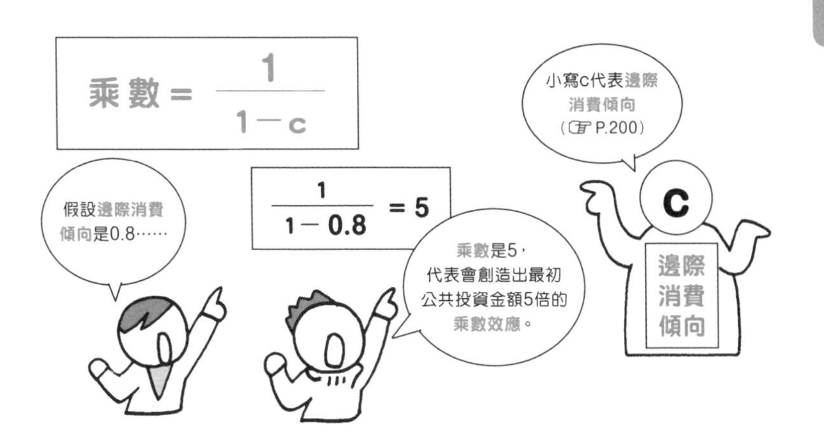

內在穩定因子

built-in stabilizer、自動穩定機制

另一方面，政府的財政也具有自動調節景氣變動的「**內在穩定因子**」功能。換句話說，就是內建式（built-in）的景氣穩定機制（stabilizer），例如個人繳納的所得稅，個人所得愈多，則納稅額愈多（**累進稅制**，☞P.288）；企業所繳納的營利事業所得稅，則會按企業的所得等比例增加，如此一來……

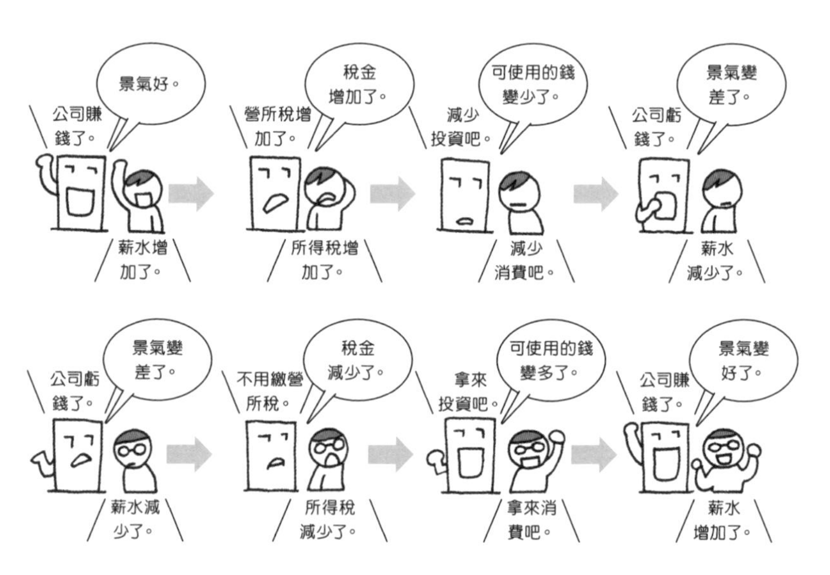

如圖所示，即使政府不實施特殊政策，財政也會自動發揮抑制變動的作用，所以才叫做自動穩定機制。除了稅制，勞工保險等社會保障也是內在穩定因子之一。

排擠

crowding out、排擠效果

在**乘數效應**（☞P.215）作用下，政府增加財政支出會創造出數倍的經濟效果，但另一方面也會導致利率上升，並因此創造出抑制民間投資等負面效果，也就是政府支出把民間投資推出去（**排擠**）的意思。

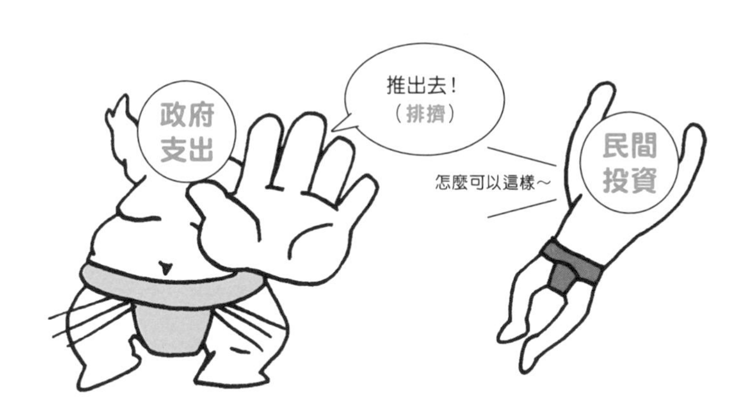

以下來檢視排擠效果的成因吧。當政府為了增加政府支出而發行國債，市場的利率就會上升，利率的上升會使民間的投資或消費減少，抵銷部分的乘數效應。

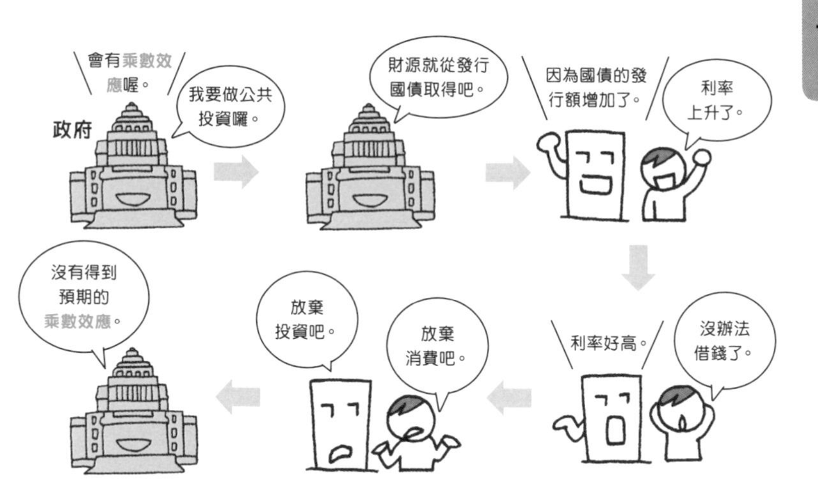

流動性陷阱

也有一種情況是不會發生排擠效果的，那就是凱因斯所提出的「**流動性陷阱**」，在這種情況下，由於利率低到停滯不動，因此即使發行國債也不會上升，如此一來……

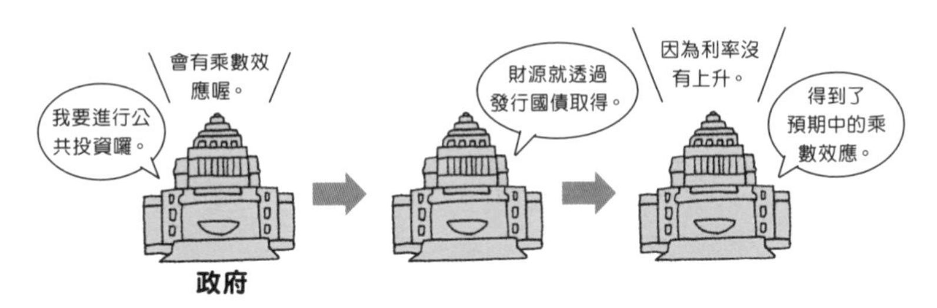

另一方面，在流動性陷阱的情況下，政府**無法採取再進一步降低利率的金融政策**（☞P.32）。此外，由於從事債券等投資幾乎無法獲得利息，因此人們會傾向於持有**貨幣**（☞P.228）更勝於債券。在這種情況下，即使採取**調整資金量的金融政策**（☞P.32），金錢也不會流動，無法獲得一般金融政策的效果。

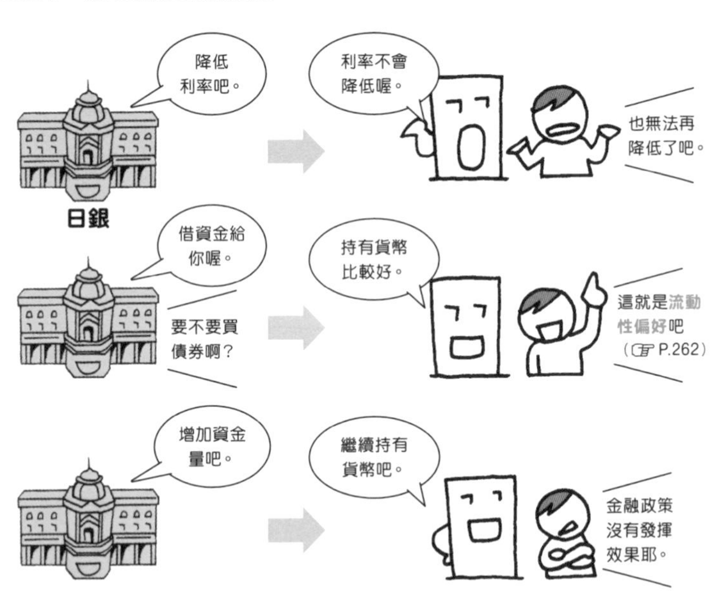

財政赤字

在景氣蕭條時，由於稅收也會減少，因此公共投資的財源大多會仰賴國債。國債即國家的借款，所以仰賴借款，就代表「**財政赤字**」。

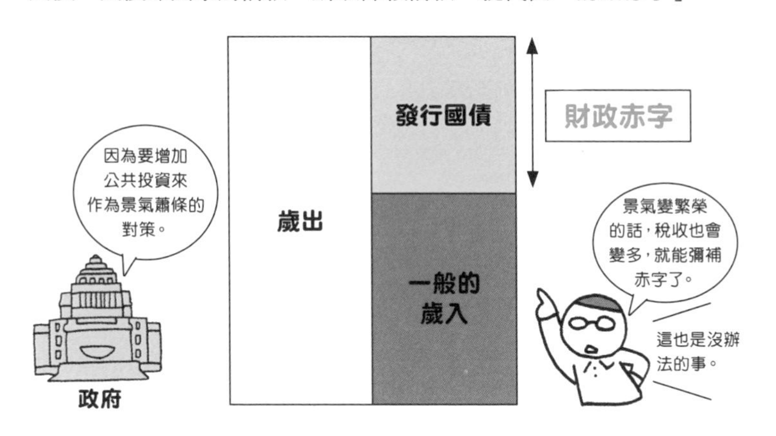

在凱因斯經濟學中，若單一年度因為公共投資等支出而呈現赤字，並不是什麼大問題，但**基本財政收支**（☞P.30）的赤字，也就是「**基礎財政赤字**」卻是個問題。基本財政收支的計算如下圖所示，其中必須排除國債相關的歲出與歲入，因為如果這是赤字的話，就代表為了借款而借款，還有為了一般的歲出而借款。

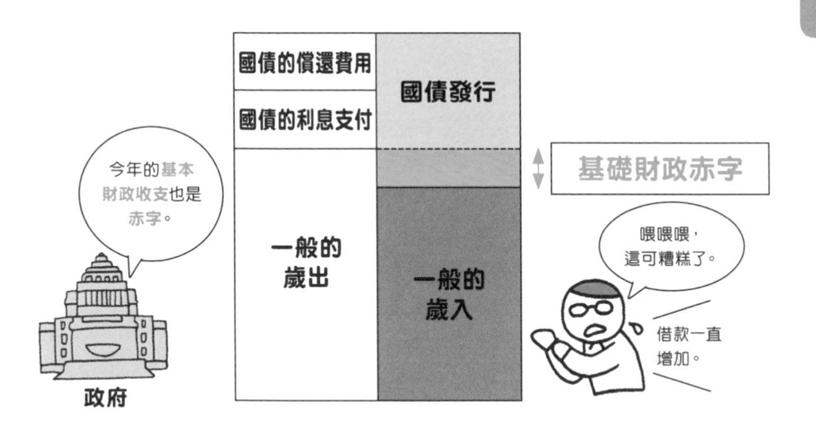

充分就業財政赤字

凱因斯經濟學也會探討在實現**充分就業**（☞P.226）情況下的財政收支。在這種情況下的赤字，亦即「**充分就業財政赤字**」也是個問題，因為當充分就業實現，照理來說國民所得會增加，稅收也會增加才對，但如果依然面臨財政赤字，代表有可能是結構性的問題。

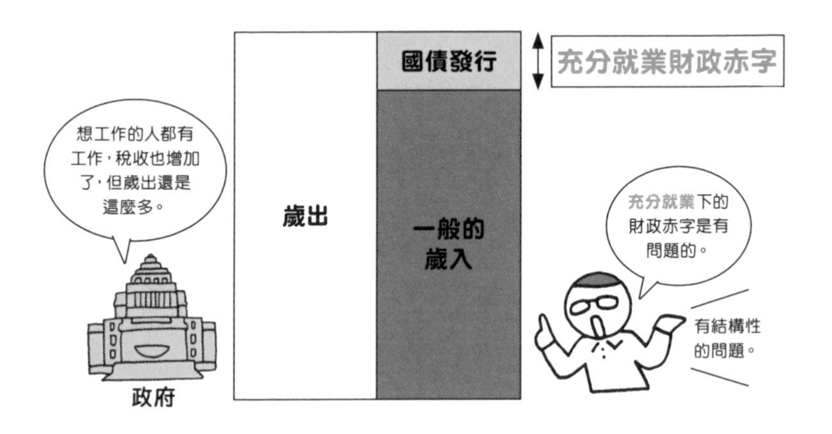

公債

無論如何，財政赤字的部分都必須靠舉債來彌補，為了舉債而發行的國債和地方公共團體發行的地方債，統稱為「**公債**」。一般而言，公債若不減少的話，總有一天會面臨財政破產，或成為未來子孫的負擔……

多馬的條件

多馬條件、多馬定理

即使持續發行公債也不會瀕臨財政破產，也就是關於財政赤字的可持續性，有一套著名理論叫「**多馬的條件**」。簡而言之，只要**名目GDP的成長率**（☞P.191）維持在公債的名目利率之上，即使長期財政赤字也不會面臨財政破產。

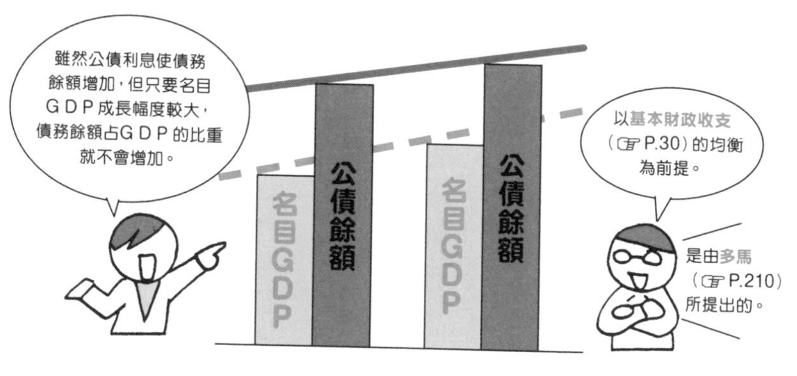

鮑恩的條件　鮑恩條件

財政不會破產的另一個條件，就是美國經濟學家**亨寧．鮑恩**（Henning Bohn）所提出的「**鮑恩條件**」。所謂的鮑恩條件，就是當前期債務餘額占GDP比重惡化時，只要讓今後**基本財政收支**（☞P.30）的GDP比重持續改善即可。

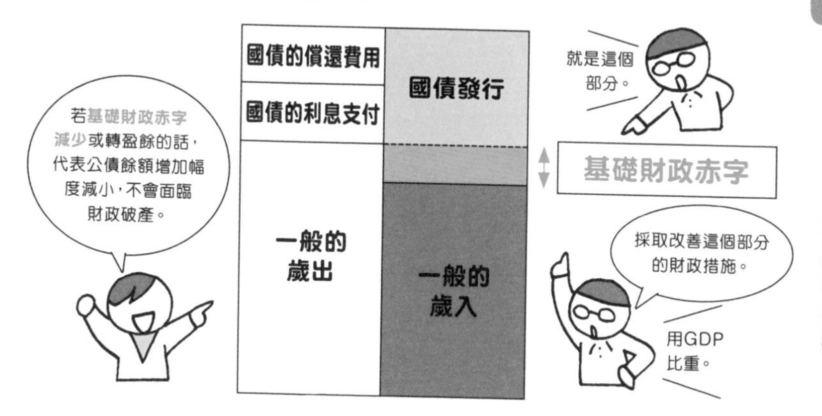

李嘉圖的等價命題

李嘉圖的等價定理

另一方面，認為公債不會成為未來子孫的負擔，這種想法就叫做「**公債的等價命題**」，意思是公債的發行在經濟上是中立的，並不會影響消費等行為，其中**李嘉圖**所提出的「**李嘉圖等價命題**」，主張公債的發行等同於增稅，而且並不會造成跨世代的影響。

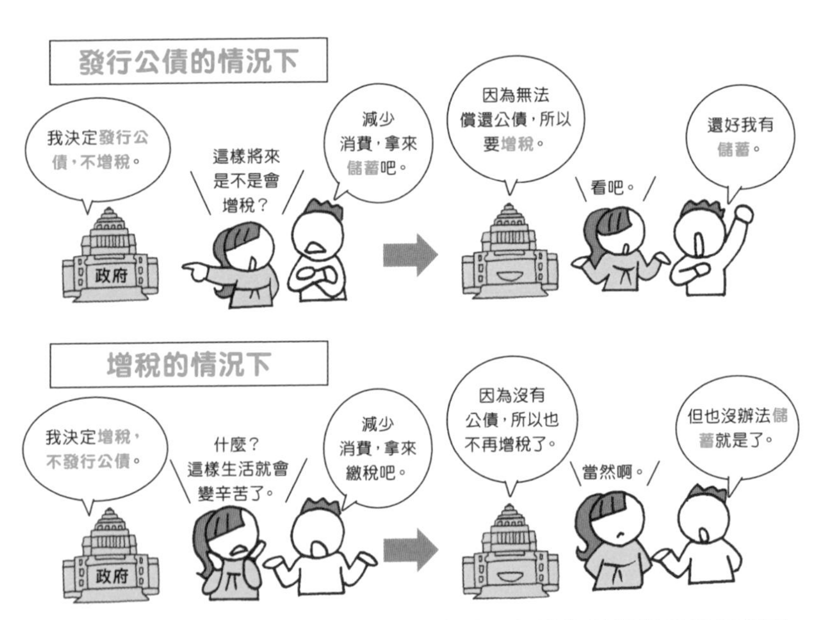

換言之，要發行公債還是增稅，差別只在於先增稅還是後增稅而已，如果從某個世代的生涯來看，無論消費行為或稅金的負擔額都是一樣的。

who's who

大衛・李嘉圖（David Ricardo，1772～1823 年）

英國經濟學家，與**亞當・史密斯**（☞ P.88）並列為「現代經濟學的創始者」，著有《政治經濟學及賦稅原理》等書。

巴羅的等價命題

那假如在1個世代的期間內都沒增稅，公債的償還也被延後，變成跨世代的情況時，又會如何呢？到了1970年代，有位美國經濟學家提出答案，那個人就是**羅伯特．巴羅**（Robert Barro）。巴羅指出因為有「遺產」這種東西的存在，所以即使在跨世代的情況下，等價命題依然成立（**巴羅的等價命題**）。

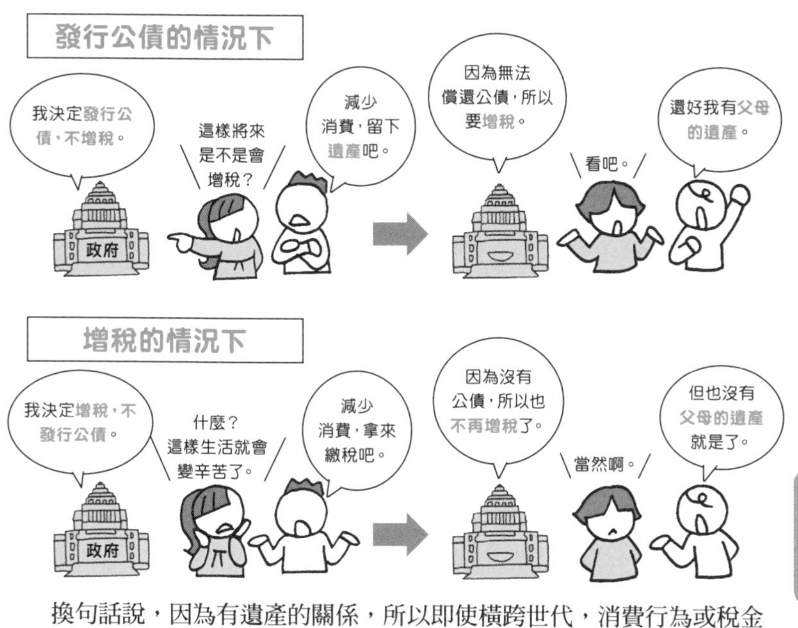

換句話說，因為有遺產的關係，所以即使橫跨世代，消費行為或稅金的負擔額還是一樣，也有人將這2個等價命題合稱為「**李嘉圖－巴羅等價命題**」或「**李嘉圖－巴羅定理**」。

自由放任

自由放任主義

接下來要談的是關於政府作為經濟主體如何採取行動，所以這雖然屬於個體經濟學的範疇，但此處將會以政府為主軸進行說明。現代經濟學之父亞當．史密斯（☞P.88）在著作《國富論》中主張：「政府不應該干涉經濟活動」，這就是所謂的「自由放任（自由放任主義）」。

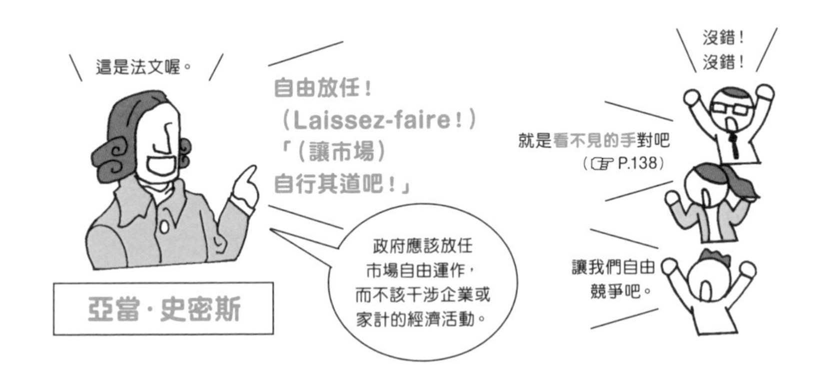

賽伊法則

亞當．史密斯以後的古典經濟學（☞P.255），依然維持這樣的見解，其背景根據就是主張「供給會自行創造出需求」的「賽伊法則」，意思就是說，藉由價格的調整功能，需求遲早會與供給達成一致，所以不需要政府的介入。

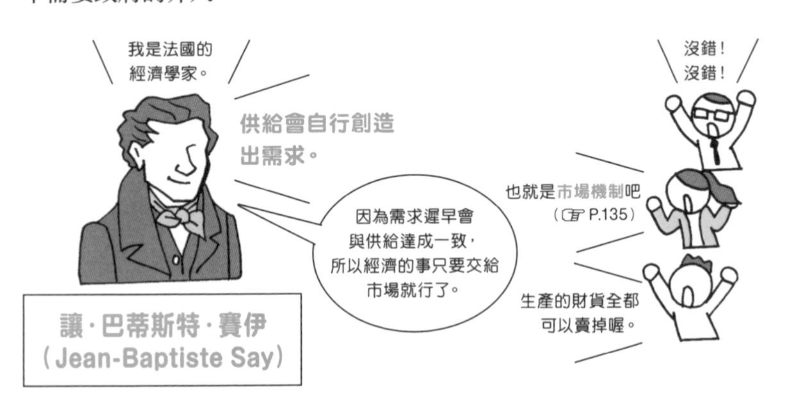

小政府

若根據以上的概念，政府最好是「**小政府**」，盡量減少介入經濟活動，同時也減少公務員或預算。另一方面，除推動放鬆管制，也將民間可以做到的事情交由民間管理，以實現小政府。

大政府

雖然古典經濟學的觀點長期以來都是經濟學的主流，但到了1930年代，全球陷入經濟大恐慌，愈來愈多現象是**賽伊法則**所無法解釋的，而此時問世的就是**凱因斯經濟學**，其主張是市場偶有失靈，而這就是「**大政府**」該出馬的時刻了。

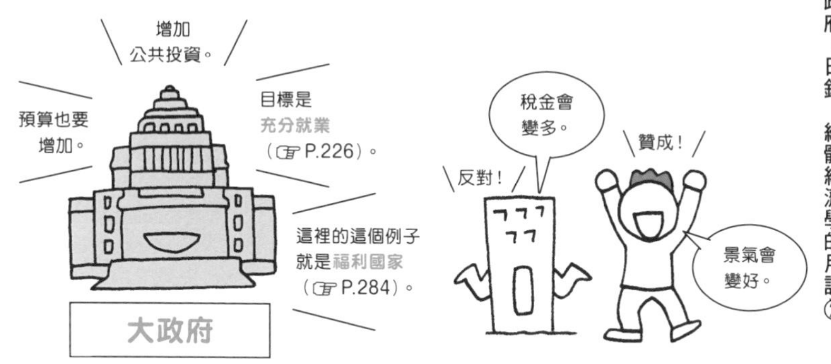

凱因斯政策

總合需求管理政策

凱因斯的主張是，根據有效需求原理（☞P.195），政府藉由財政政策與金融政策管理總合需求，以達到景氣調節或經濟成長等目的。事實上，世界各國在第2次世界大戰以後，藉由這套「凱因斯政策」而實現了高度的經濟成長率。

充分就業

另一項凱因斯重視的議題就是就業問題，凱因斯經濟學將失業分成3種，並主張應消除非自願性失業，實現充分就業GDP（☞P.269）。這套理論也成為西歐各國建立福利國家（☞P.284）的理論支柱。

芝加哥學派

不過到了1970年代，**停滯性通貨膨脹**（☞P.39）蔓延至世界各國，各國希望藉由擴大需求來恢復景氣，但失業人口始終居高不下，通貨膨脹持續惡化，財政赤字日益擴大，此時，以**米爾頓．傅利曼**為核心人物的「**芝加哥學派**」登場了。

傅利曼等芝加哥學派的人所主張的財政政策，稱作「**新自由主義**」，金融政策則稱作「**貨幣主義**」。傅利曼不僅曾被世界各國的中央銀行延攬為顧問，更對美國前總統雷根或英國前首相柴契爾夫人的經濟政策帶來重大的影響。

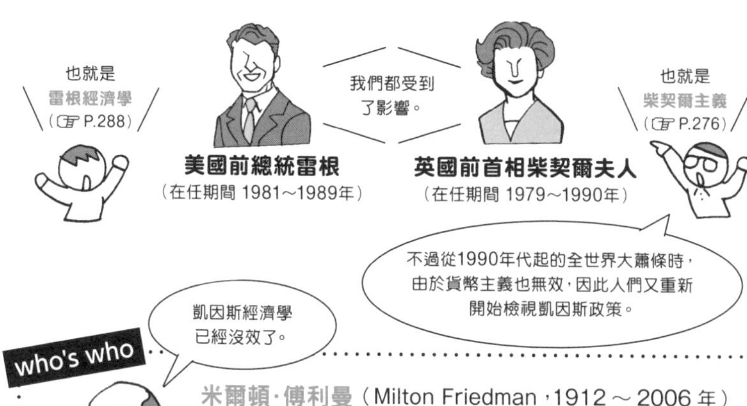

who's who

米爾頓·傅利曼（Milton Friedman，1912～2006年）

美國經濟學家，芝加哥學派領導者、貨幣主義提倡者，1976年獲得諾貝爾經濟學獎，著有《資本主義與自由》等書。

貨幣

看完政府的職能後，接著來看**中央銀行**的職能吧。在中央銀行的職能中——以日本來說就是**日本銀行**——與我們最息息相關的就是錢，也就是「**貨幣**」的發行了吧。貨幣有以下3種功能：

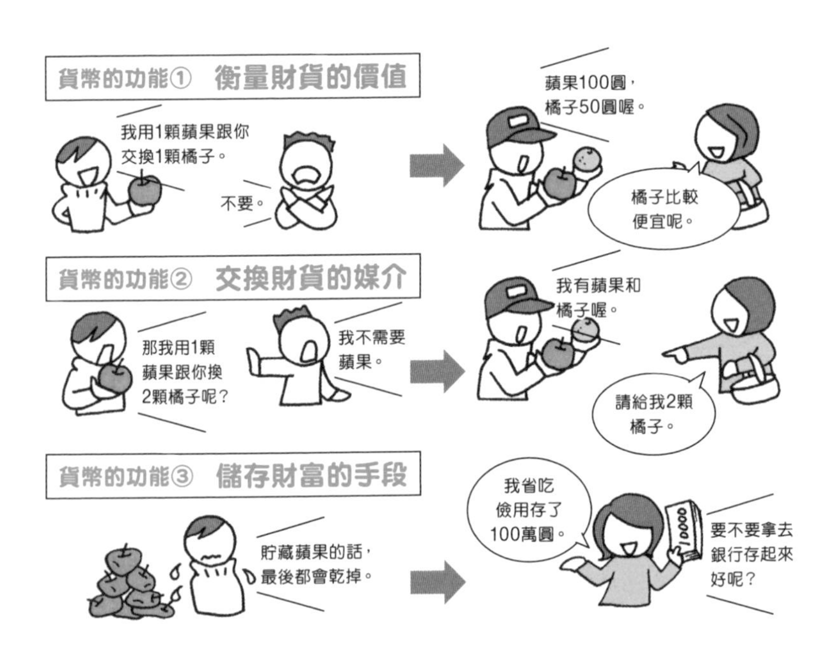

正如上述的例子所示，一般在提到「**貨幣**」時，指的不只是現金，還包含銀行存款等在內，這種貨幣又稱作「**存款貨幣**」，是一種不以黃金等金屬作為擔保的「**信用貨幣**」，其他像「紙幣（日本銀行券）」等也是信用貨幣。

管理通貨制度

貨幣有時也稱為「通貨」，意思是被法律賦予「強制通用力」的貨幣。

一直到第1次世界大戰前後，通貨的發行都是以「金本位制」為基礎，保證通貨與黃金的兌換，不過在經濟大恐慌（☞P.279）以後，許多國家都改制為「管理通貨制度」，發行與黃金保有量無關的通貨，藉此調節通貨的發行量，達到物價穩定或經濟成長等目的。另一方面，也產生了通貨增發引發通膨等新的風險。

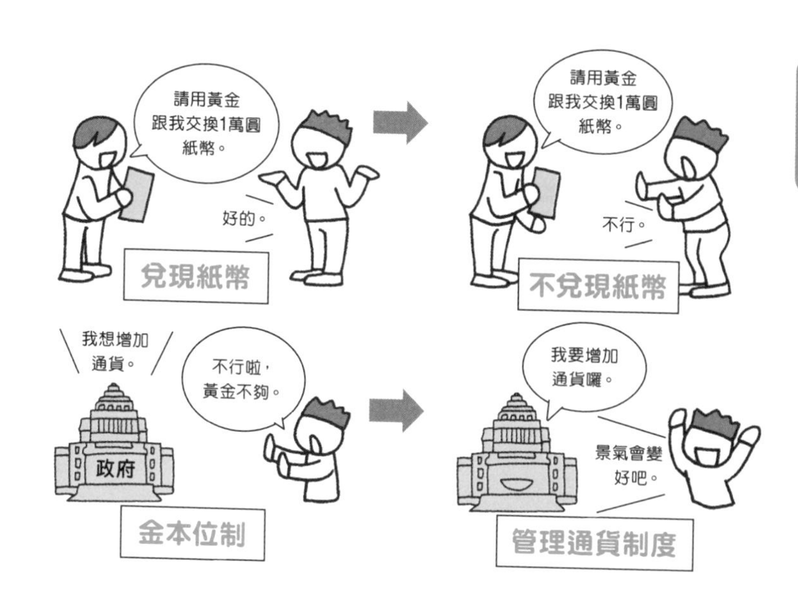

貨幣供給

貨幣存量、貨幣餘額、貨幣供給量

供給整個經濟體的貨幣總量稱作「**貨幣供給**」(**貨幣存量**)，也就是除了金融機構與中央政府之外，企業、家計或地方政府等單位（**貨幣持有主體**）所持有的「**貨幣餘額**」，貨幣除了現金貨幣，還包含存款貨幣。

貨幣供給的「貨幣」包含哪些呢？答案依國家或時代而異，但日本銀行的貨幣存量統計會定期整理與公布以下4個指標，其中涵蓋範圍最小的是M1，然後依序擴大到M2、M3，廣義流動性涵蓋的範圍最大。

準貨幣 ☞ P.278
CD ☞ P.290
CP ☞ P.290

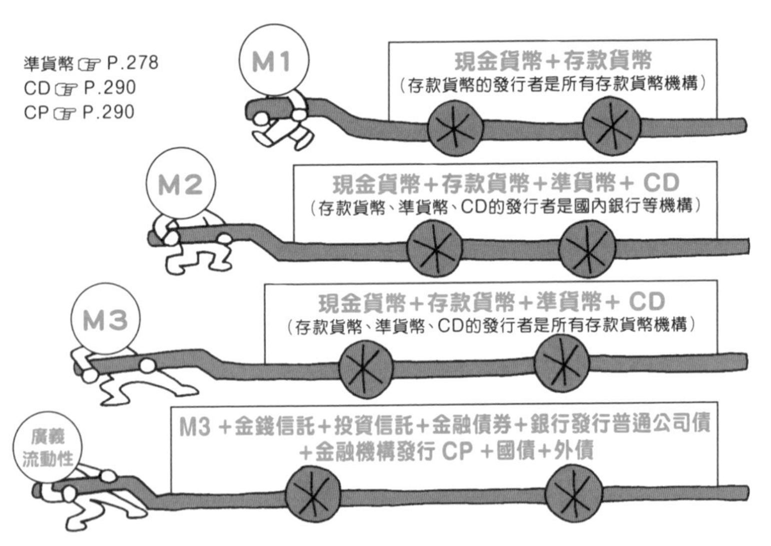

※現金貨幣＝日本銀行券發行餘額＋貨幣（硬幣）流通餘額

※存款貨幣＝活期存款（支票、普通、儲蓄、通知、其他、納稅準備）－調查對象金融機構持有的支票與票據

※以居住者中的一般法人、個人、地方公共團體等所持有的部分為對象。

馬歇爾K值

Marshallian K

貨幣供給量是否適當，可以用**馬歇爾**（☞P.104）所提出的指標，也就是「**馬歇爾K值**」來衡量，這個比率是用貨幣供給除以GDP求得。

由於馬歇爾K值是貨幣供給對GDP的倍率，因此值愈大代表愈多錢在市面上流通，所以可藉由觀察與長期趨勢的差距，或與他國的值做比較，來判斷貨幣供給是否維持在適當的水準。

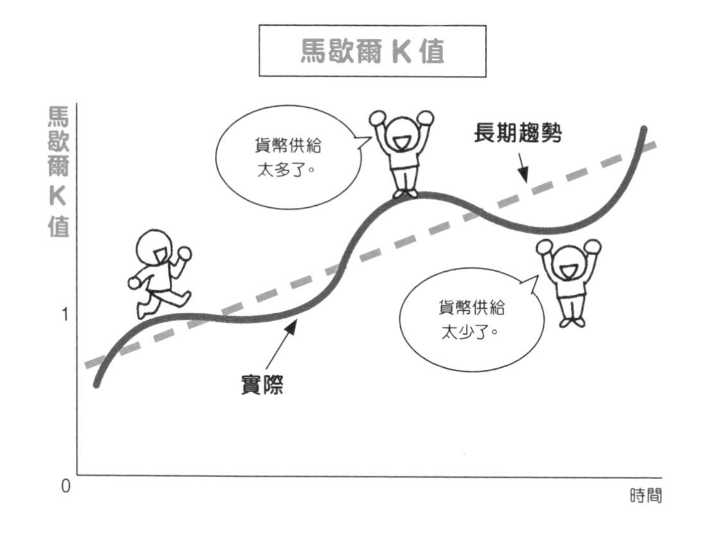

金融

中央銀行還會透過**金融政策**（☞P.32）調節經濟。所謂的「**金融**」，就是資金的融通，也就是將資金從有多餘資金的地方，貸與缺乏資金的地方，例如從有多餘資金的家計，投資或融資給缺乏資金的企業。

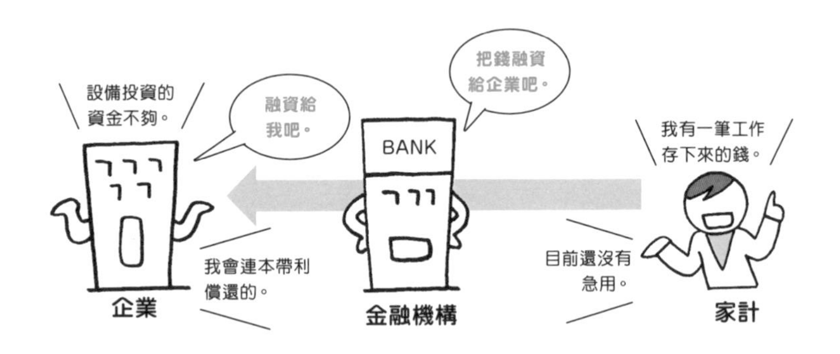

中央銀行的金融政策是如何執行的呢？舉例而言，當中央銀行採取增加貨幣供給的政策時，**IS－LM 模型**（☞P.196）會如何變化呢？由圖可知，當通貨（貨幣）的供給增加，利率會下降，同時國民所得會增加。

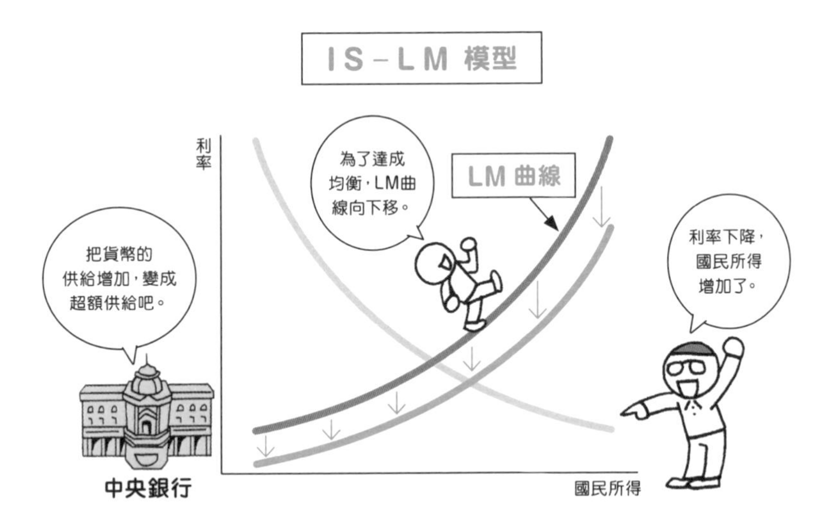

強力貨幣

貨幣基數、基礎貨幣

「強力貨幣」的英文是「**High-powered Money**」，強力貨幣能夠透過**信用創造**（☞P.234）的作用將貨幣供應量放大數倍。具體而言，指的是中央銀行發行的現金貨幣，與商業銀行存在中央銀行的**存款準備金**（☞P.242）的合計。

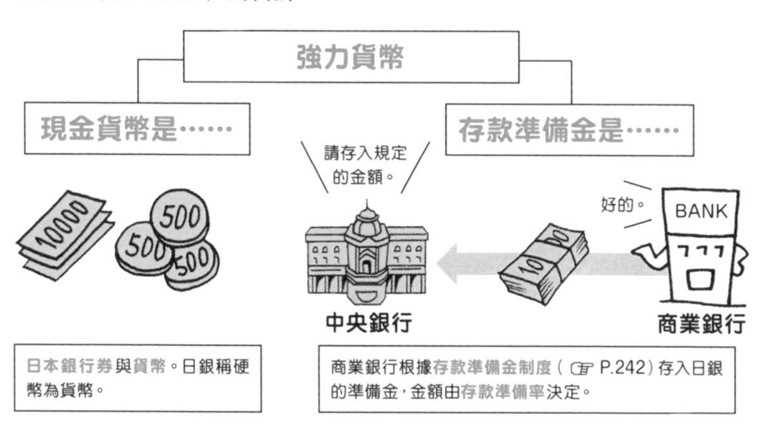

強力貨幣之所以如此重要，是因為這是中央銀行可以直接控制的貨幣量。無論是現金貨幣量或存款準備率，都可以由中央銀行決定，因此中央銀行藉由控制強力貨幣量，使貨幣供給維持在適當的水準。

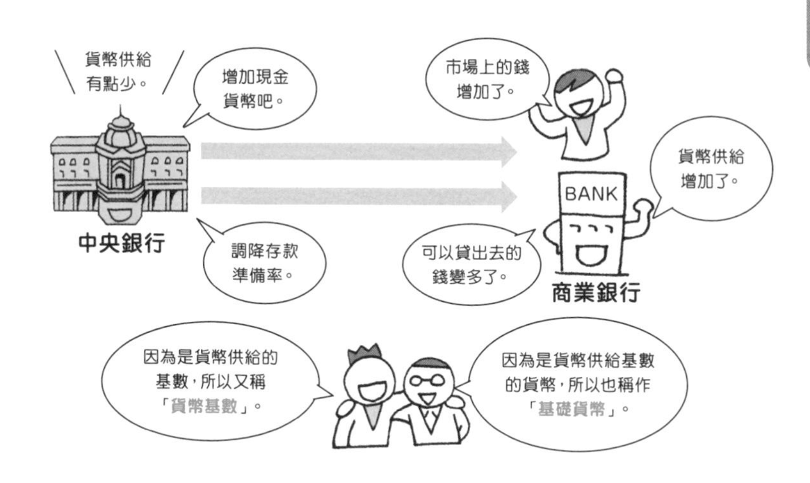

信用創造

那麼，所謂的「**信用創造**」又是如何創造出強力貨幣數倍的貨幣供給呢？以下就來看看其中的原理吧，舉例而言，假如有某家銀行吸收到100億圓的存款，若存入中央銀行的存款準備率是10%的話……

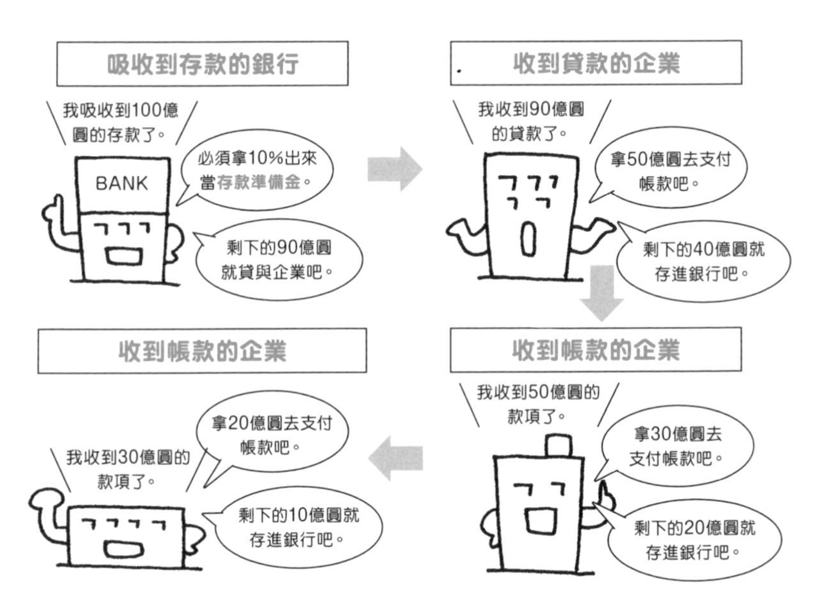

這個過程重複到最後，最初銀行貸出的90億圓，全都會變成某家銀行裡的存款，但銀行一開始的存款並沒有減少，換句話說，就是存款（＝存款貨幣）增加90億圓的意思，而且增加的90億圓大部分都會再被貸出去……

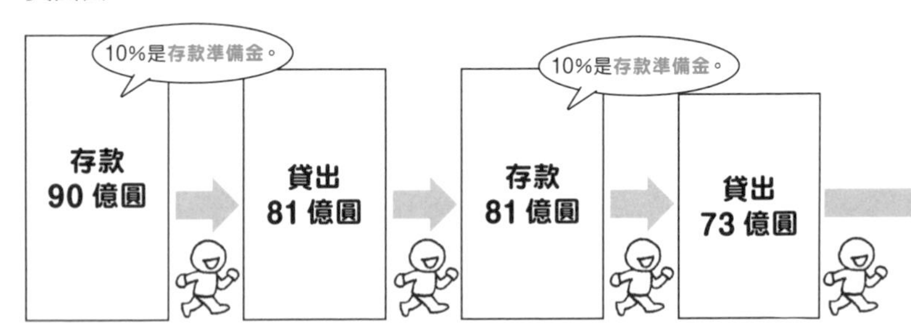

信用乘數　貨幣乘數

經由這樣的過程創造出初期貨幣量數倍的存款貨幣，並放大貨幣供給的，就是信用創造，至於貨幣供給被放大為強力貨幣的幾倍，這個比率就稱為「**信用乘數**」。

不過，假如企業或家計提高現金的比率（**現金存款比率**，☞P.273），或銀行信貸緊縮增加的話，信用乘數就會降低。實際的信用乘數是貨幣供給除以強力貨幣所求得的值。

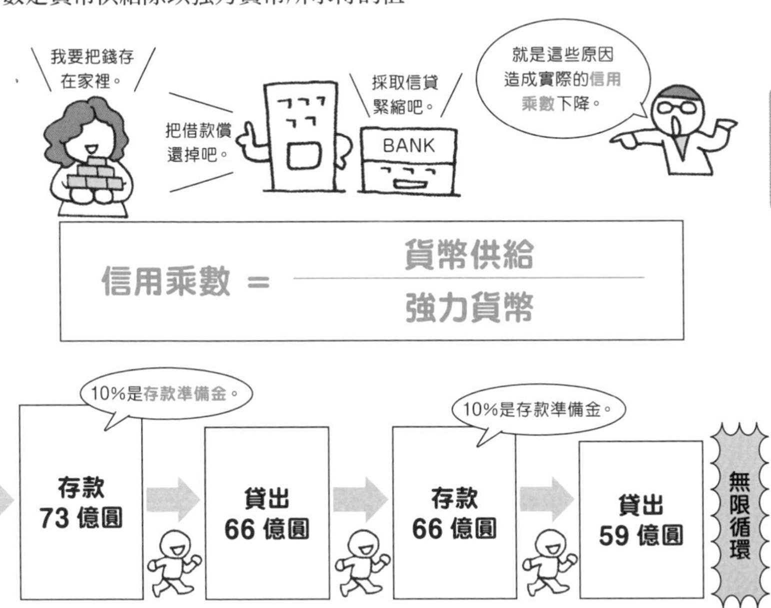

中央銀行

像這樣透過貨幣供給調節經濟，就是「**中央銀行**」的金融政策。金融政策的手段大致上可分為「**價格政策**」與「**數量政策**」（☞P.238），詳細內容會在後文進一步說明。除了金融政策之外，以下這些工作也是中央銀行的任務。

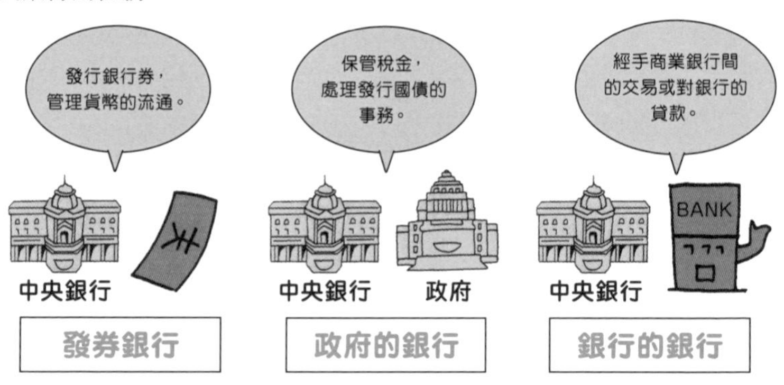

日本銀行　日銀

根據日本銀行法的規定，日本的中央銀行是「**日本銀行**」（**日銀**）。同時日本銀行法還規定有2個日銀的目的，也就是「**穩定物價**」與「**穩定金融體系**」，因此日銀又被稱作「物價守門人」和「貨幣守門人」。

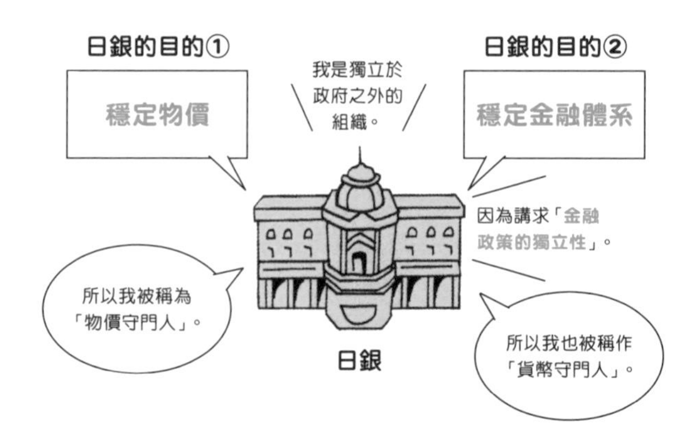

FRB　Federal Reserve Board、聯邦準備理事會

世界上最有名的中央銀行就是「**ＦＲＢ**」。**美國的聯邦準備系統**（**ＦＲＳ**）相當複雜，中央銀行業務由12家**區域聯邦準備銀行**負責，金融政策的決定等則由FRB負責。此外，**公開市場操作**（☞P.240）是**聯邦公開市場委員會**（**ＦＯＭＣ**）的工作。

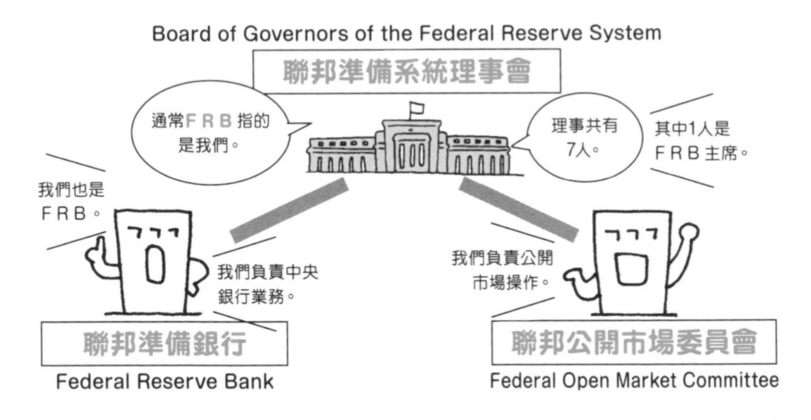

ECB　European Central Bank、歐洲中央銀行

另一方面，決定**歐元區**（☞P.72）金融政策的則是「**ＥＣＢ**」。總部位於德國法蘭克福，由包括非歐盟國家在內的各國中央銀行與**歐洲中央銀行體系**（**ＥＳＣＢ**）所構成。公開市場操作等，則由各國中央銀行各自對自己國家的市場進行。

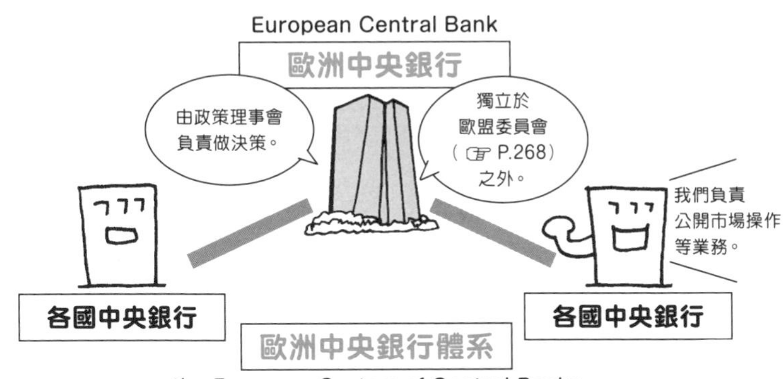

政策利率

重新回到中央銀行金融政策的話題吧，金融政策的手段大致上可分成「**價格政策**」與「**數量政策**」，價格政策是操作「**政策利率**」，數量政策則是**公開市場操作**（☞P.240）與**存款準備率操作**（☞P.242）2種。

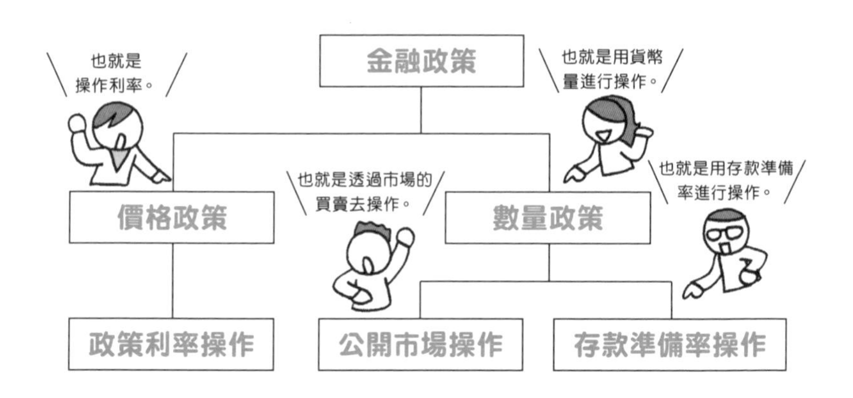

中央銀行融資給商業銀行時採用的利率，就是「**政策利率**」。政策利率會影響存款或貸款的利率（☞P.38），因此比方說在景氣快要趨於過熱時，就可以利用提高政策利率的方式來抑制貨幣的供給。過去日銀的「**公定步合操作**」即為一例。

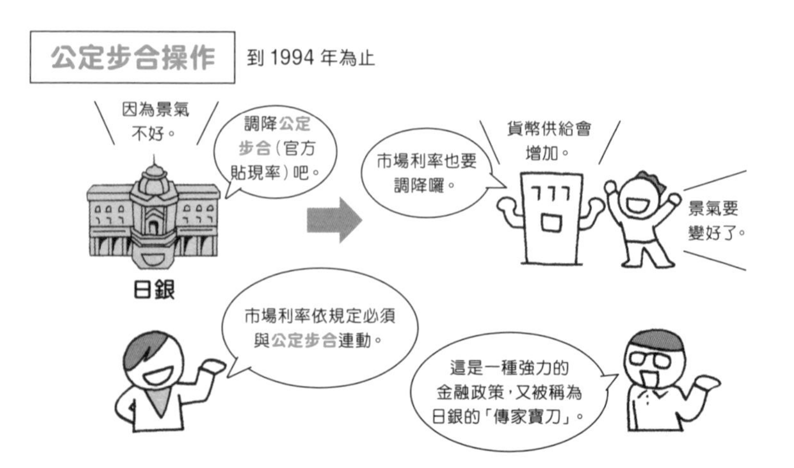

1994年，商業銀行的利率獲准完全自由化以後，公定步合操作就再也無法執行了。取而代之地，日銀採用的政策利率就是**短期利率**（☞P.38）。具體而言，就是用**公開市場操作**（☞P.240）的方法去誘導**無擔保隔夜拆款利率**（☞P.286）。

到 2013 年為止

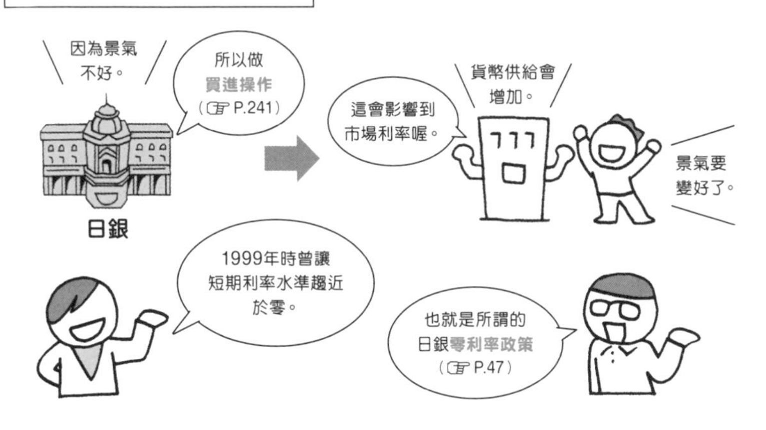

基本貼現及放款利率

從2006年開始，公定步合的名稱改為「**基本貼現及放款利率**」，因為操作目標變成短期利率，公定步合的意義減弱了。然後在2013年時，隨著**量化與質化貨幣寬鬆政策**（☞P.48）的實行，操作目標變成貨幣基數，利率目標則朝向負利率發展。

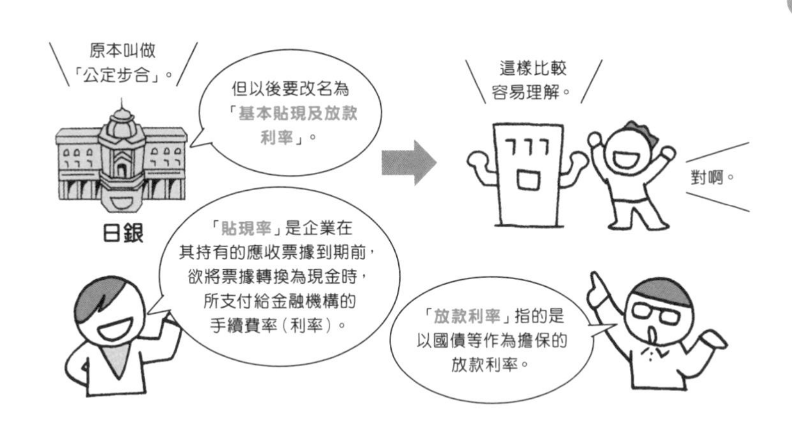

公開市場操作

近年來，日銀金融政策手段中最重要的就屬「**公開市場操作**」。中央銀行會在市場上買賣債券或票據，以**操作貨幣量**。賣出的話，代表中央銀行用債券等交換貨幣，貨幣會集中在中央銀行手中；買進的話，就是向市場供給貨幣。

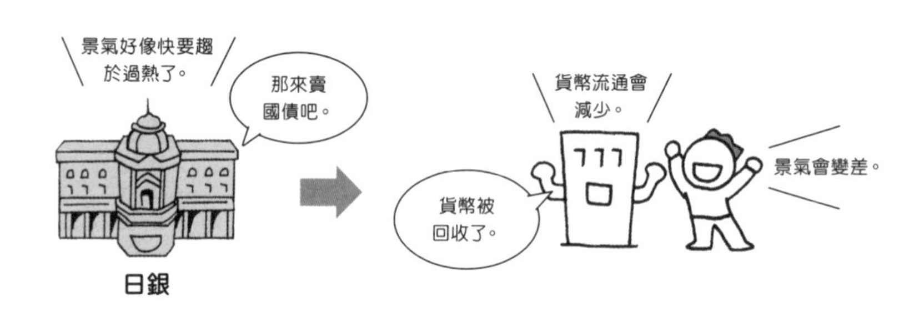

公開市場操作在調節貨幣量的同時，也會達到影響利率的效果，這就是為什麼中央銀行為了調節政策利率，會進行**無擔保隔夜拆款利率**（☞P.239）的公開市場操作的原因。在這種情況下，買進操作將會使利率降低。

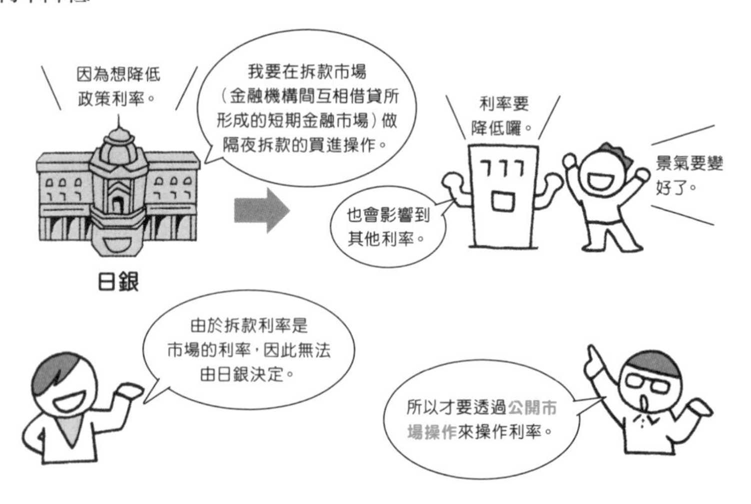

賣出操作　資金回收操作

根據日銀的官方網站，目前2017年的「**賣出操作**」，即「**資金回收操作**」對象包含以下這些：

買進操作　資金供給操作

「**買進操作**」，也就是「**資金供給操作**」，對象比賣出操作的種類更多元，其中一部分如下圖所示，但當中也包含以債券等作為擔保的貸款。

從日本銀行網站「教教我！日銀（教えて！にちぎん）」彙總編輯而成　www.boj.or.jp

存款準備率操作

法定準備率操作

第3種金融政策的「**存款準備率操作**」，是利用「**存款準備金制度**」進行的操作。商業銀行等金融機構必須把其吸收的存款一定比例存入中央銀行，這就是存款準備金制度。最初之所以會有這項制度，是為了讓銀行在存款者提取存款時，能夠確實支應而設計的。

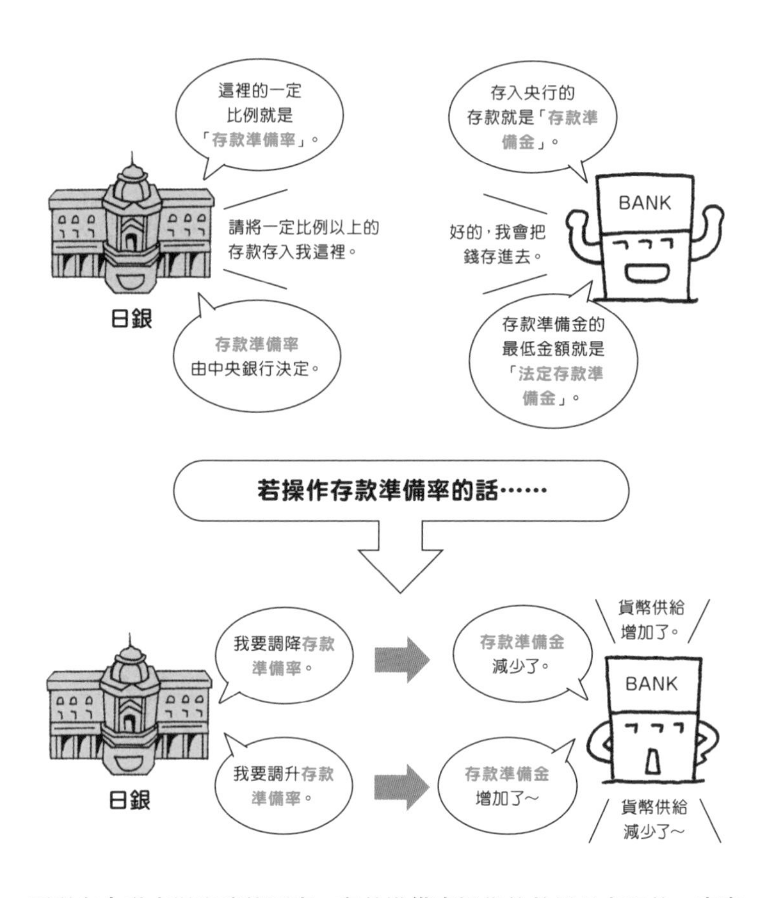

不過在金融市場發達的國家，存款準備率操作的效果是有限的。事實上，日銀的存款準備率也是從1991年以來就再也沒有變更過了，可見日銀的金融政策重心還是以公開市場操作為主。

金融體系

日銀所設定的金融政策目的之一，就是穩定金融體系（☞P.236）。所謂的「金融體系」，指的是包含結算制度、金融機構交易金融商品的金融市場、政府對這些交易的金融管制、中央銀行的金融政策等在內的所有一切。

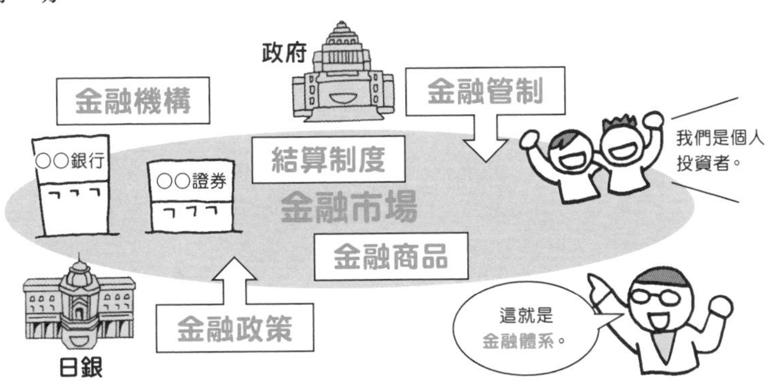

最終貸款人 lender of last resort、LLR

為了避免金融體系變得不穩定，有人設計出保障存款人的存款保險機構（☞P.287）等制度，而對金融機構扮演「最終貸款人」角色的，則是中央銀行的重要功能。近年來，有以下這些由中央銀行扮演「最終貸款人」的例子。

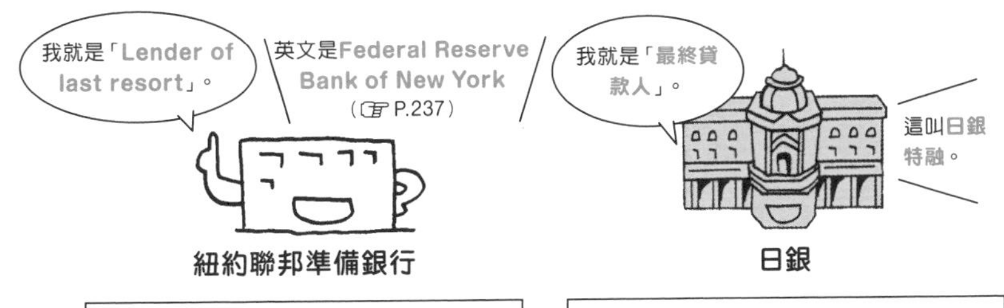

2008年，紐約聯邦準備銀行透過摩根大通，提供資金給因美國次貸危機而承受重大損失的貝爾斯登（☞P.77）

泡沫崩壞後的1997年，日銀根據日本銀行法提供所謂「日銀特融」的鉅額特別融資，給因持有高額不良債權而破產的北海道拓殖銀行和山一證券（☞P.45）

貨幣中立性

貨幣中立性假說

關於中央銀行的金融政策，大致上可分成2種觀點，一種是從凱因斯經濟學（☞P.260）的觀點來看，總合需求管理在金融政策中也是有效的；另一種則是從貨幣主義（☞P.264）的觀點來看，金融政策應該只能透過貨幣政策來執行。

這2種觀點背後反映的是「貨幣中立性」的問題。所謂的貨幣中立性，就是貨幣量的增減在經濟上是中立的，並不會影響消費、投資或GDP成長等的假說。

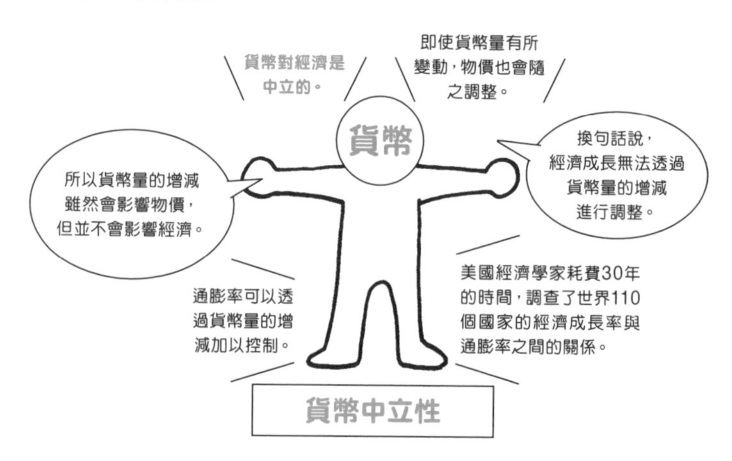

凱因斯經濟學的觀點認為，從短期上來看，貨幣供給的增減會影響消費、投資或GDP，因此可以管理總合需求；反之，貨幣主義的觀點則基於貨幣中立性的假說，強調貨幣供給的增減只會影響物價，而不會影響經濟。

總歸而言，目前的看法是「從長期來看，貨幣中立性是正確的」，「不過從短期來看，貨幣供給的增減會影響消費、投資或GDP等等，因此對總合需求的管理是有效的」。

總合需求

在進入總體經濟學的尾聲之前，我們來看看「**總合需求**」與「**總合供給**」吧。首先，「**總合需求**」是指所有的需求、對總合生產的需求，所以也可以說是對**GDP**（**國內生產毛額**，☞P.26）的需求，一般會以下列公式來表示：

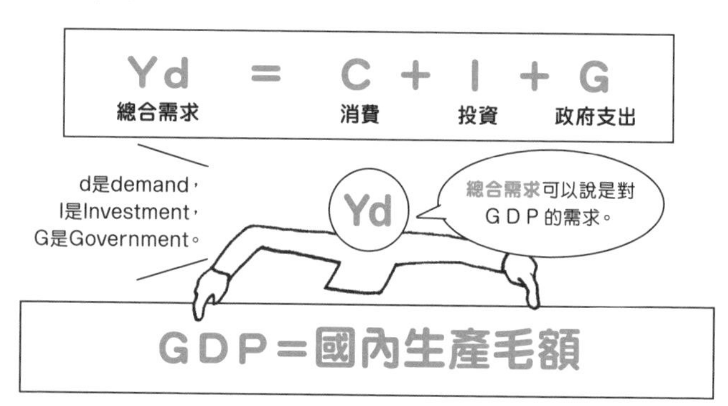

總合供給

另一方面，因為「**總合供給**」是指所有的供給，所以可說就等於是GDP，一般會以下圖的公式來表示。由於總合供給會受到**勞動市場**的影響，因此**總合供給曲線**（☞P.248）的範圍不只涵蓋**產品市場**與**貨幣市場**（☞P.196），還延伸到**勞動市場**。

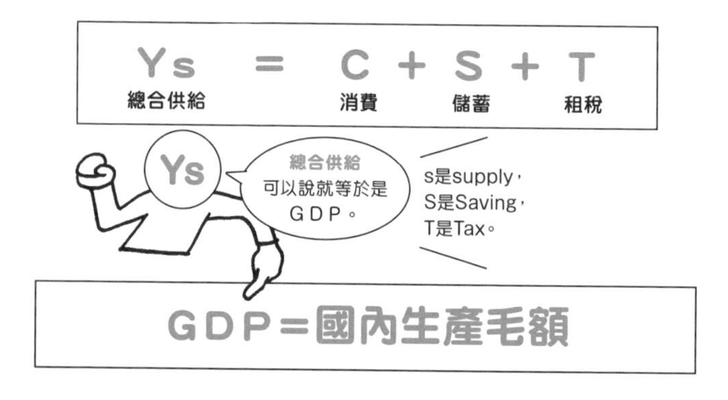

勞動市場均衡

因此，我們來看看勞動市場的需求與供給吧。勞動市場中的需求曲線其實與在產品市場中並無二致，若縱軸是工資，橫軸是僱用量，則需求曲線會朝右下方傾斜。當工資下降時，勞動需求會增加；工資上漲時，勞動需求會減少。

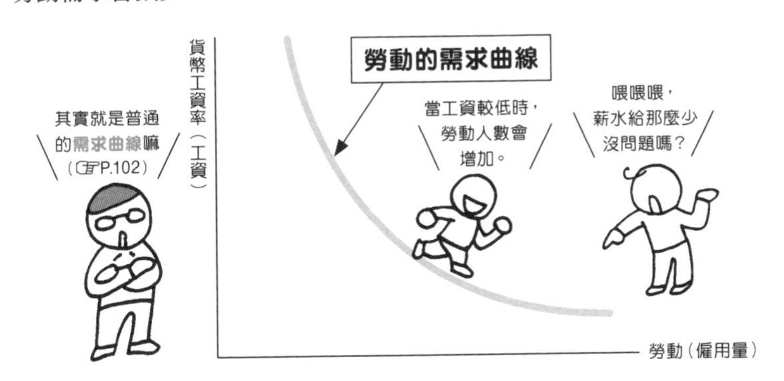

工資向下僵固性

另一方面，在凱因斯經濟學中，勞動市場的供給曲線如下圖所示。這是因為考量到所謂的「**工資向下僵固性**」，也就是勞動者不會接受一定水平以下的工資，所以那個部分的供給曲線就會呈水平線，而這條供給曲線與需求曲線的焦點就是「**勞動市場的均衡點**」。

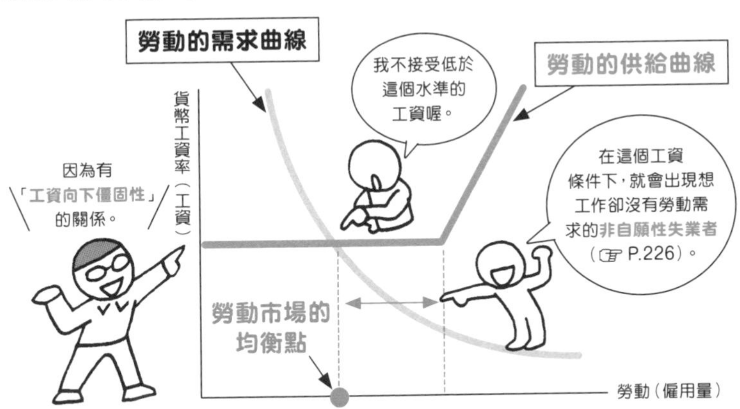

總合供給曲線

Aggregate Supply curve、AS曲線

然後關於「**總合供給曲線**」，在凱因斯經濟學中，反映的是企業利潤最大化的物價水準與ＧＤＰ的關係。當價格上漲時，企業會增加產量，因此總合供給曲線會向右上方傾斜。此時，由於產量增加的緣故，因此勞動市場的僱用量也會增加（☞P.247）。

如前頁所述，即使價格上漲，產量增加，由於工資在到達某個水準前還是固定的，因此企業會繼續增加產量以放大利潤，不過一旦達到**充分就業**（☞P.226）以後，由於勞動的供給不會再增加，企業自然也就無法再增加產量了。

總合需求曲線

Aggregate Demand curve、AD曲線

另一方面，「**總合需求曲線**」反映的則是**產品市場與貨幣市場**（☞P.196）同時均衡下的物價水準與國民所得的關係。簡而言之，總合需求曲線可從**IS 曲線**（☞P.197）與**LM 曲線**（☞P.198）求得。一旦價格下降，需求就會增加，因此總合需求曲線會向右下方傾斜。

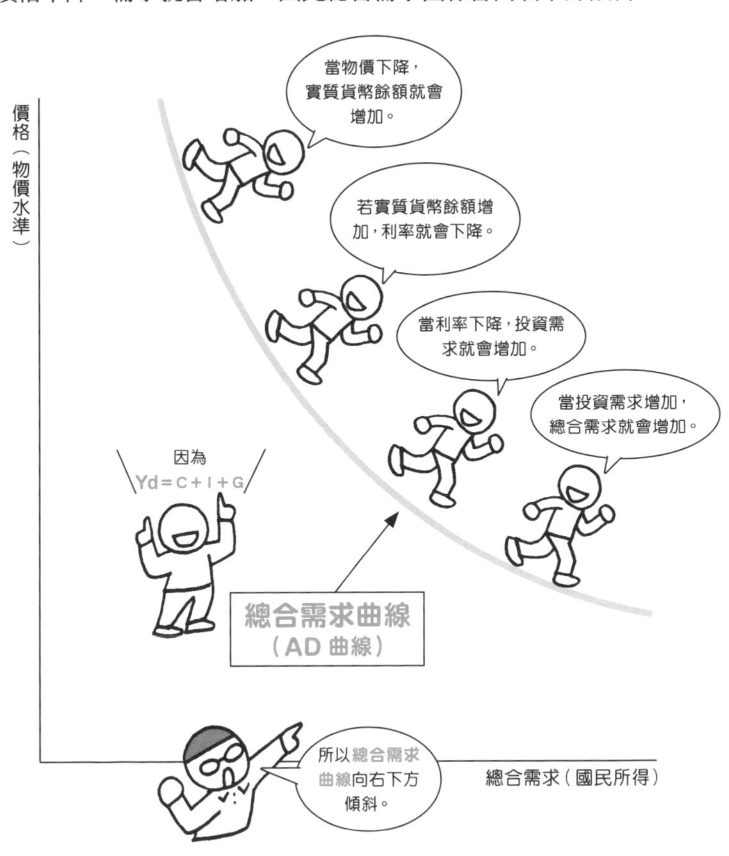

總合需求Yd是消費C＋投資I＋政府支出G（☞P.246），其中消費與政府支出反映的是排除物價變動影響的實質需求，所以不會有任何影響，唯一會**受到影響而改變的是投資**，投資會像上圖那樣透過利率的變動改變總合需求。

AD－AS 模型

AD−AS分析、總合需求總合供給模型、總合需求總合供給分析

現在把總合需求曲線（AD 曲線）與總合供給曲線（AS 曲線）放在一起看吧。2條線的交點即為均衡點，此點決定**均衡價格**與**均衡GDP**，所以物價水準與GDP 就是這樣決定的，而像這樣說明物價與GDP 的總體經濟模型，就稱「**AD－AS 模型**」。

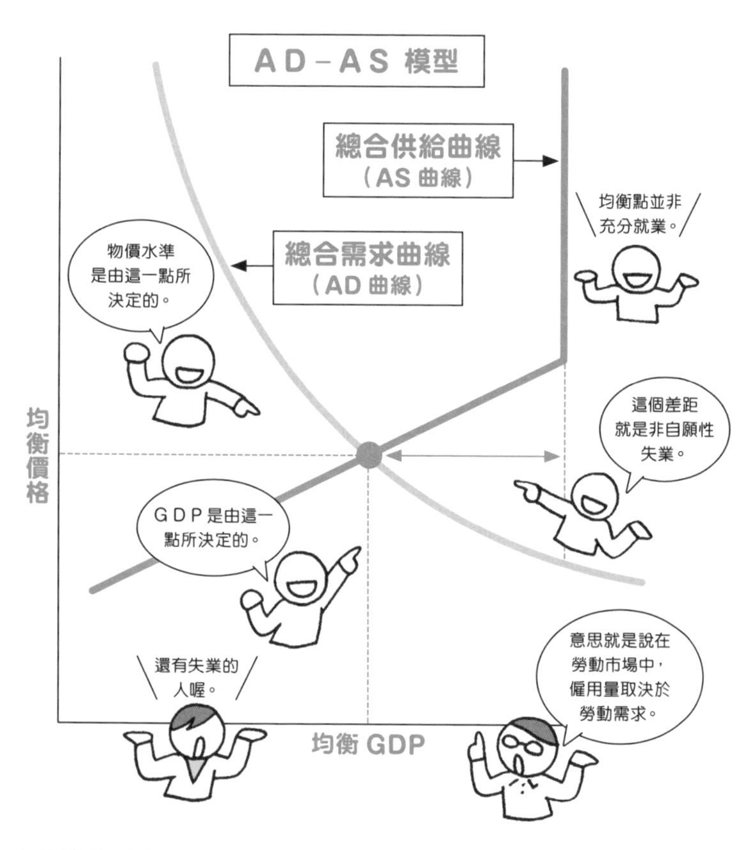

由於總合需求曲線是從IS曲線與LM曲線導出來的，因此可以知道總合需求曲線上的**均衡點**，代表**產品市場與貨幣市場均衡**（☞P.249），但這並不表示勞動市場已達到充分就業，從上圖也可以看出這一點。

這個時候就輪到**財政政策**（☞P.31）與**金融政策**（☞P.32）出馬了，假設藉由財政政策增加政府支出，或透過金融政策增加貨幣供給，我們來看看ＡＤ－ＡＳ模型會如何變化吧。在這些政策的作用下，總合需求曲線會向右上方移動，於是……

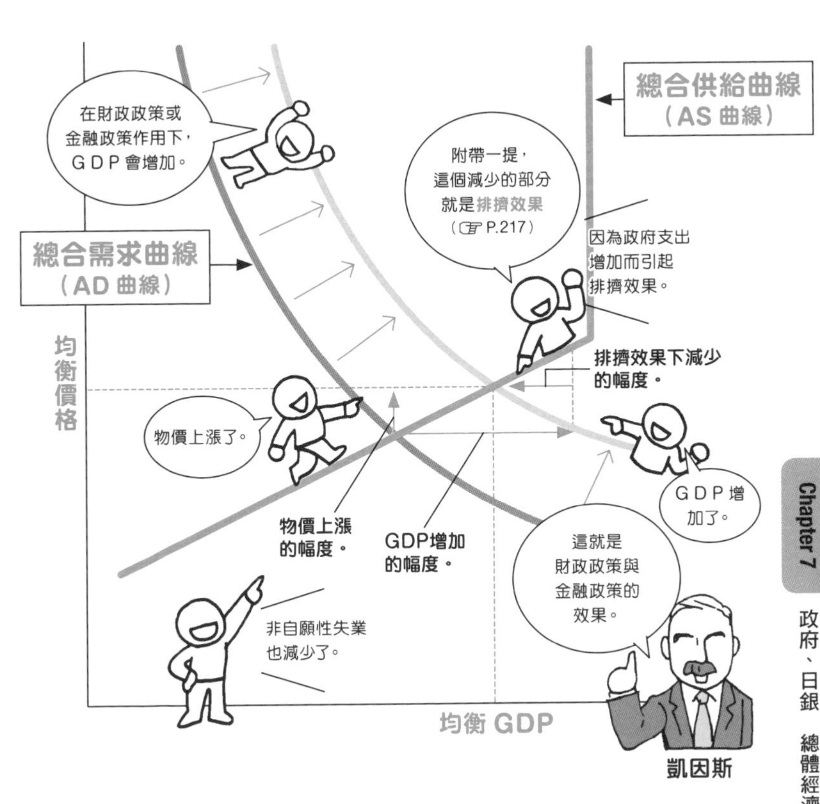

如上所述，ＡＤ－ＡＳ模型就是在實施財政政策或金融政策之際，用於效果分析等情況下。這種總體經濟模型不僅被運用在凱因斯經濟學中，更被廣泛利用在現代經濟學的各種領域裡。

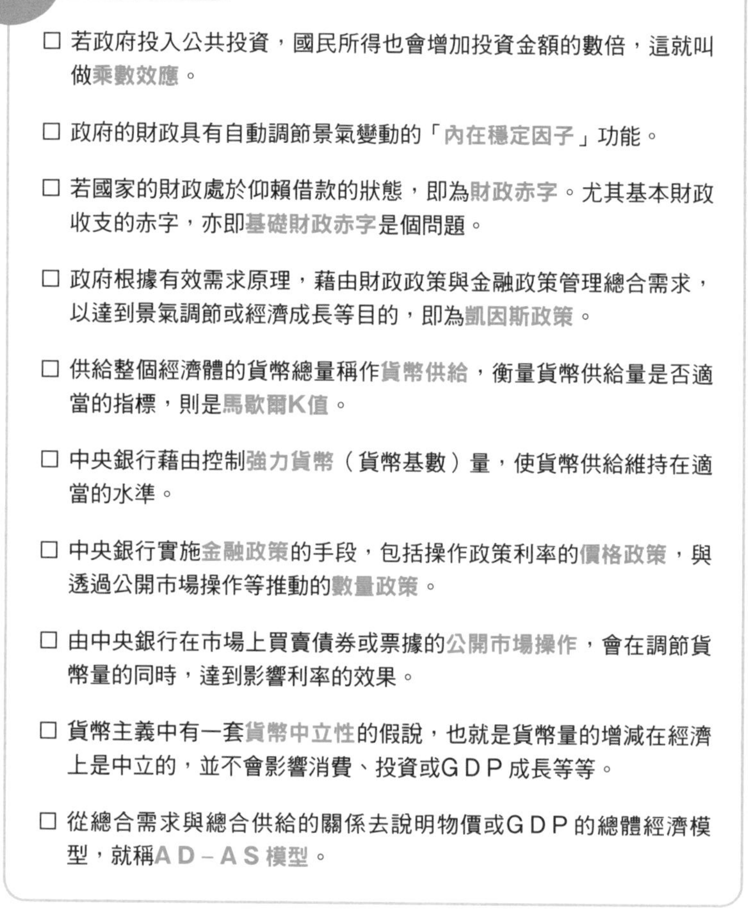

1分鐘確認！

本章重點

- ☐ 若政府投入公共投資，國民所得也會增加投資金額的數倍，這就叫做**乘數效應**。
- ☐ 政府的財政具有自動調節景氣變動的「**內在穩定因子**」功能。
- ☐ 若國家的財政處於仰賴借款的狀態，即為**財政赤字**。尤其基本財政收支的赤字，亦即**基礎財政赤字**是個問題。
- ☐ 政府根據有效需求原理，藉由財政政策與金融政策管理總合需求，以達到景氣調節或經濟成長等目的，即為**凱因斯政策**。
- ☐ 供給整個經濟體的貨幣總量稱作**貨幣供給**，衡量貨幣供給量是否適當的指標，則是**馬歇爾K值**。
- ☐ 中央銀行藉由控制**強力貨幣**（貨幣基數）量，使貨幣供給維持在適當的水準。
- ☐ 中央銀行實施**金融政策**的手段，包括操作政策利率的**價格政策**，與透過公開市場操作等推動的**數量政策**。
- ☐ 由中央銀行在市場上買賣債券或票據的**公開市場操作**，會在調節貨幣量的同時，達到影響利率的效果。
- ☐ 貨幣主義中有一套**貨幣中立性**的假說，也就是貨幣量的增減在經濟上是中立的，並不會影響消費、投資或GDP成長等等。
- ☐ 從總合需求與總合供給的關係去說明物價或GDP的總體經濟模型，就稱**AD－AS模型**。

讓・巴蒂斯特・賽伊
（Jean-Baptiste Say，1767～1832年）

法國經濟學家，提出以「供給會自行創造出需求」著稱的「賽伊法則」，主要著作為《政治經濟學概論》。

Chapter 8

經濟學史的用語

重商主義

mercantilism

在**亞當．史密斯**（☞P.88）以前，16世紀到18世紀的歐洲君主專制國家，是以所謂的「**重商主義**」為經濟思想的主流。簡而言之，就是一種重視商業（出口）以追求國家財富的想法。這裡所謂的財富，主要指的是金或銀，以及相同材質打造的貨幣。

重農主義 physiocracy

也有一套想法與重商主義背道而馳。在18世界下半葉，法國有人提出「**重農主義**」，認為農業才是一切財富的根源。

此外，重農主義更批判重商主義下的保護貿易，會阻礙自由競爭所帶來的經濟發展，而這樣的批判也連結到**古典經濟學**。

古典經濟學

古典派、古典學派、英國古典經濟學

18世紀下半葉，英國經歷工業革命後，出現了史上最初的系統性經濟學，也就是由**亞當・史密斯**（☞P.88）、**托馬斯・馬爾薩斯**、**李嘉圖**（☞P.222）、**約翰・斯圖亞特・穆勒**（☞P.256）等歷史教科書上也會出現的英國經濟學家所提倡的「**古典經濟學**」。

在工業革命後的時空背景下，古典經濟學認為經濟社會是由**地主**、**資本家**與勞動者這3個階級所構成，3個階級分別提供**土地**、**資本**、**勞動**，換取**地租**、**利潤**、**薪資**，並以此為前提分析財富生產與分配的問題。

who's who

托馬斯・馬爾薩斯（Thomas Malthus，1766～1834年）

英國經濟學家。在主要著作《人口論》中，提出人口增加造成的糧食不足，將導致貧困與罪惡並進一步抑制人口增長的理論與其對策。

勞動價值論

古典經濟學還提出價值是由人類勞動所創造的「勞動價值論」。亞當·史密斯在《國富論》中主張財富並非重商主義所重視的金或銀，而是勞動。同時也強調如欲提高勞動的價值，國家應該讓市場自由競爭，而不應干涉經濟活動。

其後，李嘉圖承續亞當·史密斯的部分勞動價值論，並進一步延伸發展。此外，關於自由競爭的部分，他尤其主張自由貿易，強調自由貿易能讓自己國家與對方國家都變富足。貿易理論中的比較優勢原理也是由他所提出的。

who's who

約翰·斯圖亞特·穆勒

（John Stuart Mill，1806～1873 年）

英國經濟學家。雖然亞當·史密斯的經濟學是由馬爾薩斯與李嘉圖所繼承，但穆勒才是將整套系統集大成的人。主要著作為《政治經濟學原理》。

馬克思經濟學

馬克思主義經濟學、馬經

繼承古典經濟學的階級概念與勞動價值論的人（以批判的方式），是**卡爾・馬克思**（Karl Marx）。「**馬克思經濟學**」主張勞動者階級會創造出超過勞動價值（薪資）的「**剩餘價值**」，而這個部分就是被資本家階級剝削的利潤、利息或地租。

馬克思經濟學在思想上發展成「**馬克思主義**」（☞P.286），並成為日後俄羅斯革命家**列寧**（Vladimir Lenin）經由俄羅斯革命，樹立史上第1個社會主義國家蘇維埃聯邦的核心思想。至於後續的發展如何，正如大家所熟知的那樣。

卡爾・馬克思（Karl Marx，1818～1883年）

德國經濟學家、哲學家。與夥伴弗里德里希・恩格斯（Friedrich Engels）共同留下《共產黨宣言》、《政治經濟學批判》、《資本論》全3卷等眾多著作。

新古典經濟學

相對於勞動價值論或剩餘價值理論認為，人類的勞動會創造價值，「**新古典經濟學**」則認為價值取決於**邊際效用**（☞P.109），同時提出邊際效用會遞減（**邊際效用遞減法則**，☞P.109）的概念。

不僅家計的**效用**（☞P.94）而已，關於企業的生產也有**邊際產量**（☞P.118）與**邊際產量遞減法則**的概念。換句話說，並不是消費增加2倍，效用就會增加2倍，也不是勞動增加2倍，產量就會增加2倍。

邊際革命

由於邊際的概念對經濟學帶來重大的變革，因此又稱「**邊際革命**」。這場革命並非由某個特定人物所發起。事實上，奧地利、法國與英國共有3名經濟學家，幾乎在1870年代的同一個時期發表關於邊際效用的理論。

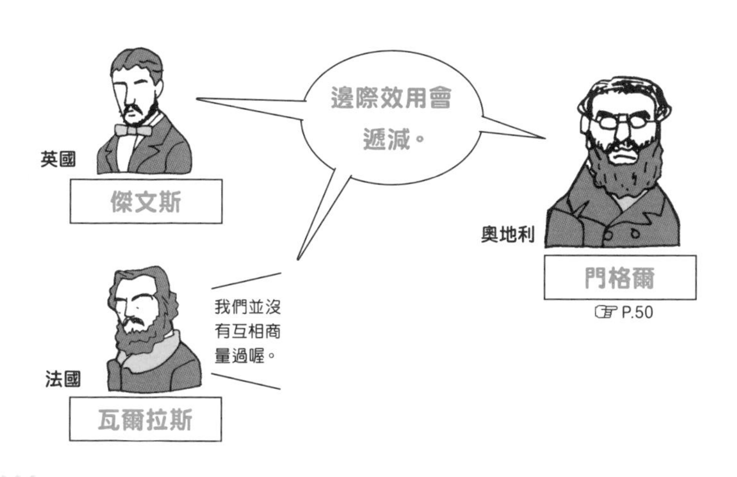

一般均衡理論　一般均衡分析

新古典經濟學進一步發展數學式分析，也是其特徵之一。舉例而言，法國的**瓦爾拉斯**身為發起邊際革命的經濟學家之一，他所建立的「**一般均衡理論**」就是以數學的方式，說明全體市場在價格與供需一致的點達成均衡的過程或條件。

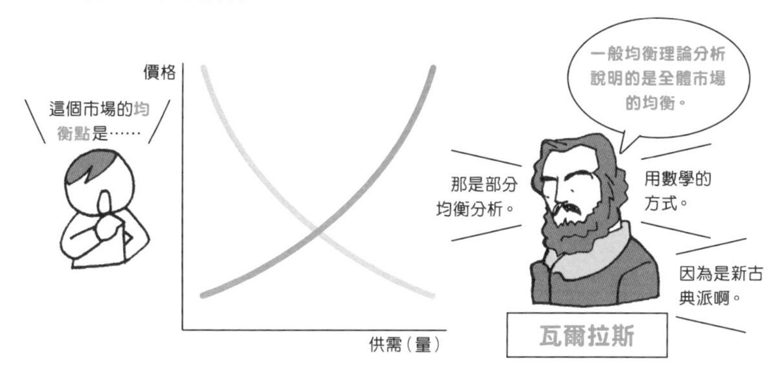

凱因斯經濟學

然後新古典經濟學在1930年代迎來**經濟大恐慌**（☞P.279）的時代。在那之前，新古典派在經濟政策上依然支持**賽伊法則**（☞P.224），也就是認為需求總有一天會與供給相等，因此經濟只要交給市場就行了。

此時登場的人物，就是屬於新古典派之一的劍橋學派的**凱因斯**，他用**非自願性失業**（☞P.226）與**工資向下僵固性**（☞P.247）來解釋失業問題，並提出由政府創造有效需求會帶來**乘數效應**（☞P.215）的**凱因斯政策**（☞P.226）。

凱因斯革命

於是，凱因斯所提倡的主張便被稱為「**凱因斯革命**」。雖然人們對於什麼是凱因斯革命這一點上意見分歧，但可以肯定的是，**有效需求原理**與**流動性偏好**（☞P.262）應該算是凱因斯經濟學的主幹吧。

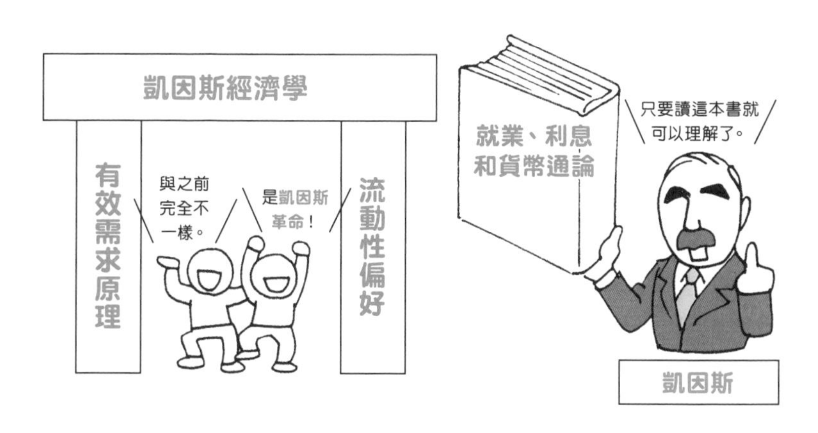

需求面經濟學

凱因斯經濟學因為與以往重視供給的經濟學不同，分析時重視的是可以影響需求的政策，所以又稱「**需求面經濟學**」。簡而言之，就是在**AD－AS 模型**（☞P.250）中，讓總合需求曲線往右上方移動。

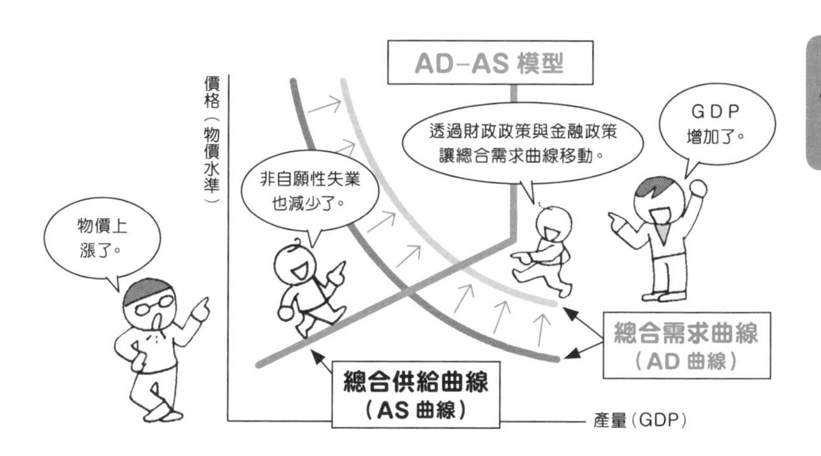

流動性偏好　流動性偏好理論

話說回來，讓**總合需求Yd**改變的，是**消費C＋投資I＋政府支出G**中的**投資I**（☞P.249）。由於投資I會受到利率影響，因此必須分析利率的變動，才能了解總合需求的變化，而說明這個的理論，就是凱因斯經濟學的「**流動性偏好**」。

比起會產生利息的債券等資產，人們更偏好持有流動性高的貨幣，這就是「流動性偏好」。為什麼人們會偏好貨幣呢？

如上所述，利息決定於變動的流動性偏好（貨幣需求）與貨幣供給達成均衡的點，這就是流動性偏好理論。

新自由主義

凱因斯政策（☞P.226）在停滯性通貨膨漲蔓延全球的1970年代遭遇瓶頸，取而代之興起的是以傅利曼為中心的**芝加哥學派**（☞P.227）。傅利曼等人批評凱因斯政策，並提倡所謂「**新自由主義**」的經濟政策。

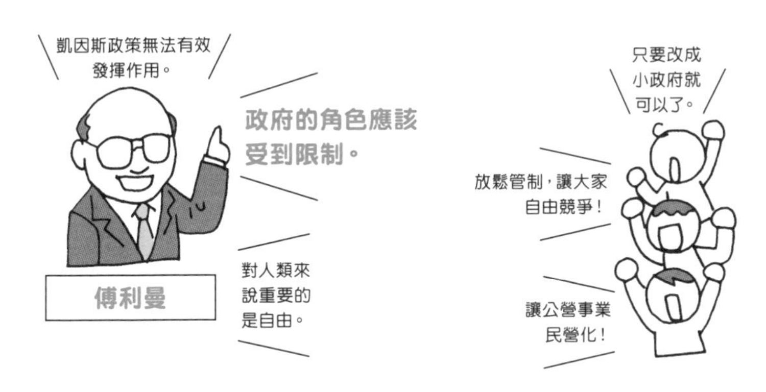

供給面

批判總合需求管理政策的新自由主義，著重的部分是供給面，也就是透過放鬆管制或減稅等方式，刺激生產活動或投資，以擴大生產力與供給。同樣地，也有一門重視供給面分析的學派叫做「**供給面經濟學**」。

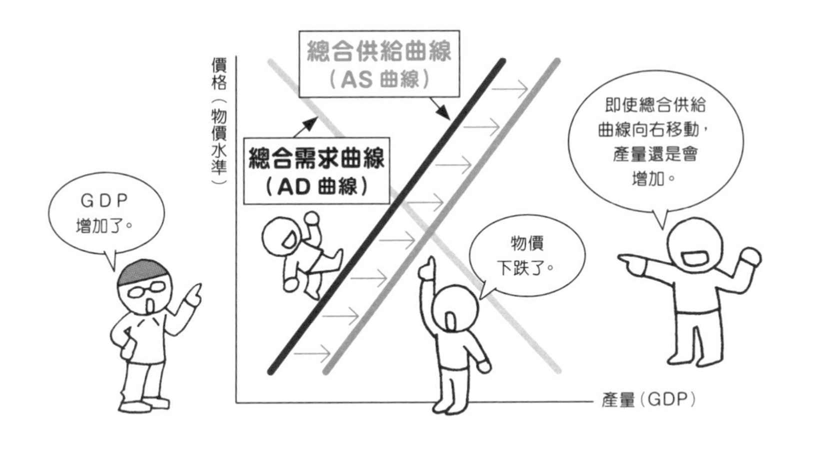

貨幣主義

傅利曼所提倡的金融政策稱作「**貨幣主義**」，支持貨幣主義的人就是**貨幣主義論者**。貨幣主義認為，讓物價或名目國民所得變動的主要原因是貨幣量，也就是貨幣供給，因此……

貨幣數量論

這套貨幣主義的學說，讓**古典經濟學**（☞P.255）的貨幣理論「**貨幣數量論**」，重新在現代復活了。

不過，由於貨幣主義無法妥善應付1990年代起的全球經濟大蕭條，於是人們又開始把目光焦點轉向凱因斯經濟學。

行為經濟學

在經濟學近年來的發展中，有一門深受矚目的領域，就是「**行為經濟學**」，也就是將心理學上的觀察融入經濟學的數學模型中，以解釋人類不合理的經濟行為。近年來也陸續應用在各種不同的領域，例如以下這個較為人所知的例子：

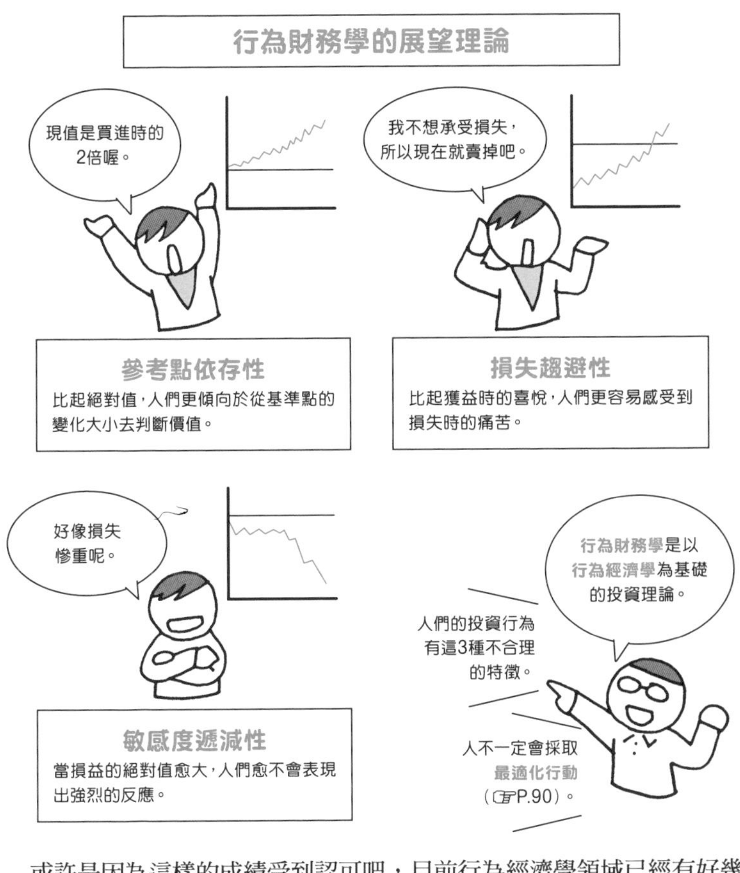

或許是因為這樣的成績受到認可吧，目前行為經濟學領域已經有好幾人獲選為諾貝爾經濟學獎的得獎者，可見經濟學似乎還蘊藏著許多我們所不知道的可能性。

1分鐘確認！

本章重點

- □ 18世紀下半葉，誕生於英國的史上第1套系統性經濟學，就是**古典經濟學**。古典經濟學提出**勞動價值論**，認為價值是由人類的勞動所創造的。
- □ 到了1870年代，認為價值取決於**邊際效用**的**新古典經濟學**興起。邊際的概念對經濟學帶來重大的變革。
- □ 以有效需求原理與流動性偏好這2個概念為主幹的**凱因斯經濟學**，在1930年代的經濟大恐慌後登場。
- □ 著重由政府創造有效需求的**凱因斯政策**最終遭遇瓶頸，取而代之的是所謂的**新自由主義**，也就是以傅利曼為中心的芝加哥學派所提倡的經濟政策。

who's who

里昂．瓦爾拉斯（Léon Walras，1834～1910年）

以「一般均衡理論」著稱的法國經濟學家。曾於瑞士洛桑大學執教鞭，並於1870年代透過《純粹經濟學要義》等巨著提倡「邊際效用理論」。

〈卷末附錄〉經濟用語辭典

赤字國債 （總體經濟） 財政赤字 ☞P.219

為了彌補歲入的不足而發行的國債。由於是在制定特殊法律的前提下發行，因此在日本的正式名稱為「特例國債」，但一般俗稱赤字國債。至於非特例國債的日本國債，除了籌措公共建設資金的「建設國債」，還包括「復興債」與「借換債」。

伊奘諾景氣 （日本經濟） 失落的20年 ☞P.45

從1965年11月到1970年7月為止，為期57個月的景氣擴大局面的俗稱。在那之前，從1954年到1957年的景氣擴大被稱為「神武景氣」，代表日本有史以來（神武天皇以來）的好景氣之意；從1958年到1961年的景氣擴大被稱作「岩戶景氣」，代表從天岩戶神話時代以來之意。更古老的還有以伊邪那岐命開國神話時代以來之意命名。

伊邪那美景氣 （日本經濟） 失落的20年 ☞P.45

從2002年2月到2008年2月為止，為期73個月的景氣擴大局面的俗稱。因為比伊奘諾景氣還長16個月，所以採用開國女神伊邪那美命的名字命名。按照日本內閣府的景氣基準日期（☞P.207），相當於第14循環的擴大局面。附帶一提，神武景氣是第3循環，岩戶景氣是第4循環，伊奘諾景氣是第6循環。

創新 （總體經濟學） 經濟發展理論 ☞P.192

經常被翻譯為「技術革新」，但在熊彼得（☞P.192）所提出的創新（innovation）分類中，並不僅限於產業技術的領域。他總共提出以下5種分類：①實現新的產品、②導入新的生產方式、③創造新的產業組織、④開闢新的銷售市場、⑤掌握新的進貨來源。

外來消費 日本經濟 外需 ☞P.28

在日本，外來（inbound）是指訪日外國觀光客的觀光用語。外來消費就是訪日外國觀光客在日本國內的消費。在GDP統計中被包含在出口計算，因此屬於外需（☞P.28）。訪日外國人的數量可以從訪日外客數（☞P.286）得知。

圓借款 國際經濟 ODA ☞P.292

所謂的「借款」指的是國際性的資金貸款。圓借款是日本政府為了開發中國家的基礎建設所貸出的低利、長期資金。近年是由JICA（☞P.291）作為ODA（☞P.292）之一提供貸款。

歐盟委員會 總體經濟 ECB ☞P.237

European Commission、「EC」，又稱「EU委員會」、「歐洲委員會」、「歐洲聯盟委員會」等等。EU的行政執行機構，由會員國中各選出1名委員組成。

歐肯法則 總體經濟學 失業率 ☞P.276

實質GDP（☞P.180）增加愈多，失業人口將隨之減少的法則。換句話說，當實質GDP成長率上升，失業率就會下降。這是由美國經濟學家亞瑟・歐肯（Arthur Okun）所提出的理論，但比起理論性的說明，這套法則更建立在經驗的觀察上，因此也稱作「歐肯的經驗法則」。

可支配所得 總體經濟 所得 ☞P.183

從個體來看，就是收入扣掉稅金或社會保險費等項目後剩餘的部分，也就是每個家計可以自由支配（＝使用）的所得。從總體來看，就是SNA（☞P.174）中計算出來的整個國家可支配所得，亦即「國民可支配所得」。

外匯傾銷 國際經濟 外匯匯率 ☞P.65

利用本國貨幣對外貶值達到刺激出口的目的。由於本國貨幣一旦貶值，出口商品的實質價格就會下降，因此才會使用傾銷這個用語。在浮動匯率制（☞P.66）下，會因為匯率的變動而以結果的形式反映出來，但在1930年代的經濟大蕭條期間，各國都採用政策的形式作為刺激出口的手段。

充分就業GDP 〔總體經濟學〕 充分就業 ☞P.226

即達成充分就業情況下的GDP。充分就業並不是指失業率為0%，而是包含一定比例的摩擦性失業（☞P.226），因此關於充分就業GDP的推算有很多種不同的概念。

完全失業率 〔總體經濟〕 失業率 ☞P.276

反映日本失業率的指標，以完全失業者占勞動人口的比例去計算。所謂的完全失業者，根據日本總務省官方網站的定義，指的是「目前沒有工作，但一旦有工作就能立刻到職，而且正在進行求職活動的人」。日本的完全失業率由總務省透過「勞動力調查」每月公布。

機械訂單統計 〔日本經濟〕 景氣指標 ☞P.24

「機械訂單」是機械製造商收到的設備投資用機械的訂單總額。這是代表性的景氣領先指標，在景氣動向指數（☞P.202）中也被採用為領先系列之一。日本內閣府每月都會進行「機械訂單統計調查」並對外公布。

資本利得 〔總體經濟〕 GDP ☞P.179

購入價格會變動的商品，賣出時取得的收益。除了股票、債券之外，不動產、貴金屬等也都可以賺取資本利得。由於並非生產活動所產出的附加價值，因此不含在GDP內。若為損失則稱「資本損失」。

業況判斷指數 〔日本經濟〕 短觀 ☞P.25

又稱「業況判斷DI」，是將企業的景況感（☞P.271）數值化後的指標。以回答景氣好的企業比例減去回答景氣差的企業比例去計算。若所有企業都回答景氣好的話就是100，好與差一樣多的話是0，若回答景氣差的企業較多就會得到負數。可以用來判斷景氣，例如從負數轉為正數就代表景氣好轉等等，是日銀短觀的核心指標。

協調干預 國際經濟 外匯干預 ☞P.67

已開發各國的貨幣當局為了同樣的目的，相互協調後執行的外匯干預。光是單一國家的干預就會造成顯著的影響。各國會互相合作，各自干預自己國家的外匯市場。

貨幣寬鬆 日本經濟 金融政策 ☞P.32、47

為了將經濟導向繁榮而執行的金融政策，以降低利率水準和增加資金供給量的政策最具代表性。

金融管制 日本經濟 日本金融大改革 ☞P.46

為了達到穩定金融體系等目的，政府制定金融市場、金融交易或金融機構等相關規定，並施加一定的限制，例如設定利率的上限、限制交易或限定金融機構的業務等等。縮小或廢除這些規定就是「放鬆（金融）管制」。

金融經濟 總體經濟 金融 ☞.P.232

又稱「資產經濟」、「貨幣經濟」。從實體經濟（☞P.277）衍生出來的利息或資本利得（☞P.269）所構成的經濟，例如金融交易、信用交易、選擇權交易等等。不含在GDP（☞P.26）內。

金融緊縮 日本經濟 金融政策 ☞P.32

在景氣過熱等時候用來抑制景氣的金融政策。提高利率水準，減少資金供給量，與貨幣寬鬆相反。

金融控股公司 日本經濟 日本金融大改革 ☞P.46

所謂的控股公司就是以支配、管理子公司為業務的公司，過去曾被《獨占禁止法》所禁止，但在1998年修法時解禁。其後，銀行、證券、保險公司等都可以設立金融控股公司，於是○○金融集團或○○控股等大型金融集團陸續誕生。

計劃經濟 經濟學的基本 市場經濟 ☞P.87

由政府掌握勞動以外的生產要素，並建立資源分配計劃加以推行的經濟。因為前蘇聯等社會主義國家曾採取計劃經濟，所以又稱「社會主義計劃經濟」。相對於此，將資源分配交由市場機制決定的是「市場經濟」。不過第2次世界大戰後，很多資本主義已開發國家都採取用財政政策調整市場失靈（☞P.160）的政策，因此並不能說是完全的市場經濟，也有人稱之為「混合經濟」（☞P.275）。

景氣觀測調查 日本經濟 景氣指標 ☞P.24

日本內閣府自2000年起實施的景氣動向調查之一。由計程車司機、零售店店長、汽車經銷商等職業的人擔任「景氣觀測者」，實施問卷調查。根據問卷的回答，從生活實感調查景況感（☞P.271）。將景氣的現況、預期等分成5等級評比，再將結果化為指數。

景況感 日本經濟 短觀 ☞P.25

對景氣狀態的印象之意，也就是感覺變好、變差或沒有改變等印象。在短觀的業況判斷指數（☞P.269）或內閣府的景氣觀測調查（☞P.271）中，皆以問卷形式加以調查。

經濟普查 日本經濟 經濟 ☞P.82

日本總務省與經產省共同實施的經濟調查，每5年實施1次，又稱「經濟國勢調查」，目的是掌握日本的產業結構，與統整各種統計調查用的事業所或企業資訊。除了個人經營的農林漁業等部分例外，全日本所有事業所和企業都是調查對象。普查（census）是全數調查（非抽樣調查）之意。調查結果會以「經濟結構統計」的形式對外公布。

計量經濟學 經濟學史 新古典經濟學 ☞P.258

新古典經濟學雖然開始發展數學式分析，但進一步採用統計學手法的則是計量經濟學。用經濟學建立假說→用數學建立模型→用統計學進行實證。因總體經濟分析的發展、經濟統計的完備、高性能電腦的普及等，而取得更大幅度的進展。原文為econometrics。

凱因斯學派 經濟學史 凱因斯經濟學 ☞P.260

根據凱因斯政策（☞P.226）的理論，認為總合需求管理政策有效的概念，或支持凱因斯經濟學的經濟學家。承襲在凱因斯影響下完成IS–LM

模型（☞P.196）的英國經濟學家約翰・希克斯（John Hicks）的流派，在美國發展數學模型的薩繆爾森（☞P.166）等人被稱作「美國凱因斯學派」。另外，在英國承襲凱因斯本人流派的學派則稱作「後凱因斯學派」。芝加哥學派興起後，主張重新檢視凱因斯政策的是「新凱因斯學派」（☞P.283）。

凱因斯交叉圖 （總體經濟學） 凱因斯政策 ☞P.226

正確來說是Keynesian cross diagram，譯作「凱因斯交叉圖」，或稱「45度線圖」、「45度線分析」。相對於AD-AS模型（☞P.250）分析的是產品市場、貨幣市場、勞動市場，IS-LM模型（☞P.196）分析的是產品市場與貨幣市場，凱因斯交叉圖是從產品市場的需求與供給去分析經濟。縱軸是總合需求與總合供給，橫軸是國民所得，再畫一條45度線就是總合供給曲線。接著再放上總合需求曲線，與45度線的交點即為均衡點。此時，讓總合需求曲線上下移動的話，總合供給與國民所得就會隨之增減。藉此可以理解「總合需求會決定總合供給與國民所得的水準」的有效需求原理（☞P.195）。此外，由於凱因斯交叉圖是以短期的產品市場為對象，因此假設利率與價格都是固定的。

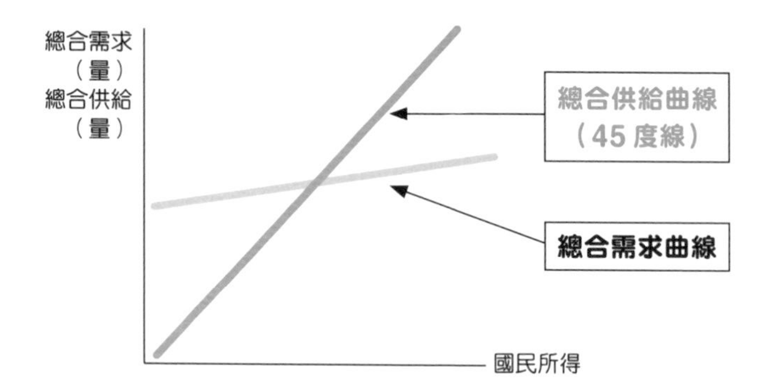

邊際資金成本 個體經濟學 邊際產品價值 ☞ P.140

增加資金這項生產要素的投入量時所增加的成本。在個體經濟學中，資金被視為一種租賃，因此邊際資金成本就是增加資金時所增加的利息。

邊際儲蓄傾向 總體經濟學 邊際消費傾向 ☞ P.200

所得增加時儲蓄增加的比例。由於所得會被分配在儲蓄與消費用途上，因此可以得到「邊際儲蓄傾向＝1－邊際消費傾向」的式子。

邊際勞動成本 個體經濟學 邊際產品價值 ☞ P.140

增加勞動這項生產要素的投入量時所增加的成本。由於勞動的成本是薪資，因此邊際勞動成本就是增加的薪資。

折舊費用 個體經濟學 固定成本 ☞ P.122

在企業會計中，每個會計年度都會計算固定資產折舊費用，並計入當年度的費用項下。這項會計處理稱作「攤提折舊」，計入的費用稱作「折舊費用」。

現金存款比率 總體經濟學 信用乘數 ☞ P.235

企業或家計持有的存款對現金的比率。貨幣存量統計（☞P.230）的M1是現金貨幣與存款貨幣的合計，可以用下列式子計算現金存款比率。

$$\text{現金存款比率} = \frac{\text{現金貨幣}}{\text{存款貨幣}} \times 100$$

公共選擇理論 經濟學史 經濟學 ☞ P.88

一門以經濟學分析政治流程或決策的學問。與個體經濟學的前提相同，認為人類會以個人利益最大化為目的採取合理的行動，再以此前提分析選民、政治人物、政府官員、業界團體等主體會採取什麼樣的行動。各個主體都有各自的意見或利害關係，但最終只會做出1個政治上的決策，因此「選擇」便顯得很重要。美國經濟學家詹姆斯・布坎南（James Buchanan）因為投入這方面的研究，而在1986年獲得諾貝爾經濟學獎。

公共投資 日本經濟 財政政策 ☞P.31

公部門（☞P.212）從事的投資。相對於此，私部門的投資則稱作「民間投資」。日本的公共投資幾乎都是政府部門的設備投資（☞P.280），具體來說包括道路、港灣、河川、土地改良和其他各種公共設施的修繕等等。

公定步合 總體經濟學 政策利率 ☞P.238

日銀放款給商業銀行時的基準利率。由於商業銀行受限於規定必須與公定步合連動，因此可以透過公定步合操作來改變政策利率。1994年利率自由化後，便無法再執行公定步合操作，現在的名稱則變成「基本貼現及放款利率」（☞P.239）。

理性預期假說 總體經濟學 新凱因斯學派 ☞P.283

當人們以所有資訊為依據進行理性預期時，以可以預測到正確預期值為前提的假說。1970年代，由美國經濟學家羅伯特・盧卡斯（Robert Lucas）和托瑪斯・薩金特（Thomas Sargent）等人所提出。對於凱因斯的總合需求管理政策，由於從短期上來說，人們會在正確預測政府財政政策結果的前提下採取行動，因此並不會出現政府所期望的效果。

國際分工 國際經濟 經濟全球化 ☞P.52

國與國之間的國際性分工。各國分別生產自己擅長的東西，經由貿易互相出口、進口，即可達成有效率的生產。以理論說明其中優點的，就是李嘉圖的「比較優勢原理」（☞P.55）。

國富 總體經濟學 存量 ☞P.176

一個國家的資產減去負債後剩餘的資產淨值總額。相對於GDP是一定期間內生產的財貨與勞務（流量），國富則是特定時間點所蓄積的資產總量（存量）。

國民所得的三面等價原則 總體經濟學 國民所得 ☞P.183

與GDP的三面等價原則（☞P.181）一樣，國民所得也有從生產面、分配面和支出面來看全都相等的原則。換句話說，生產面國民所得（☞

P.279)、分配面國民所得(☞P.285)與支出面國民所得(☞P.276)是等價的。

成本推動型通貨膨脹 總體經濟學 通貨膨脹 ☞P.35

由原材料、人工成本的上漲所引起的通貨膨脹。因企業將生產成本轉嫁至價格上而發生的現象,也有人簡稱為「成本通膨」。此外,由進口原材料價格上漲所引起的通膨又稱作「輸入型通貨膨脹」。

固定資本消耗 總體經濟學 國內所得毛額 ☞P.181

固定資本指的是建築物、設備、機械等等,亦即所謂的固定資產。固定資產通常會在使用過程中損壞、陳舊,或因意外或災害而受損,因此無法再使用時,必須準備好一筆重新製作的成本才行。在SNA(☞P.174)中將該筆成本計算為GDP(從分配面來看的GDP)的一部分,這就叫做「固定資本消耗」。

混合經濟 經濟學的基本 市場經濟 ☞P.87

混合了計劃經濟(☞P.270)與市場經濟的經濟體系。資本主義(☞P.277)雖以市場經濟為基礎,但現代資本主義國家或多或少會藉由資源配置、所得重分配或穩定經濟等方式干預市場,因此稱作「混合經濟」。這被視為現代資本主義的特徵。

最終產品 總體經濟學 GDP ☞P.26

亦稱「最終財貨」,指的是最終被消費、投資或出口的產品。GDP是附加價值的合計,但若換種角度來看,也是最終產品的合計。相對的用語則是「中間產品」(☞P.281)。

財政收支 總體經濟 財政赤字 ☞P.219

國家或地方公共團體的歲入(收入)與歲出(支出)的收支(差額)。尤其國家的財政收支是衡量一國經濟的重要經濟指標。若財政收支為負數稱作「財政赤字」,排除國債發行影響的是「基本財政收支」(☞P.30)。

柴契爾主義　總體經濟　芝加哥學派 ☞P.227

英國前首相柴契爾夫人在1979年到1990年在任期間實施的政策通稱。在經濟政策方面以小政府（☞P.225）為目標，靠著放鬆管制、金融制度改革、國有企業民營化等政策讓英國的經濟重生。一般認為柴契爾主義是新自由主義政策的典型例子之一。

自有資本比率　總體經濟　巴塞爾I、II、III ☞P.283

以自有資本為分子、總資產為分母，計算自有資本比率的經營指標。在巴塞爾I、II、III中是以銀行的自有資本為分子、風險性資產（反映銀行持有資產等風險大小的數值）為分母去計算，是衡量銀行經營健全度的指標。

支出面國民所得　總體經濟學　國民所得 ☞P.183

從支出面來看的國民所得，可以從民間消費與投資、政府支出和對外債權增加額的合計去計算。國民所得有三面等價原則（☞P.274）。

按市場價格計算　總體經濟　SNA ☞P.174

SNA（國民經濟會計）中計算生產額或所得額的方式之一，也就是用市場上交易的價格（市場價格）來計算。具體而言，就是生產所花費的成本，加上間接稅減去補貼的「間接稅淨額」。若僅以生產所花費的成本計算，則是「按要素成本計算」。

失業率　總體經濟學　基本面 ☞P.67

反映一國就業狀況的重要指標，一般來說指的是失業人口占勞動力人口的比率。由於勞動力人口是就業人口與失業人口的合計，因此計算失業率的公式如下。在日本則有「完全失業率」（☞P.269）。

$$\text{失業率} = \frac{\text{失業人口}}{\text{就業人口} + \text{失業人口}} \times 100$$

實驗經濟學　個體經濟學　行為經濟學 ☞P.265

一門藉由實驗來驗證人類經濟行為的經濟學領域。雖然會讓受試者自由採取個人利益最大化的行動，但不一定所有人都會採取理性、利己的行動。這門學問就是在研究經濟理論與現實的差異，或市場機制（☞P.135）會在什麼樣的條件下發揮作用等等。美國經濟學家弗農・史密斯（Vernon Smith）靠著這方面的研究，在2002年獲得諾貝爾經濟學獎。當時，同時獲獎的還有研究行為經濟學的丹尼爾・康納曼（Daniel Kahneman）。

實質利率 〔日本經濟〕 利率 ☞P.36

由金融商品等所反映出來的名目利率（☞P.287）減去物價上漲率（☞P.34）後得到的利率。舉例而言，假如定期存款的名目利率是2%，物價上漲率是1.5%的話，實質利率就是0.5%。

實體經濟 〔總體經濟〕 金融經濟 ☞P.270

亦稱「實物經濟」，也就是對於金錢的支付，伴隨著財貨、勞務的提供、勞動力的提供，或公共服務的提供等具體對價的經濟，可由實質GDP（☞P.180）得知其規模。相對的概念是「金融經濟」。

資本主義 〔總體經濟學〕 市場機制 ☞P.135

生產工具被私有化為資本、勞動力被當成商品買賣的經濟體系。經濟活動會隨著追求效用與利潤最大化的市場機制進行調整。

社會主義市場經濟 〔經濟學的基本〕 市場經濟 ☞P.87

中國所導入的經濟體系，也就是在社會主義計劃經濟（☞P.270）的基礎下，導入市場經濟的市場機制（☞P.135）。與資本主義市場經濟不同之處在於，生產工具是公家所有而非私人所有。

收入 〔個體經濟學〕 成本曲線 ☞P.120

企業的收入大多來自於事業的「營收」；家計的收入部分，若為自營業者就是營收，若為勞動者就是薪資；政府的收入經常被稱為「歲入」（支出是歲出）。

供需缺口 總體經濟 總合需求 ☞P.246

總合需求與供給能力的缺口、差距。由於總合需求是對GDP的需求，因此也稱作「GDP缺口」。供給能力由勞動力或資本（製造設備等）加以推算。若供給能力大於總合需求，將呈現供過於求的狀態，此時供需缺口為負。由於這種狀態容易演變為通貨緊縮，因此又稱「通貨緊縮缺口」。反之，當供需缺口為正時，物價容易上漲，因此稱作「通貨膨脹缺口」。

準貨幣 總體經濟 貨幣供給 ☞P.230

一旦解約就會變成現金貨幣或存款貨幣的金融資產或定期性存款。在貨幣存量統計中，等於定期存款、定期儲蓄存款、外匯存款等的合計。

上市櫃投資信託 日本經濟 買進操作 ☞P.46、241

敬請參照「ETF」（☞P.290）。

乘數理論 總體經濟學 乘數效應 ☞P.215

說明投資的增加最終會使國民所得增加多少的經濟理論，是計算乘數效應或乘數時的基礎。乘數理論中的投資不僅包含政府的公共投資，透過民間的設備投資（☞P.280）也可以期待相同的乘數效應。

消費函數論戰 總體經濟學 消費函數 ☞P.200

在凱因斯型的消費函數中，所得愈大，平均消費傾向愈低。不過，庫茲涅茨（☞P.209）長期研究美國的平均消費傾向發現，結果幾乎都穩定維持在0.9。因此，為了毫無矛盾地說明兩者，一番論戰就此展開，關於會影響平均消費傾向的因素，學者陸續提出像是過去的最高所得、排除臨時所得的恆常所得、終身所得等假說。

消費心理 個體經濟學 平均消費傾向 ☞P.201

消費者渴望從事消費行為的心理、全盤性的購買欲望的強度，例如有時會聽到「消費心理逐漸冷卻」（消費者從事消費行為的渴望減退）等說法。

神經經濟學 個體經濟學 行為經濟學 ☞P.265

一門結合神經科學與經濟學的學問，運用神經科學研究去解釋經濟活動中的決策機制。相對於行為經濟學主要是從心理學去解釋經濟活動，神經經濟學則是活用解釋人類腦部功能的神經科學。

新建住宅開工戶數 總體經濟學 景氣動向指數 ☞P.202

統計因新建、增建或改建而增加的住宅「戶數」的經濟指標。由於新建住宅不僅牽涉到建設或建材，更會延伸到家具、家電、汽車等消費，因此對GDP的影響很大，也因為如此，才會被列為景氣的領先指標。日本國交省的住宅開工統計不僅包含戶數，連地板面積和預定工程費用等也會一併公布，在景氣動向指數的領先系列中，則採用了「新建住宅開工面積」。

新發10年國債殖利率 日本經濟 長期利率 ☞P.37

指新發行、償還期10年的國債殖利率。所謂的殖利率就是債券市場上的交易價格的實質殖利率。殖利率是用債券的利息加上資本利得（☞P.269），或減去資本損失後計算出來的收益率。新發10年國債殖利率是長期利率的代表性指標。

生產面國民所得 總體經濟學 國民所得 ☞P.183

從生產面來看的國民所得，可以從各產業創造的合計附加價值去計算。國民所得有三面等價原則（☞P.274）。

生產者物價指數 總體經濟 企業物價指數 ☞P.185

相當於美國企業物價指數的經濟指標。Producer Price Index，或簡稱「PPI」。調查約1萬種品項的銷售價格，由美國勞動部每月公布。除了以全品項為對象的綜合指數，還有排除能源與生鮮食品的「核心指數」，在判斷物價上漲率時，核心指數相當受到重視。

經濟大恐慌 經濟學史 泡沫經濟 ☞P.44

亦稱「大蕭條」或「經濟大蕭條」。1920年代，美國股價因史上最大規模的泡沫而持續上漲，然而在1929年10月，股市經歷「黑色星期四」、「悲劇星期二」後，股價一夕暴跌。此後，全球便陷入長期的經濟大蕭條。景氣持續衰退到1933年左右，期間美國股價暴跌9成，實質GDP下降3成，失業率則上升到25%。世界朝向「集團經濟」（☞P.285）的方向發展，並成為第2次世界大戰爆發的原因。

世界銀行 國際經濟 G20 ☞P.53

主要對開發中國家提供低利貸款、無息融資或贈與的聯合國專門機構。一般將「國際復興開發銀行」與「國際開發協會」合稱為世界銀行，再加上其他3個機構就構成「世界銀行集團」。雖然是聯合國的機構，但作為金融機構，會依據會員國的出資額給予投票權。

絕對優勢 國際經濟 比較優勢原理 ☞P.55

在國際經濟中可以用比他國還低的成本生產特定財貨之意，是亞當・史密斯（☞P.88）在李嘉圖的「比較優勢原理」之前提出的概念，主張只要各國分別生產自己國家擁有絕對優勢的財貨，再經由貿易互相交換的話，各國皆可獲益。

設備投資 日本經濟 財政政策 ☞P.31

對建築物、設備或機械等有形的固定資產投入資金之意，有公共投資（☞P.274）與私部門的設備投資。與「存貨投資」相對比之下，設備投資反映在GDP（從支出面來看的GDP）的「固定資本形成總額」，存貨投資則反映在「存貨增加」的部分（☞P.181）。

梭羅－史旺模型 總體經濟學 經濟成長理論 ☞P.192

與哈羅德－多馬模型（☞P.193）齊名的經濟成長理論之一，由美國經濟學家羅伯特・梭羅（Robert Solow）與特雷弗・史旺（Trevor Swan）所提出。因為概念與新古典經濟學（☞P.258）相近，所以又被稱為「新古典成長模型」。

道瓊工業平均指數 個體經濟 股價指數 ☞P.41

全世界最有名的股價指數。在數種項目之中，最常被利用的就是「30種工業平均指數」，反映美國最具代表性的30家優良企業的平均股價。雖然正確名稱叫「道瓊工業平均指數」，但只要說到「道瓊平均」、「紐約道瓊」或「紐約股價平均」等，指的都是道瓊工業平均指數。

中間產品 總體經濟學 最終產品 ☞P.275

亦稱「中間財貨」，指生產最終產品過程中投入的產品。GDP是最終產品的合計，並不包含中間產品。

貨幣危機 國際經濟 亞洲金融風暴 ☞P.74

指一國貨幣的對外價值急速下跌，使該國經濟陷入巨大的混亂或嚴重的蕭條中，近年的亞洲金融風暴即為一例，其他像1994年到1995年墨西哥披索暴跌、1992年英鎊暴跌（歐洲金融風暴、英鎊危機）等，時不時會在各地上演。

貨幣互換協議 國際經濟 外匯存底 ☞P.61

指當一國陷入貨幣危機時，與另一國簽訂貨幣融通的協議。由兩國的中央銀行締結協議，將自己國家的貨幣存入對方國家，以事先約定好的匯率進行貨幣融通。有時也簡稱為「互換協議」或者是「貨幣交換協議」。

一籃子貨幣制度 國際經濟 固定匯率制 ☞P.66

外匯匯率中固定匯率制的1種。將本國貨幣與數種貨幣之間的匯率維持在一定水準。想像將數種貨幣放進同個籃子裡，再將整個籃子視為1種貨幣之意。籃子的匯率是考量與各國的貿易量等條件後，採加權平均。雖然同樣將匯率固定住的制度還有「釘住匯率制」（☞P.286），但與數種貨幣固定匯率的制度相較之下更穩定。中國的人民幣也是採取類似一籃子貨幣的匯率制度。

Denomination 總體經濟 管理通貨制度 ☞P.229

簡稱「Denomi」，在日本是改變貨幣單位或名稱之意。英語的原意是單位或面額。在急速的通貨膨脹中，貨幣的位數變成1000倍或1萬倍等情況下，有時會將新單位減少至1000分之1或1萬分之1。

通縮心態 日本經濟 通貨緊縮 ☞P.35

在日本經濟面臨通貨緊縮的時代，消費者或企業養成的行動模式或想法。消費者購買任何東西都追求價格便宜的商品，並傾向於減少消費、增加儲蓄。企業會減少人力成本或設備投資，增加保留盈餘（☞P.282）等等。例如有人會說：「要一下子消除通縮心態是不容易的事。」

需求拉動型通貨膨脹 總體經濟學 通貨膨脹 ☞ P.35

由總合需求（☞ P.246）的急速增加所引起的通貨膨脹，亦稱「需求通膨」或「超額需求通膨」。景氣擴大後，若總合供給趕不上總合需求的成長，就會因為供不應求、物價上漲而發生。

衍生性金融商品 國際經濟 避險基金 ☞ P.75

衍生性金融商品的原文「derivative」是派生的或衍生之意，交易的內容是從金融商品衍生出來的未來性約定（期貨合約）、權利（選擇權交易）、交換（換匯交易）等等。主要是用來規避風險，但當風險很大時，即有機會用少許資金換取莫大利益。

釘住美元匯率制 國際經濟 固定匯率制 ☞ P.66

在匯率上採用「釘住匯率制」（☞ P.286），並將對美元匯率維持在特定水準的制度。與美國貿易量的比例較大、依賴度較高的國家多採此制。被捲入亞洲金融風暴（☞ P.74）的國家，在金融風暴以前也都是採用釘住美元匯率制。

保留盈餘 日本經濟 通縮心態 ☞ P.281

企業保留在內部的利益。在企業會計上，淨利扣除直接稅、股利、董事獎金等外流的部分後，其餘用「法定盈餘公積」、「任意盈餘公積」、「未分配盈餘」等科目計入的部分。根據日本財務省的法人企業統計，2016年度的日本企業保留盈餘達到歷史新高的406兆日圓（相當於新台幣112兆元）以上。雖然這也是重視現金流量的經營策略結果，但也有很多意見指出這是通縮心態的影響。

尼克森震撼 國際經濟 浮動匯率制 ☞ P.66

美國前總統尼克森在1971年8月推動的經濟政策對全球與日本所造成的打擊。以美元與黃金中止兌換為主軸，其後日本妥協，讓日圓對原本還是固定匯率制的主要貨幣美元匯率升值。

新凱因斯學派 〔總體經濟學〕 凱因斯學派 ☞P.271

結合部分貨幣主義（☞P.264）或理性預期假說（☞P.274）概念的經濟學派。關於凱因斯政策（☞P.226）下政府的裁量性財政政策，試圖針對長期來說貨幣主義是無效的、短期來說理性預期假說也是無效的概念，證明裁量性政策、金融政策的有效性。由美國經濟學家格里高利・曼昆（Gregory Mankiw）和戴維・羅默（David Romer）等人所提出。

巴塞爾Ⅰ、Ⅱ、Ⅲ 〔總體經濟〕 中央銀行 ☞P.236

亦稱「巴塞爾協定」，由27個國家或地區（2017年為止）的中央銀行或銀行監管當局組成的巴塞爾銀行監理委員會所公布的國際基準，針對從事國際性活動的銀行設置自有資本比率等規定。1988年的協定是「巴塞爾I」，2004年的修訂版是「巴塞爾II」，「巴塞爾III」則是2017年達成的最終協議。有時也稱BIS管制，但巴塞爾銀行監理委員會與BIS是不同的組織，因此這並不是正確的稱呼。

比較劣勢 〔國際經濟〕 比較優勢原理 ☞P.55

「比較優勢」的反義詞，指不具比較優勢、在國內生產的成本高於他國的財貨。由於比較劣勢的產業在自由貿易下比較不利，因此需要保護貿易（☞P.56）。

歷史擴散指數 〔總體經濟〕 景氣高峰（谷底） ☞P.207

判斷景氣高峰與谷底的指標。判斷景氣動向指數（☞P.202）各系列的高峰與谷底後編製出來的擴散指數（☞P.204）。歷史擴散指數連續低於50%的前一個月會被判斷為景氣高峰，連續高於50%的前一個月則是景氣谷底。

費雪效果 〔總體經濟〕 物價上漲率 ☞P.34

當物價上漲時，人們對通膨的預期會反映在名目利率裡的效果。舉例而言，若實質利率是2%，物價上漲率是1%，則名目利率會是3%。以公式表達就會像以下這樣，又稱「費雪方程式」。

名目利率＝實質利率＋預期通膨率

這是由美國經濟學家、統計學家埃爾文・費雪（Irving Fisher）所提出的理論。

菲利普曲線 〔總體經濟〕 物價上漲率 ☞P.34

用於表示工資上漲率（物價上漲率）與失業率（☞P.276）關係的曲線。英國經濟學家威廉・菲利普（William Phillips）先在論文中發表工資上漲率與失業率的關係，後來由薩繆爾森（☞P.166）修改為物價上漲率與失業率的關係，但還是稱作菲利普曲線。失業率愈低，物價上漲率愈高；失業率愈高，物價上漲率愈低。

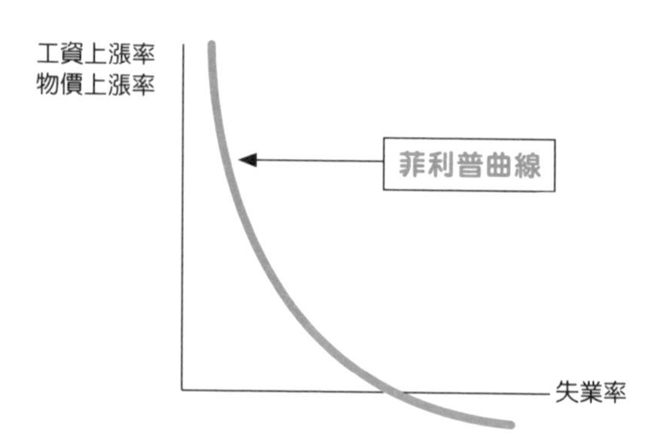

馮紐曼的多部門成長模型 〔總體經濟學〕 哈羅德－多馬模型 ☞P.193

與哈羅德－多馬模型齊名的經濟成長理論（☞P.192）之一，由馮紐曼所提出。附帶一提，馮紐曼不僅是提出「賽局理論」（☞P.154）的數學家，也是參與開發原子彈的人。

福利國家 〔總體經濟〕 凱因斯政策 ☞P.226

譯自英語的welfare state，標榜以增進國民福利為國家目標，並以充分就業（☞P.226）、社會保障、充實公共服務等為主要政策的國家。

雙赤字 〔總體經濟〕 雷根經濟學 ☞P.288

財政赤字（☞P.219）與經常收支（☞P.59）的赤字。美國自1980年代的雷根政權起面臨的問題，其後也成為美國歷任政權的課題。

不動產投資信託 （日本經濟） 買進操作 ☞P.241

敬請參照「REIT」（☞P.292）。

價格追隨者 （個體經濟學） 價格領導者 ☞P.151

在寡占市場中，當價格在價格領導者（☞P.151）的帶領下形成時（價格領導制），追隨領導者改變價格的企業，即稱「價格追隨者」。

廣場協議 （國際經濟） 協調干預 ☞P.270

1985年，當時的G5（已開發5國財政部長和中央銀行總裁會議）在紐約廣場飯店簽署的協議。當時的匯率只有美元較高，美國深受龐大貿易赤字（☞P.58）所苦，所以為了透過匯率的調整來改善這種不均衡的狀態，各國協議採取協調干預的方式，買進自己國家的貨幣並賣出美金。於是日圓升值美元貶值的結果，導致日本經濟陷入蕭條，而其後降低政策利率的對策，更進一步導致泡沫經濟與泡沫崩壞（☞P.44）。

布列敦森林體系 （國際經濟） 管理通貨制度 ☞P.229

第2次世界大戰後維繫世界經濟長達20年以上的國際貨幣體制。1944年，聯合國44個國家集合在美國的布列敦森林，締結IMF協定（☞P.62）等。當時也締結了「布列敦森林協定」，以與黃金掛鉤的美元為中心，固定各國貨幣與美元的匯率。那段期間的金本位制又稱「黃金美元本位制」。後來因1971年的尼克森震撼（☞P.282）中止黃金與美元的掛鉤，這個體制才瓦解。

集團經濟 （國際經濟） 經濟大恐慌 ☞P.279

複數國家或地區建立密切的經濟合作體制，並對外封閉的經濟圈。尤指經濟大恐慌後，以大英國協的各國與殖民地等所組成、因應經濟大恐慌的集團經濟為首，由美國、德國、日本等國家所組成的集團經濟。據說是引發第2次世界大戰的原因之一。

分配面國民所得 （總體經濟學） 國民所得 ☞P.183

從分配面來看的國民所得，可以從各生產要素（☞P.117）分配到的薪資、地租、利息（利潤）的合計去計算。國民所得有三面等價原則（☞P.274）。

釘住匯率制 國際經濟 固定匯率制 ☞P.66

外匯的固定匯率制之一，使本國貨幣與特定貨幣的匯率維持特定水準的制度。所謂的釘住（peg）是想像用釘子或木樁把本國貨幣釘在特定貨幣上之意。雖然與特定貨幣之間是固定匯率制，但與其他貨幣之間是浮動匯率制（☞P.66）。特定貨幣通常是美元，此時亦可稱為「釘住美元匯率制」（☞P.282）。

訪日外客數 日本經濟 外來消費 ☞P.268

日本政府觀光局每月公布的訪日外國人數量統計。按照國家別、月分別加以統計，這個數字在外來消費（☞P.268）可對日本經濟帶來影響的期待下格外受到矚目。日本政府針對訪日外國人的數量，提出在2020年達到全年4,000萬人次的目標。

馬克思主義 經濟學史 馬克思經濟學 ☞P.257

由馬克思與恩格斯所確立的思想。把資本主義（☞P.277）視為資本家階級與勞動者階級的對立，而勞動者階級的勝利則會實現無階級社會。為了以學術分析資本主義而相當重視經濟學，並發展出馬克思經濟學。

馬斯垂克條約 國際經濟 歐元區 ☞P.72

亦稱「歐洲聯盟條約」，是為了推動歐盟的經濟整合（☞P.68）、貨幣整合、政治整合等而簽訂的條約。1991年，在荷蘭馬斯垂克舉行的首腦會議中達成協議。其後，經歷會員國的批准否決等過程後，終於在1993年生效。

無擔保隔夜拆款利率 總體經濟學 政策利率 ☞P.238

原文的「call rate」是交易「money at call」，也就是幾乎一通知就要立刻返還的短期資金隔夜拆款利率。以這種短期資金做無擔保的互相借貸，隔夜則是指第2天之前要還款之意。這個利率是日銀的金融市場調節目標。

名目利率 〔日本經濟〕 利率 ☞P.36

反映在金融商品等之上的表面利率，不考慮到物價上漲率（☞P.34）的影響。考慮物價上漲率影響的是實質利率（☞P.277）。

夜警國家 〔總體經濟學〕 小政府 ☞P.225

代表自由放任主義國家觀的用語，意思是政府只需要盡到最基本的責任，例如防止外敵入侵、維持國內治安、保護私有財產等，類似夜間警衛在做的工作即可，這樣的概念就稱為「夜警國家論」。一開始雖然是批判性的用語，但如今也有人單純用來表現自由主義的國家觀。

有效求人倍率 〔總體經濟〕 勞動市場均衡 ☞P.247

即有效需求人數對有效求職人數的比率。「有效」的意思是，因為求職、求人的有效期限是2個月，所以是從前一個月累積下來，再加上當月的合計。不過，計算的範圍只有公共職業安定所經手的求職、求人資料而已，應屆畢業生的資料也不包含在內。這是反映勞動市場供需的指標，超過1代表勞動市場有超額需求，低於1則表示有超額供給。此外，作為一種景氣的指標，有效求人倍率也被列入景氣動向指數（☞P.202）的同時系列。

歐元集團 〔國際經濟〕 G7 ☞P.53

「歐元區財長會議」。以歐元區的經濟政策協調為目的而設，由各國財務首長所組成的會議。主席也會出席G7等場合。

存款保險機構 〔總體經濟〕 最終貸款人 ☞P.243

經營賠付制度的機構。所謂的賠付就是當金融機構破產時，保證還款給存款者的制度，但有規定一定的上限。加入賠付制度的金融機構會支付存款保險費給存款保險機構，破產時則從存款保險機構支付保險金給存款人。

拉弗曲線 〔總體經濟〕 雷根經濟學 ☞P.288

雖然提高稅率，稅收就會增加，但只要超過某一點以後，稅收反而會減少，反映這種關係的曲線就是拉弗曲線。由供給面經濟學（☞P.263）的美國經濟學家亞瑟·拉弗（Arthur Laffer）所提出，並且被當作雷根經濟學大幅減稅政策的理論依據。

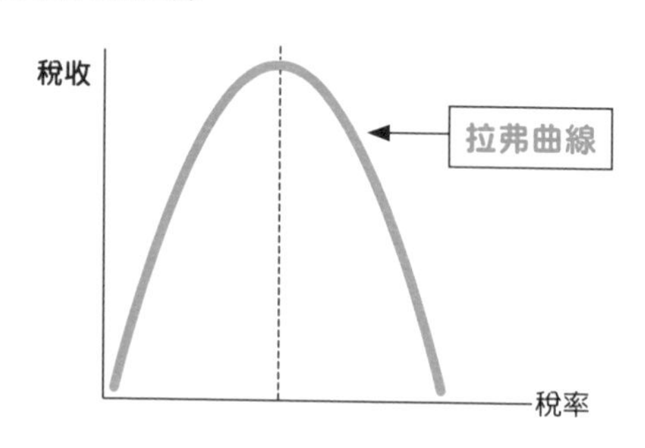

自由意志主義 經濟學史 新自由主義 ☞P.263

視個人自由為絕對，且認為限制個人自由的國家角色應該盡可能縮小。完全自由主義。雖然與新自由主義相似，但新自由主義是重視經濟性自由的經濟學派，相對於此，自由意志主義則同時重視社會性自由，並提出不服從權威等主張。一般認為傅利曼（☞P.227）在思想上是屬於自由意志論者。

通貨再膨脹 總體經濟 通貨緊縮 ☞P.35

指脫離通貨緊縮後，尚未變成通貨膨脹的狀態，或是為了擴大景氣而刻意製造緩和的通貨膨脹的金融政策。面對1990年代後半正式展開的日本通貨緊縮，主張以貨幣寬鬆為主要景氣刺激政策的經濟學家，通稱為「通貨再膨脹派」。

累進稅制 總體經濟學 內在穩定因子 ☞P.216

當課稅對象數額愈大，稅率就愈高，這種設計稱為「累進稅率」；按照累進稅率課稅的制度則稱為「累進稅制」。若所得或資產愈多，租稅負擔愈大，因此具有內在穩定因子或所得重分配（☞P.214）的功能。

雷根經濟學 總體經濟 新自由主義 ☞P.227

美國前總統雷根在1981年推出的經濟復甦計畫中的經濟政策通稱。依據新自由主義（☞P.263）與貨幣主義（☞P.264），將抑制政府支出、大幅減稅、放鬆管制、穩定的金融政策設為主軸。雖然在抑制通膨與改善就業上確實顯現出成效，但同時也擴大了「雙赤字」(☞P.284）的現象。

勞動分配率 總體經濟 附加價值 ☞P.172

在生產出來的附加價值中，以工資形式分配給勞動提供者的比率。企業的勞動分配率可以用工資總額除以附加價值求得。在SNA（國民經濟會計）中，則可以用受僱人員報酬占從分配面看的GDP比率求得（☞P.181）。

2025年問題 日本經濟 安倍經濟學 ☞P.49

日本社會將於2025年左右面臨的超高齡化社會問題，起因是戰後出生的團塊世代將在2025年成為75歲以上的後期高齡者。根據日本厚勞省的試算，後期高齡者在2025年將占日本總人口的18%，若包含65歲以上的前期高齡者，則將超過30%。屆時醫療、照護、福利等社會保障費恐將大幅增加。「提供安心的社會保障」也是安倍經濟學所提出的新3支箭之一。

AEC 國際經濟 AFTA ☞P.68、70

ASEAN Economic Community的縮寫，即「東協經濟共同體」。有別於EU的貨幣整合，AEC的目標是達成區域內的關稅廢除和勞務、投資的自由化。2015年在東協首腦會議中確認並正式啟動。

APEC 國際經濟 FTAAP ☞P.68、69

Asia Pacific Economic Cooperation的縮寫，即「亞太經濟合作」。由亞太地區21個國家或地區共同參與的經濟合作組織。約占全世界GDP的6成、貿易量約占5成，人口約占4成。

BIS 總體經濟 中央銀行 ☞P.236

Bank of International Settlements的縮寫，即「國際清算銀行」。以全世界60個國家或地區（2017年）的中央銀行為成員的組織。除了促進中央銀行之間的合作，也接受來自中央銀行的存款等銀行業務。總部位於瑞士的巴塞爾。

BIS管制 （總體經濟） 巴塞爾I、II、III ☞P.283

敬請參照「巴塞爾I、II、III」。

金磚國家新開發銀行 （國際經濟） IMF ☞P.62

英文名為New Development Bank BRICS、NDB BRICS，或簡稱為「新開發銀行」。由急速發展經濟的巴西、俄羅斯、印度、中國和南非5國共同營運。除了對抗由歐美主導的世界銀行（☞P.280）或IMF，也獨自對開發中國家或新興國家提供基礎設施開發的支援。

CD （總體經濟） 貨幣供給 ☞P.230

Certificate of Deposit的縮寫，即「可轉讓定期存單」，是一種可以轉讓給第3人的特殊存款，在金融市場中交易。包含在M2以後的貨幣存量統計中。

CP （總體經濟） 買進操作 ☞P.230、241

Commercial Paper的縮寫，即企業為了短期資金調度而發行的無擔保商業票據。除了是日銀買進操作的對象，金融機構發行的CP也被包含在貨幣存量統計的廣義流動性中。

ESM （國際經濟） 歐債危機 ☞P.78

European Stability Mechanism的縮寫，即「歐洲穩定機制」，提供歐元區成員國金融支援的機構。雖然歐元區曾有EFSF（European Financial Stability Facility，歐洲金融穩定基金）作為金融支援機構，但由於那只是2010年到2013年的臨時性機構，因此從希臘、葡萄牙、愛爾蘭以後就不曾再提供支援。ESM是為取代EFSF而成立的永久性機構。

ETF （日本經濟） 日本金融大改革 ☞P.46、241

Exchange Traded Funds的縮寫，即「上市櫃投資信託」。在交易所交易、與日經平均指數等股價指數連動的投資信託。在金融商品交易所上市櫃後，投資人可自由買賣。日本在2000年開放，目前也是日銀買進操作的對象。

GDE 總體經濟 三面等價原則 ☞P.175、181

Gross Domestic Expenditure的縮寫，即「國內支出毛額」。從支出面來看的GDP，內容包含「民間最終消費支出＋政府最終消費支出＋固定資本形成總額＋存貨增加＋（出口－進口）」。固定資本形成總額，即家計的住宅投資、企業的設備投資、政府的公共投資（☞P.274）等，各種形成有形或無形資產的總額。

GDI 總體經濟 三面等價原則 ☞P.175、181

Gross Domestic Income的縮寫，即「國內所得毛額」。從分配面來看的GDP，內容包含「受僱人員報酬＋營業盈餘＋（間接稅－補貼）＋固定資本消耗（☞P.275）」。受僱人員報酬除了工資，還包括董事報酬、由企業負擔的社會保險費等等。營業盈餘指的是營業利潤、利息、租金等等。

IT泡沫 日本經濟 失落的20年 ☞P.45、47

又稱「網際網路泡沫」或「Dot-com泡沫」。以1999年到2000年的美國為中心，IT相關企業的股價異常飆漲，之後又在短期間內急轉直下的泡沫。這對全球帶來經濟蕭條，日本也因此進入景氣衰退期，直到伊邪那美景氣為止。

JICA 國際經濟 ODA ☞P.292

Japan International Cooperation Agency的縮寫，即「日本國際協力機構」，是日本對外實施政府開發援助的執行機構。

J-REIT 日本經濟 買進操作 ☞P.46、241

日本的REIT（不動產投資信託，☞P.285）。日本在2000年開放，目前也是日銀的買進操作對象。

M&A 個體經濟 企業 ☞P.116

Marger & Acquisitions的縮寫，即（企業的）合併與收購。除了字面上的合併與收購，也包含事業轉讓或公司分割等等。廣義來說，新設合併、交叉持股、業務合作等，也稱為M&A。目的大多是為了擴張事業、投入新市場、重整企業集團、整合事業、救援破產的企業（救援併購）等等。

ODA 國際經濟

經常移轉收支 ☞P.59

Official Development Assistance的縮寫，即「政府開發援助」，指用政府資金對開發中國家等執行的國際援助活動。日本主要是由政府和JICA（☞P.291）等政府相關機構負責執行。OECD則設有開發援助委員會（DAC，Development Assistance Committee），每年都會公布各國的ODA實績。

OECD 國際經濟

自由貿易 ☞P.56

Organisation for Economic Co-operation and Development的縮寫，即「經濟合作暨發展組織」。由全世界35個國家（2017年）所組成的國際機構，以經濟成長（☞P.190）、貿易自由化和援助開發中國家為3大目的。每年1次的部長級理事會和每年公布2次的「經濟展望報告」（Economic Outlook）不時會成為新聞報導的題材，尤其因為經濟展望報告會預測全世界和各會員國的經濟成長率，所以其結果往往會受到關注。

核心PCE平減指數 總體經濟

FRB ☞P.237

PCE是Personal Consumption Expenditure的縮寫，即「個人消費支出」之意。核心PCE平減指數是美國商務部每月公布的個人消費物價動向指標，以名目PCE除以實質PCE去計算。排除價格變動劇烈的生鮮食品與能源的指數，就是「核心PCE平減指數」，以FRB（☞P.237）最重視的物價指標為人所知。

REIT 日本經濟

J-REIT ☞P.291

Real Estate Investment Trust的縮寫，即「（上市櫃）不動產投資信託」。收集投資人的資金後購入不動產，再還以租金或處分收益。在金融商品交易所上市櫃，投資人可自由買賣。日本的REIT稱作「J-REIT」（☞P.291）。

SDR 國際經濟 IMF ☞ P.62

Special Drawing Rights的縮寫，即由IMF創立的「特別提款權」。依據各會員國的出資額進行分配，在面臨貨幣危機等情況下，可以用SDR交換其他會員國提供的貨幣融通。

TOB 個體經濟 企業 ☞ P.116

Take-Over Bid的縮寫，即「公開收購」，意指公開收購數量、價格或期間等，向市場外的不特定多數股東收購股票。只要是在市場外收購超過三分之一表決權的股票，原則上都有公開收購的義務。

索引

一劃

二劃

三劃

四劃

五劃

六劃

七劃

八劃

九劃

十劃

十一劃

十二劃

十三劃

十四劃

十五劃

十六劃

十八劃

監修者介紹

鈴木一之

股票分析師、日本證券分析師協會檢定會員。千葉大學畢業，進入大和證券公司後，被分配到股票交易室從事股票交易相關職務。2000年成為獨立股票分析師，開始發展以景氣循環理論掌握股價的「循環股票投資法」。淺顯易懂地解說經濟、景氣、股票市場動向的風格廣受好評。除了參與BS12 TwellV的電視節目「市場分析plus+」、NIKKEI的廣播節目「週一市場分析」，也積極投入各種媒體和演講活動。著有《穩健獲利的中期投資術（暫譯）》（日本經濟新聞社出版）、《我偷學投資大師大賺10倍的選股絕學》（大樂文化出版）、《景氣循環投資法》（大牌出版）等書。

官方網站：https://suzukazu.com

超圖解
經濟學關鍵字

出　　版／楓葉社文化事業有限公司
地　　址／新北市板橋區信義路163巷3號10樓
郵政劃撥／19907596 楓書坊文化出版社
網　　址／www.maplebook.com.tw
電　　話／02-2957-6096
傳　　真／02-2957-6435
監　　修／鈴木一之
翻　　譯／劉格安
企劃編輯／陳依萱
校　　對／劉素芬
總 經 銷／商流文化事業有限公司
地　　址／新北市中和區中正路752號8樓
電　　話／02-2228-8841
傳　　真／02-2228-6939
網　　址／www.vdm.com.tw
港澳經銷／泛華發行代理有限公司
定　　價／400元
初版日期／2018年12月

國家圖書館出版品預行編目資料

超圖解經濟學關鍵字 / 鈴木一之監修 ; 劉格安譯. -- 初版. -- 新北市 : 楓葉社文化, 2018.12 面 ; 公分

ISBN 978-986-370-181-1 (平裝)

1. 經濟學

550　　107017699

十九劃

二十劃

二十三劃

二十四劃

二十七劃